Gott

Seine Geschichte
nacherzählt von Murray Watts

BRUNNEN
VERLAG GIESSEN · BASEL

Für meine zwei besten Freunde,
meine Söhne Fionn und Toby
in ewiger Liebe
Danke M.W.

Titel der englischen Originalausgabe:
The Story

Ins Deutsche übertragen von Dr. Maria Zettner,
Marianne Fröse-Lange
Lektorat: Irmtraut Fröse-Schreer

Deutsche Ausgabe:

www.brunnen-verlag.de
Umschlagmotiv: Lion Hudson
Umschlaggestaltung: Ralf Simon
Satz: DTP Brunnen
Herstellung: Ebner und Spiegel, Ulm
ISBN 978-3-7655-3969-5

Inhalt

Das Neue Testament

Vorwort

Mit dem Vorwort beginnt die Reise des Lesers, während die Reise des Autors damit endet. Dies ist die letzte Seite, die ich schreibe – und die schwerste. Wie soll ich die Freuden, Ängste, Herausforderungen und Überraschungen beschreiben, die diese spannende Reise für mich mit sich brachte? Ich kann nur hoffen, dass einige dieser Erfahrungen in meinen nacherzählten Geschichten spürbar werden. Für mich war es ein großes Abenteuer, dieses Buch zu schreiben, und ich wünsche mir, dass alle, die es lesen, es auch so erleben.

Mich haben die inneren Kämpfe und das Versagen, aber auch der Mut und die menschliche Größe der biblischen Personen immer wieder tief beeindruckt. Wie uns die Männer, Frauen und Kinder der Bibel doch ähneln, und wie zeitlos die Themen der Bibel sind!

Dieses Buch ist eine Liebesgeschichte: die bewegende Geschichte von Gottes Liebe für die Welt in ihrer Einzigartigkeit und ihrer Zerbrochenheit. Diese Geschichte ist voller Schönheit und Hoffnung, aber auch voller Klarheit, was das Wesen der Menschen und die Folgen ihres Handelns betrifft.

Die Bibel ist nicht nur ein Buch, sondern eine ganze Bibliothek bedeutender Werke, die in Jahrhunderten geschrieben wurden, um die Erfahrungen der unterschiedlichsten Persönlichkeiten und ihrer Zeit festzuhalten. Ich habe versucht, einen möglichst umfassenden Einblick zu geben in diese unermessliche Fülle von Material, das sich in einer so beeindruckenden Vielfalt von Geschichtlichem, Geschichten und Poesie ausdrückt.

Meine Nacherzählung will außerdem zeigen, wie sehr sich

im Laufe der Jahrhunderte das Wissen der Menschen über Gott verändert und vertieft hat. Es besteht ein erheblicher Unterschied zwischen der oft grausamen und kriegerischen Welt des Alten Testamentes und der Liebe und Vergebung, die wir – viele Generationen später – im Leben Jesu erkennen. Dennoch ist der tiefe innere Zusammenhang der gesamten Bibel, ihre unumstößliche Einheit deutlich spürbar. Und auch diese Tatsache hat meine Nacherzählung stark beeinflusst.

Das Besondere an den biblischen Texten ist ihre Einfachheit. Die Bibel zeichnet sich durch einen gezielten Einsatz von Sprache aus, der inspirierend ist, aber auch mit hoher Genauigkeit mitten ins Herz trifft. Die Wahrheit ist wie ein Pfeil, der die Rüstung unserer modernen Kultur und unserer intellektuellen Ansprüche durchdringt. Es ist ein Fehler, die Bibel nur als eine großartige schriftstellerische Leistung zu sehen oder nur als ein „großes religiöses Werk". Sie ist nur deshalb hohe Literatur und geistlich tiefgründig, weil sie voller Verständnis zu der uns gemeinsamen Menschlichkeit spricht und sich mit universellen Wahrheiten beschäftigt, die allen Männern, Frauen und Kindern, unabhängig von Alter, Hintergrund, Bildung, Kultur, Nationalität und Glaube – oder dem Mangel daran – zugänglich sind. Die Bibel spricht zum Herzen des Menschen.

Während ich dieses Buch schrieb, habe ich versucht, der ungeschönten Sprache der Bibel gerecht zu werden, damit jeder „die beste Geschichte, die je erzählt wurde" selbst schätzen lernen kann. *Gott – seine Geschichte* ist die Antwort auf ein Geheimnis, bei dem es nicht so sehr um Worte oder ein Buch geht, sondern um Liebe, um einen Gott, der Liebe ist.

Die Auseinandersetzung mit der Bibel und das Schreiben von *Gott – seine Geschichte* hat mich stark beeinflusst und meine Hochachtung vor diesem wunderbaren Werk, das von manchen einfach „Das Buch" oder „Die Schrift" oder von vielen Christen „Das Wort Gottes" genannt wird, noch größer werden lassen. Doch Jesus selbst hat auch strenge Worte gegenüber denen gebraucht, die nichts weiter als nur den Text sahen: „Ihr lest die Heilige Schrift gründlich, um ewiges Leben zu finden. … Dennoch wollt ihr nicht zu mir kommen, um ewiges Leben zu haben." Das gilt nicht nur für die Pharisäer der damaligen Zeit sondern auch für heutige Leser. Ganz häufig warnt und fordert uns die Bibel heraus, wenn wir beginnen uns so richtig wohl zu fühlen.

Die Bibel ist viel mehr als nur ein Buch, und mir ist beim Schreiben *von Gott – seine Geschichte* bewusst geworden, dass es verschiedene Verständnisebenen gibt und dass es ganz unmöglich ist, an einen Ort der Sicherheit oder, schlimmer noch, der Überlegenheit zu gelangen, an dem wir sagen können: „Jetzt habe ich alles verstanden." Jeder Leser ist auf seiner eigenen Reise und nur Gott allein weiß, wo jeder von uns gerade auf dem Weg seines Lebens wandert oder umherirrt.

Für einige Leser wird *Gott – seine Geschichte* ein wertvoller Einstieg in wichtige Themen, Lehren und Geschichten sein, die zwei Jahrtausende menschlicher Geschichte beeinflusst haben. Für andere wird es vielleicht eine Quelle persönlicher Inspiration sein, die von allen Glaubensdingen losgelöst ist. Für andere wiederum mag es einfach eine wundervolle, klassische Geschichte sein, die sie mit neuem Interesse, Neugier und Freude lesen.

Ich freue mich über jede dieser verschiedenen Reaktionen, aber die wirkliche Belohnung wird für mich sein, wenn wenigstens einige Leser entdecken, dass *Gott – seine Geschichte* viel mehr als einfach nur eine „Geschichte" oder ein Epos in der Geschichte dieser Welt ist.

Ich hoffe, dass für diese Leser, seien sie jung oder alt, *Gott – seine Geschichte* ein Fenster in das Paradies öffnet, durch das ihre Herzen mit dem Duft der göttlichen Liebe erfüllt werden.

MURRAY WATTS
Freswick, Caithness
August 2006

Das Alte Testament

Gott sagte: „Licht soll aufstrahlen!"
Genesis 1,3

Die Schöpfung

Genesis 1.2

Am Anfang schuf Gott Himmel und Erde.

Die Erde hatte noch keine Gestalt und war wüst und leer. Dunkelheit lag über den tiefen Ozeanen, und Gottes Geist schwebte über dem Wasser.

Da sprach Gott: „Es soll Licht sein!“ Und es wurde hell. Gott sah, dass das Licht gut war. Er trennte das Licht von der Dunkelheit und nannte das Licht „Tag“ und die Dunkelheit „Nacht“. Es wurde Abend und wieder Morgen: der erste Tag.

Und Gott sprach: „Im Wasser soll ein Gewölbe entstehen, das die Wassermassen voneinander trennt.“ So geschah es. Das Gewölbe nannte Gott „Himmel“. Wieder wurde es Abend und dann Morgen. Das war der zweite Tag.

Nun sprach Gott: „Die Wassermassen sollen zusammenfließen, damit trockene Erde zum Vorschein kommt.“ Und so geschah es. Gott nannte die trockene Erde „Land“, das Wasser nannte er „Meer“. Gott schaute auf das, was er gemacht hatte, und es gefiel ihm gut.

Dann sprach Gott: „Die Erde soll grün werden. Auf dem Land sollen Pflanzen aller Art wachsen: eine Vielzahl von Gräsern, Blumen, Getreide, Büschen und Bäumen.“ Das geschah auch. Es wurde Abend und wieder Morgen: der dritte Tag.

Und Gott sprach: „Am Himmel sollen Lichter leuchten, die den Tag von der Nacht unterscheiden. An ihnen sollen die Menschen die Tage, die Jahreszeiten und jedes neue Jahr erkennen. Die Lichter sollen die Erde erhellen." Und so geschah es.

Gott machte die Sonne als Licht für den Tag und den Mond für die Nacht. Dazu schuf Gott noch die vielen Sterne. Er sah, dass alles, was er gemacht hatte, gut war und freute sich darüber. Es wurde Abend und Morgen: der vierte Tag.

Dann sprach Gott: „Im Wasser soll sich Leben regen, und lauter verschiedene Vögel sollen am Himmel fliegen." So schuf Gott die großen Meerestiere und all die kleinen Lebewesen, die sich im Wasser tummeln. Und er machte alle Vogelarten, die durch die Luft fliegen.

Gott sah, dass alles, was er geschaffen hatte, gut war. Er segnete die Tiere und sprach: „Ihr sollt euch vermehren und viele Junge bekommen, damit Himmel und Meer voller Leben sind." Und wieder wurde es Abend, dann Morgen: der fünfte Tag.

Dann sprach Gott: „Auch auf dem Land soll sich Leben regen: wilde Tiere und alles, was auf dem Boden kriecht." So geschah es. Und Gott freute sich darüber, denn es war gut.

Und Gott sprach: „Jetzt werde ich Menschen machen, die mir ähnlich sind. Sie sollen über das Tierreich herrschen und für die ganze Erde verantwortlich sein."

So schuf Gott die Menschen nach seinem Bild, Mann und Frau.

Gott segnete die Menschen und sagte: „Erfüllt die Erde mit euren Nachkommen und sorgt gut für alles, was ich erschaffen habe."

Und Gott schaute sich noch einmal alles an, was er gemacht hatte. Es war sehr gut geworden. Wieder wurde es Abend und Morgen: der sechste Tag.

So entstanden der Himmel und die Erde in all ihrer Pracht.

Am siebten Tag hatte Gott sein großartiges Schöpfungswerk vollendet. Nun ruhte er sich aus. Er segnete diesen Tag und sprach: „Dies ist ein besonderer, heiliger Tag! Es ist mein Ruhetag. Und auch die Menschen sollen diesen Ruhetag halten."

Im Garten Eden

Genesis 2

Den Menschen schuf Gott auf besondere Weise: Er nahm etwas Staub von der Erde und formte daraus den Körper eines Mannes. Dem blies er durch die Nase den Lebenshauch ein. So wurde der Mensch lebendig.

Dann legte Gott im Osten, in der Landschaft Eden, einen wunderschönen Garten an. Dorthin brachte er den Menschen und gab ihm den Auftrag, sich um den Garten zu kümmern. Gott pflanzte dort alle Arten von Bäumen an, Bäume mit bunten, duftenden Blüten, aus denen die köstlichsten Früchte hervorgingen. Auch Blumen und Sträucher in leuchtenden Farben ließ er wachsen. Es war eine Freude, das alles anzusehen.

In die Mitte des Gartens setzte Gott zwei Bäume: den Baum, der unvergängliches Leben schenkt, und den Baum, der zwischen Gut und Böse unterscheiden hilft.

Gott sagte zu dem Mann: „Von allen Bäumen darfst du essen, nur nicht von dem Baum, der zwischen Gut und Böse unterscheiden hilft. Wenn du es trotzdem tust, musst du sterben."

Der Mann lebte allein im Garten Eden. Deshalb brachte Gott alle Tiere zu ihm. Der Mann gab ihnen Namen, den Landtieren ebenso wie den Vögeln am Himmel und den Fischen im Wasser. Aber der Mensch selber hatte noch keinen Gefährten, der zu ihm passte.

„Der Mensch sollte nicht allein bleiben. Das ist nicht gut", sprach Gott. Und so versetzte er den Mann in einen tiefen Schlaf. Während er schlief, nahm Gott eine Rippe aus dem Körper des Menschen und heilte die Wunde sofort. Aus dieser Rippe formte Gott eine Frau.

Gott weckte den Mann wieder auf, und da stand seine Frau vor ihm. Voller Freude rief er aus: „Endlich habe ich jemanden, der so ist wie ich. Wir beide werden immer zusammengehören."

So gingen der Mann und die Frau gemeinsam durch den wunderschönen Garten Eden. Sie spazierten unter den prächtigen Bäumen umher und durchquerten duftende Blumenwiesen. Der Mann und seine Frau waren nackt, aber das störte sie nicht. Sie lebten glücklich und in Frieden miteinander und mit der ganzen Welt.

Der Friede wird zerstört

Genesis 3

Die Schlange war das schlaueste der Tiere, die Gott geschaffen hatte. Als die Frau einmal allein auf einer Wiese saß, kam die Schlange durch das Gras auf sie zu.

„Hat Gott wirklich gesagt, ihr dürft von keinem der Bäume im Garten essen?“, fragte sie.

Die Frau schaute die Schlange an. Wieso sprach dieses Tier mit ihr? Hier in Eden brachte jeder Tag neue Überraschungen und Wunder.

„Also?“, drängte die Schlange, während sie sich auf einem Baumstamm niederließ und dabei die Frau aufmerksam beobachtete.

„Natürlich dürfen wir von allen Bäumen im Garten essen“, sagte die Frau schließlich. „Gott hat uns nur verboten, die Früchte von dem Baum dort drüben zu essen …“

Sie zeigte auf einen dunklen Baum in der Mitte des Gartens.

„Ausgerechnet von dem sollt ihr nicht essen?“ Die Schlange tat sehr überrascht.

„Ja, genau“, erwiderte die Frau. „Gott hat gesagt: ‚Wenn ihr die Früchte von diesem Baum esst oder sie auch nur anfasst, dann werdet ihr sterben!‘“

„Glaubt doch das nicht!“, empörte sich die Schlange. „Ihr werdet nicht sterben! Gott weiß, dass ihr werdet wie er, wenn ihr von dem Baum esst. Deshalb hat er euch die Früchte verboten.“

Die Schlange kroch durch das Gras davon bis zu dem Baum, der zwischen Gut und Böse unterscheiden hilft.

Die Frau folgte ihr. Wie prächtig dieser Baum doch gewachsen war! Und wie verlockend die Früchte aussahen! Schon streckte die Frau die Hand nach einer besonders schönen Frucht aus.

„Nur zu“, zischte die Schlange. „Probier doch mal! Du wirst sehen, wie gut die Frucht ist.“

Da nahm sich die Frau die Frucht und biss hinein.

Auch der Mann war zum Baum der Erkenntnis gekommen. Und als seine Frau ihm die Frucht reichte, kostete er ebenfalls davon.

Da gingen den beiden die Augen auf und sie wussten, dass sie nackt waren. Mit einem Mal schien sich alles im Garten Eden verändert zu haben. Es war, als sei ein dunkler Schatten ins Paradies gefallen. Und der Mann und die Frau flochten sich jeder einen Lendenschurz aus Feigenblättern.

Plötzlich hörten sie die Stimme Gottes, der durch den Garten ging. Schnell versteckten sie sich zwischen den Bäumen.

„Wo seid ihr?“, rief Gott.

Voller Scham trat der Mann aus seinem Versteck hervor.

„Ich habe dich gehört“, sagte er. „Aber ich schämte mich, weil ich doch nackt bin. Deshalb wollte ich mich vor dir verbergen.“

„Woher weißt du, dass du nackt bist?“, fragte Gott. „Hast du von dem verbotenen Baum gegessen?“

„Die Frau, die du mir gegeben hast …“, stammelte der Mann. „Sie hat mir eine Frucht gereicht, und dann habe ich davon gegessen.“

„Warum hast du das getan?“, fragte Gott die Frau, die nur langsam aus ihrem Versteck hervorkam und sich nicht traute aufzuschauen.

„Die Schlange“, sagte sie. „Sie ist schuld. Sie hat so lange auf mich eingeredet, bis ich von der Frucht kostete.“

Da sprach Gott zu der Schlange: „Weil du das getan hast, sollst du verflucht sein. Auf dem Bauch sollst du kriechen und Erde fressen. Du allein von allen Tieren.“

Dann wandte sich Gott wieder an die Menschen. Er erklärte ihnen, wie viel Kummer und Schmerzen sie durch ihren Ungehorsam über die Welt gebracht hatten. „Von nun an werdet ihr es schwer haben, und euer Leben wird vor allem aus Mühe und Not bestehen.“

Zitternd standen der Mann und die Frau da. Sie waren schrecklich traurig. Gott machte ihnen Kleider aus Tierfellen und er vertrieb sie aus dem Garten Eden. Sie sollten nicht mehr dorthin zurückkehren können. Gott ließ den Eingang von Engeln mit feurigen Schwertern bewachen. Denn kein Mensch sollte zum Baum des Lebens gelangen können.

Kain und Abel

GENESIS 4

Der Mann hieß Adam. Das bedeutet: „von der Erde genommen“. Und die Frau hieß Eva, „Mutter alles Lebendigen.“

Adam und Eva schufen sich jenseits von Eden ein Zuhause. Ihr tägliches Leben war nicht einfach, aber bei all ihren Sorgen und der schweren Arbeit erlebten sie auch Schönes. Eva brachte zwei Söhne zur Welt. Den ersten nannte sie Kain, den zweiten Abel.

Als Abel erwachsen war, wurde er ein Hirte, der gut für seine Herden sorgte. Die meiste Zeit verbrachte er in den Bergen, wo er bei jedem Wetter auf seine Schafe Acht gab. Wenn schwere Stürme aufzogen, brachte er sie in Sicherheit. Und im Frühling beschützte er die neugeborenen Lämmer vor den Wölfen.

Kain lebte als Bauer, pflügte den schweren Ackerboden und bestellte die Felder in der Ebene am Fuß der Berge. Seine Arbeit war hart und kräftezehrend. Manchmal gab es so viel zu tun, dass Kain sich kaum eine Pause gönnte, um zu verschnaufen. Sein Leben schien nur noch aus Pflügen und Säen zu bestehen, immer wieder aufs Neue.

So gingen Jahre ins Land. Eines Tages brachte Kain Gott ein Opfer dar – etwas von dem, was er geerntet hatte. Zugegeben, es war vielleicht nicht das Beste, was der Boden abgegeben hatte, aber Kain hatte eine recht gute Auswahl zusammengestellt. Gott gehörte ja sowieso die ganze Welt. Was sollte ihm da ein kleines Opfer bedeuten?

Abel dachte anders darüber. Er war der Meinung, dass alles, was er hatte, eigentlich Gott gehörte. Deshalb wählte er das schönste Schaf seiner ganzen Herde zum Opfer aus.

Abels Geschenk machte Gott große Freude. Doch Kains Opfer schaute er nicht an. Da wurde Kain eifersüchtig. Er spürte, wie der Zorn in ihm hochstieg, und schaute verbittert vor sich hin. Als Gott sah, was da vor sich ging, sagte er zu Kain: „Warum bist du so wütend? Wenn du Gutes im Sinn hast, kannst du doch den Kopf frei erheben. Aber wenn du Böses planst, lauert die Sünde vor der Tür deines Herzens. Du musst sie beherrschen."

Aber Kain wollte nicht hören. Er schlug Abel vor: „Komm doch mit mir und schau dir meine Felder an."

Als die beiden Brüder allein waren, fiel Kain über Abel her und tötete ihn.

Er grub ein Loch in die Erde und legte Abel hinein. Das Grab bedeckte er mit Erde und Steinen. Doch vor Gott konnte er seine Tat nicht verbergen.

Gott rief nach ihm: „Kain! Wo ist dein Bruder Abel?"

„Woher soll ich das wissen?" Kain zuckte mit den Schultern. „Ich muss doch nicht ständig auf meinen Bruder aufpassen."

„Was hast du nur getan?", fragte Gott, und seine Stimme klang wie ein Sturmwind, der über das Land fegt. „Das Blut deines Bruders ruft zu mir aus der Erde!"

Kain fiel auf die Knie. Ihm war klar, dass Gott ihn längst durchschaut hatte. Und Gott sprach zu ihm: „Jetzt bist du verflucht. Du musst fortgehen aus diesem fruchtbaren Land. Nie mehr wirst du hier etwas ernten können. Von heute an sollst du rastlos wie ein Flüchtling durch die Welt ziehen."

Als Kain hörte, wie schwer seine Strafe sein sollte, sagte er zu Gott: „Das ist zu hart. Du vertreibst mich aus deiner Nähe, und jeder, der es will, darf mich töten."

Da antwortete Gott: „Nein, ich werde dich beschützen, wohin du auch gehst." Und er machte ein Zeichen an Kains Stirn, an dem jeder erkannte: Dieser Mensch steht unter dem besonderen Schutz Gottes.

So verließ Kain für immer sein Zuhause und ging weit fort.

Die große Flut und der Regenbogen

GENESIS 6-9

In den folgenden Jahrhunderten vermehrten sich die Menschen und breiteten sich über die Welt aus. Viele kümmerten sich überhaupt nicht mehr um das, was recht ist. Alles, was sie dachten und taten, war böse. Es wurde so schlimm, dass Gott es nicht mehr mit ansehen wollte.

„Hätte ich doch nie die Menschen erschaffen", dachte er. „Sie wissen nichts anderes mit sich anzufangen, als sich gegenseitig das Leben schwer zu machen und üble Dinge zu tun." Und wirklich: Den Menschen schien nichts mehr heilig zu sein.

Dass es mit seiner Schöpfung so weit gekommen war, tat Gott weh, und er beschloss: „Ich werde die Menschen vernichten und so ihre Bösartigkeit für immer ausrotten."

Aber einen Mann gab es auf der Welt, der gefiel Gott. Er hieß Noach, und er tat nichts Böses. Damit unterschied er sich deutlich von allen anderen Menschen. Immer hatte er Gott an seinem Leben teilhaben lassen und sich an ihn gehalten. Deshalb wollte Gott Noach und seine Familie vor der Zerstörung der Welt schützen.

Und Gott sprach zu Noach: „Ich werde dem bösen Treiben der Menschen auf der Erde ein Ende setzen, denn sie tun einander nur Schlimmes an. Bau eine Arche aus Holz, mit vielen Räumen und einem Dach. Dichte dann das ganze Schiff von innen und außen mit Teer ab."

Erstaunt hörte Noach zu. Gott erwartete doch tatsächlich von ihm, dass er hier, mitten in der Wüste und weit entfernt vom Meer, ein Schiff baute!

„Hundertdreiunddreißig Meter soll es lang sein, zweiundzwanzig Meter breit und dreizehn Meter hoch. Bringe an der Seite eine große Tür an, und ziehe zwei Zwischendecken ein, sodass es drei Stockwerke haben wird", sprach Gott.

Noach erwiderte nichts, sondern hörte gut zu. Er wollte alles genauso machen, wie Gott es verlangte – bis in die kleinste Einzelheit.

Dann sprach Gott: „Ich werde die ganze Erde mit Wasser überfluten und alles vernichten, was lebt. Die Wassermassen werden die ganze Welt bedecken, und nichts wird mehr atmen können. Aber dir, Noach, verspreche ich, dass ich immer bei dir und deiner Familie sein werde. In der Arche werdet ihr in Sicherheit sein. Die große Flut wird euch nichts anhaben."

Noach wurde angst und bange, als er hörte, welche schreckliche Strafe über die Erde kommen sollte.

Gott sprach weiter: „Bringe zwei Tiere von jeder Art mit auf das Schiff, jeweils ein Männchen und ein Weibchen. Lege für jedes Tier einen ausreichenden Futtervorrat an, und nimm auch für dich und deine Familie genug zu essen mit."

Noach tat alles so, wie Gott es ihm gesagt hatte. Gemeinsam mit seinen Söhnen Sem, Ham und Jafet machte er sich daran, dort in der Wüste, in der Nähe seines Zuhauses, die Arche zu bauen. Er ließ sich durch nichts davon abhalten und baute beharrlich weiter, als die Leute sich über ihn lustig machten und ihn für verrückt erklärten.

Endlich war der riesige schwimmfähige Kasten fertig – das seltsamste Schiff, das die Welt je gesehen hat. Doch der Regen blieb aus.

Die Sonne schien von einem wolkenlosen Himmel. Immer noch verspotteten die Leute Noach und seinen Gott.

Noach warnte sie und wollte sie zur Umkehr bewegen. Doch sie hörten nicht auf ihn. Als Noach dann auch noch unzählige Tiere auf seine Arche brachte, waren sie sich sicher, dass er völlig verrückt geworden war.

Von überall strömten die Tiere herbei, um sich mit Noach und seiner Familie auf dem Schiff in Sicherheit zu bringen. Lange bevor der erste Donner grollte, wussten sie schon, dass ein Gewitter aufzog. Und sie rochen den Regen in der Luft, als noch längst kein Tropfen vom Himmel fiel.

Am Eingang zur Arche begrüßte Noach die Tiere, gab ihnen zu essen und zu trinken und brachte sie in den Ställen unter, die er für sie zurechtgemacht hatte.

Endlich waren sie alle in der Arche versammelt: Noach, seine Frau, ihre drei Söhne mit ihren Frauen – und die Tiere. Da verschloss Gott die riesige Tür hinter ihnen. Und es fing an zu regnen.

Vierzig Tage und vierzig Nächte regnete es. Der Himmel öffnete sich wie ein Schleusentor. Mitten in der Wüste brachen Quellen aus den Tiefen der Erde hervor, und die Flüsse traten über die Ufer. Wie ein mächtiger Wasserfall prasselte der Regen auf die Welt nieder.

Dazu tobte ein heftiger Sturm, der das Wasser aufpeitschte. Es wurde stockdunkel. Die Wellen türmten sich so hoch auf, dass selbst Berge darunter verschwanden. Bei einem solchen Unwetter konnten kein Mensch, kein Tier und keine Pflanze mehr am Leben bleiben.

Hundertfünfzig Tage stieg das Wasser stetig an. Weit und breit war kein Land in Sicht. Doch Gott hatte seinen treuen Freund Noach nicht vergessen. Er ließ einen kräftigen Wind aufkommen, der das Wasser zurückdrängte. Ganz langsam sank die Flut.

Es war zwar immer noch kein Land zu sehen, aber wenigstens wurde der Himmel heller, weil der Wind die dunklen Wolken vom Himmel fegte.

Die Arche trieb weiter dahin, bis Noach und seine Familie plötzlich einen heftigen Ruck spürten. Das Schiff knarrte und schwankte, bis es schließlich ganz stehen blieb. Die Arche war am Gebirge Ararat gelandet.

Noach schaute aus dem Fenster über die riesige Wasserfläche hinweg. Unter dem grauen Himmel glitzerte sie wie Silber. Er konnte kein Anzeichen von Leben erkennen und auch nichts hören. Deshalb ließ er einen Raben frei, der einen Platz suchen sollte, an dem er sich niederlassen konnte. Der Vogel flog so lange hin und her, bis das Wasser von der Erde verschwunden war.

Noach ließ auch eine Taube frei, um herauszufinden, ob das Wasser abgeflossen war. Doch sie konnte keine Stelle zum Landen finden, und so kehrte sie zur Arche zurück. Noach griff sie und brachte sie wieder in Sicherheit.

Nach sieben Tagen schickte er die Taube ein zweites Mal los. Dieses Mal kam sie noch am selben Abend zurück. Im Schnabel trug sie einen Olivenzweig.

Nun wusste Noach, dass die Wassermassen sich endlich zurückzogen. Also ließ er die Taube noch einmal frei. Und diesmal kehrte sie nicht zurück.

Noach öffnete das Dach der Arche. Und nun konnten alle sehen, dass das Wasser in die Flüsse und Meere zurückgeflossen war. Um sie herum war nur noch trockenes Land.

Gott sagte zu Noach: „Komm mit deiner Familie aus der Arche heraus! Bring auch die Tiere nach draußen und lass sie frei. Ihr sollt euch vermehren und viele Kinder haben. Die Erde soll von euren Nachkommen bevölkert werden."

Die Tiere liefen, sprangen, krochen und krabbelten davon, ein jedes auf seine ihm eigene Weise. Die Vögel vollführten vor Freude Sturzflüge, sangen ihre Lieder und zwitscherten einander fröhlich zu. Noach und seine Familie aber bauten einen Altar und dankten Gott für ihre Rettung.

Da sprach Gott: „Euch und euren Nachkommen sowie jedem, der in der Arche mitgefahren ist, verspreche ich: Nie wieder will ich die Erde durch eine Flut zerstören und alles Leben vernichten. So lange die Welt besteht, wird es eine feste Ordnung geben: Aussaat und Ernte werden einander abwechseln, ebenso Kälte und Hitze, Sommer und Winter, Tag und Nacht. Zum Zeichen, dass mein Versprechen Bestand hat, will ich meinen Regenbogen zwischen die Wolken setzen."

In diesem Augenblick spannte sich ein wunderschöner Regenbogen über den Himmel. Voller Staunen betrachteten Noach und seine Familie ihn. Unter den schillernden Farben des herrlichen Bogens fühlten sie sich sicher und geborgen.

Gott sprach: „Mein Regenbogen soll euch an mein Versprechen erinnern. Und wenn ich ihn sehe, werde auch ich an den immer gültigen Bund denken, den ich mit allem geschlossen habe, was auf der Erde lebt."

In den folgenden Jahren sah Noach noch viele herrliche Regenbögen und dachte dabei an Gottes Versprechen. Sein ganzes langes Leben hindurch blieb er Gott treu und vertraute ihm.

Und die Menschen bevölkerten wieder die Erde. Doch schon bald vergaßen sie, was geschehen war. Sie wurden hochmütig und wandten sich von Gott ab.

Ein hoher Turm für Babel

Genesis 11

Zu dieser Zeit verständigten sich alle Menschen in einer einzigen Sprache. Und jeder wusste, was der andere ihm sagen wollte.

Als einige Volksstämme von Osten aufbrachen, kamen sie in ein Gebiet mit Namen Schinar. Dort wollten sie eine prächtige Stadt errichten.

„Wir wollen berühmt werden!“, riefen sie. „Deshalb werden wir die größte Stadt auf der ganzen Welt bauen! Aus Lehm machen wir Ziegelsteine. In den heißesten Öfen wollen wir sie brennen. Und als Mörtel nehmen wir Teer, um die Steine damit zusammenzufügen.“ Sie zweifelten nicht daran, dass ihr Vorhaben gelingen würde.

„Wir wollen den höchsten Turm der Welt bauen. Bis in den Himmel soll er reichen! Durch die Wolken soll er stoßen und das Tor zu den Göttern werden!“

So schlossen sie sich alle zusammen und fingen mit der Arbeit an.

Gott kam vom Himmel, um sich die Stadt und den Turm anzusehen.

„Seht sie euch nur an“, sagte er. „All diese Leute, wie sie ihren Turm errichten. Eines Tages werden sie noch glauben, dass sie alles machen können, was sie wollen.“

Da beschloss Gott: „Ich werde ihre Sprache durcheinander bringen. Von nun an werden sie einander nicht mehr verstehen und lauter verschiedene Sprachen sprechen.“

Da brach ein großes Chaos aus. Mit einem Mal konnten sich die Bauleute nicht mehr miteinander verständigen.

Wenn einer sagte: „Reich mir einen Stein“, holte der andere vielleicht eine Hacke herbei oder ein Gefäß mit Teer.

Ziellos liefen die Menschen umher, schrien durcheinander und versuchten, mit Händen und Füßen deutlich zu machen, was sie meinten. Sie waren vollkommen verstört.

Gott zerstreute sie über die ganze Erde. Ihre großen Pläne mussten sie aufgeben, und der Turm wurde niemals zu Ende gebaut. Der Ort, wo all dies geschehen ist, heißt „Babel“. Das bedeutet „Verwirrung“.

Babel wurde tatsächlich berühmt, so wie es sich die Menschen gewünscht hatten. Aber nicht als die prächtigste Stadt der Welt, sondern als ein Ort, an dem der Hochmut die Menschen auseinander gebracht hatte.

Abraham und Sara

Genesis 12

In der Stadt Haran lebte ein Mann namens Abraham, zusammen mit seinem Bruder und seinem Neffen Lot. Abraham hatte allen Grund, zufrieden zu sein, denn er hatte eine hübsche Frau, ein schönes Zuhause, einen großen Besitz und viele Diener. Aber eins fehlte ihm: Abraham und seine Frau Sara hätten so gern ein Kind gehabt.

Als Sara noch jung war, weinte sie sich oft in den Schlaf. Der Wunsch nach einem Kind und die Traurigkeit in ihrem Herzen wurden fast unerträglich. Sara beobachtete andere Familien mit ihren vielen Söhnen und Töchtern, die fröhlich miteinander spielten oder den Eltern bei der Arbeit halfen. Ihren eigenen Mann Abraham sah sie dagegen jeden Tag schweigend nach Hause kommen – allein.

„Für uns gibt es keine Zukunft“, klagte sie dann. „Was soll nur werden, wenn wir einmal sterben? Es ist kein Kind da, das unseren Namen weiterführt.“

Sara senkte den Blick und beobachtete den Wind, der den Staub auf der Straße aufwirbelte. Ihr Leben schien ihr nicht mehr wert als ein Blatt, das wie der Staub ziellos vom Wind davongetragen wurde. Abraham versuchte sie damit zu trösten, dass ihm sein Neffe Lot lieb war wie ein Sohn. Doch der Gedanke an Lot, der selbst schon Kinder hatte, erfüllte sie mit noch größerer Verzweiflung.

„Ein Sohn …“, seufzte sie. „Wenn wir doch nur …“

Doch zu viele Jahre gingen ins Land. Sara und Abraham waren schon sehr alt geworden. Die Hoffnung verblasste, und mit jeder Stunde, die verging, erschien die Erfüllung ihres Traumes unmöglicher.

Gott spricht mit Abraham

GENESIS 12

Eines Abends, auf dem Heimweg von seiner Herde, die er versorgt hatte, dachte Abraham über sein Leben nach.

„Eigentlich habe ich doch alles, was ich brauche – und noch viel mehr. Und dennoch fühle ich, dass mir etwas ganz Entscheidendes fehlt.“ Immer wieder grübelte er darüber nach, während die Sonne ein letztes Mal am Horizont aufflackerte. Dann versank sie schließlich ganz, und es wurde kühl wie jeden Abend.

Je länger Abraham nachdachte, desto deutlicher wurde ihm, wie viel Glück es in seinem Leben gab. Er war reich, lebte in Wohlstand und Sicherheit. Er war inzwischen alt geworden. Und was hatte es für einen Sinn, sich ständig ein Kind zu wünschen, wenn doch alle Tatsachen dagegen sprachen, dass er je eins mit Sara haben würde?

Abraham setzte sich nieder und machte Rast. Plötzlich kam es ihm vor, als ob eine Stimme mit ihm sprach. Zuerst war sie so leise, dass er meinte, er hätte es sich nur eingebildet. Vielleicht war er ja kurz eingeschlafen und träumte. Oder hatte er das Rauschen des Windes für eine Stimme gehalten?

„Abraham." Jetzt war die Stimme ganz klar und deutlich zu hören. Nein, das war keine Einbildung. Jemand sprach zu Abraham. Die Stimme klang tief und fest. Sie umgab ihn von allen Seiten und kam doch von weit über ihm.

„Ich bin dein Gott", sprach die Stimme. Jetzt stand Abraham auf, denn Furcht hatte ihn ergriffen. Wer war das nur? In Haran beteten die Menschen zu verschiedenen Göttern. Überall gab es Altäre und Götterbilder aus Stein und auch kleine Tempel. Aber diese Stimme hatte gesagt: „Ich bin dein Gott."

„Abraham, geh fort von deinem Zuhause", sprach die Stimme weiter.

Abraham sah sich um, aber er konnte niemanden sehen. Es war Nacht. In der Ferne leuchteten die Lichter der Stadt, und die Sterne funkelten am dunklen Himmel.

„Fortgehen?"

„Du sollst alles verlassen, deine Verwandten und deinen Besitz. Mache dich auf."

Abraham war fassungslos. Aber er spürte, dass er gehorchen musste.

„Geh in das Land, das ich dir zeigen werde." Jetzt klang Gottes Stimme wie ein Lied in Abrahams Herzen. „Ich werde aus dir ein großes Volk machen und dich segnen."

Zitternd vor banger Erwartung hielt Sara Ausschau nach ihrem Mann. Wo steckte Abraham nur? War ihm etwas geschehen? Wenn sie ihn verlieren sollte, was sollte dann aus ihr werden?

Da plötzlich sah sie von weitem jemanden die Straße herunterlaufen und winken.

„Sara! Sara! Wir müssen fort!"

„Fort?" Wovon redete er nur?

„Wegziehen. Wir müssen Haran verlassen."

„Unsere Heimat verlassen? Warum denn? Was ist passiert?"

„Wir müssen den Dienern Bescheid sagen, damit sie alles zusammenpacken."

„Was soll dieser Unsinn? Unser Zuhause verlassen, unsere Familien?"

„Gott hat es mir befohlen."

Sara und Abraham sahen sich in die Augen, und sie verstand ihn sofort. Sie kannte und liebte ihn nun schon seit so vielen Jahren. Als sie das Feuer in seinem Blick bemerkte, konnte auch sie die Gegenwart Gottes spüren. Und sie wusste, dass er wirklich zu Abraham gesprochen hatte.

Abraham und Lot

Genesis 13

So verließ Abraham seine Heimat Haran, wie Gott es ihm befohlen hatte. Sein Neffe Lot folgte ihm mit seiner Familie.

Sie zogen nach Süden, durch die Wüste, in das Land Kanaan. Als sie dort ankamen, brach zwischen den Hirten Abrahams und den Hirten Lots ein Streit um das beste Weideland aus. Abraham und Lot hatten große Viehherden, und das Weideland an diesem Ort reichte nicht für alle aus.

„Bald werden sie noch einen Krieg anfangen!“, sagte Abraham. „Das darf es in einer Familie nicht geben. Das Land ist schließlich groß genug. Wir müssen doch nicht alle an diesem Ort bleiben.“

Lot stimmte zu. Er und Abraham waren verwandt.

Da durften ihre Diener sich nicht streiten.

„Warum trennen wir uns nicht und lassen uns an verschiedenen Stellen nieder? Such dir aus, wohin du gehen möchtest. Ich ziehe dann in die andere Richtung“, schlug Abraham vor.

Lot hielt das für eine gute Idee. Er hatte immer davon geträumt, viel Land zu besitzen. Und nun ließ Abraham ihm sogar noch die Wahl.

In der Ferne konnte Lot den Fluss Jordan sehen. Das Land an seinem Ufer war so fruchtbar, dass es überall blühte und grünte.

„Ich will mich in der Jordanebene niederlassen“, sagte Lot und wies auf den Landstrich, der seine Heimat werden sollte.

Abraham war einverstanden. Er selbst zog tiefer ins Land hinein.

Und von nun an gingen Lot und Abraham verschiedene Wege.

Gottes Versprechen an Abraham

GENESIS 13.15

Sobald Lot und sein Gefolge fort waren, sprach Gott ein weiteres Mal zu Abraham.

Ganz deutlich spürte Abraham, wie ihn die Nähe Gottes umfing, und in seinem Herzen hörte er die Stimme laut und klar.

„Schau dich um! Schau nach Norden, nach Süden, nach Osten und nach Westen. Alles, was du dort siehst, werde ich dir und deinen Kindern und den Kindern deiner Kinder schenken. Du wirst so viele Nachkommen haben, wie Staub auf der Erde liegt. Nur wer die Staubkörner zählen kann, weiß, wie viele Nachkommen du haben wirst!"

Abraham blickte auf seine Füße hinab und betrachtete den Staub auf seinen Sandalen. Wie viele Körner mochten das sein?

„Mach dich auf", sprach Gott. „Zieh durch das ganze Land, in alle Richtungen. Alles gehört dir und deinen Nachkommen."

Also zog Abraham weiter, bis er sich schließlich bei den Eichen von Mamre niederließ. Dort lebte er mit seiner Sara. Sie wunderte sich über alles, was geschah. Gemeinsam mit

Abraham hatte sie ein neues Zuhause, ihre Herden wurden immer größer. Sara aber hatte immer noch keinen Sohn.

Eines Tages sprach Gott wieder zu Abraham.

„Erschrick nicht, Abraham. Hör mir zu." Die Stimme war kräftig, sie verlangte von ihm, dass er gehorchte.

„Hab keine Angst", tönte die Stimme. „Ich beschütze dich, und ich werde dich reich belohnen."

Doch Abraham erwiderte: „Oh, guter Gott, was kannst du mir denn schon geben, wo ich doch noch immer kinderlos bin?"

Er schaute auf die Erde und sagte: „Ich habe keinen Sohn ... Niemand ist da, der mein Land und meinen ganzen Besitz erben kann ... So wird wohl mein Diener Elieëser mein Nachfolger werden."

In aller Traurigkeit spürte Abraham, wie nah Gott ihm war und dass er ihn trösten wollte.

„Abraham! Dieser Mann wird nicht dein Erbe sein. Nein, du wirst einen Sohn bekommen, und der soll dein Erbe sein."

Als die Sonne untergegangen war, blickte Abraham zum Himmel hinauf. Von dort leuchteten unzählige Sterne auf die Erde herab.

„Weißt du, wie viele es sind?", fragte Gott. Abraham schüttelte staunend den Kopf. „Wenn du sie alle zählen könntest, dann wüsstest du, wie viele Nachkommen du haben wirst. Es sollen mehr sein, als Sterne am Himmel funkeln."

Abraham glaubte alles, was Gott ihm gesagt hatte. Und Gott enttäuschte ihn nicht. Denn er liebte Abraham und hatte Großes mit ihm vor.

Saras Sklavin bekommt einen Sohn

Genesis 16

Viele Jahre vergingen, und immer noch hatten Abraham und Sara keinen Sohn bekommen.

Sara machte sich große Sorgen. Wo war Gott? Was war denn nun mit seinem Versprechen? Sollte sie es wirklich glauben?

Eines Tages beobachtete Sara, wie ihre Dienerin Hagar vor Abrahams Zelt kniete und Wäsche wusch. Beim Anblick der hübschen jungen Frau kam Sara eine Idee.

„Gott hat nicht zugelassen, dass ich Kinder habe", sagte sie zu Abraham. „Wenn du nun stattdessen ein Kind mit Hagar hättest, könnten wir vielleicht auf diese Weise eine Familie haben."

Abraham wunderte sich, doch Sara war fest entschlossen. „Hagar ist meine Dienerin, und ich kann mit ihr machen, was ich will. Sie kann an meiner Stelle ein Kind zur Welt bringen!"

Abraham war einverstanden. Er schlief mit Hagar, und sie wurde wirklich schwanger.

Zuerst war Sara froh, dass ihr Plan so gut funktioniert hatte. Doch schon bald gefiel es ihr nicht mehr sehr gut. Hagar konnte nicht ihre Freude und ihren Stolz darüber verbergen, dass sie Abrahams Kind zur Welt bringen würde. Und sie begann auf ihre Herrin herabzusehen.

Sara konnte es nicht mehr aushalten, von ihrer Sklavin gedemütigt zu werden. Sie kam in Abrahams Zelt gestürmt und rief: „Das ist deine Schuld! Du hast mir das angetan, indem du diese Frau in deine Arme genommen und ihr ein Kind geschenkt hast. Jetzt verachtet sie mich!"

Abraham legte ihr die Hand auf den Arm. „Hagar ist deine Dienerin. Tu mit ihr, was du für richtig hältst."

Da behandelte Sara Hagar so schlecht, dass sie davonlief.

In der Wüste brannte die Sonne heiß auf Hagar herab. Nachdem sie viele Stunden herumgelaufen war, brach sie zusammen. Da hörte sie eine Stimme.

„Hagar, Dienerin Saras, woher kommst du, und wohin gehst du?"

„Ich bin vor meiner Herrin davongelaufen", schluchzte sie.

Hagar blickte auf und sah einen Engel, den Gott geschickt hatte. Er sprach so liebevoll mit ihr, dass sie sich nicht länger fürchtete. Sie wischte sich die Tränen ab.

„Du musst zu deiner Herrin zurückgehen", sagte der Engel. „Auch wenn es schwer ist, musst du ihr gehorchen. Bald wirst du einen Sohn zur Welt bringen. Den sollst du Ismael nennen. Das heißt: ‚Gott hört'. Denn Gott hat deinen Kummer gehört. Ismael wird viele Nachkommen haben, aus denen ein großes Volk entstehen wird."

So ging Hagar zurück zu Abraham und Sara. Und sie brachte einen Sohn zur Welt. Abraham gab ihm den Namen Ismael, so wie es der Engel gesagt hatte. Stolz hielt Abraham das Baby in den Armen.

Doch Ismael war nicht das Kind, das Gott Abraham versprochen hatte.

Fremde Besucher

Genesis 18

Viele Jahre gingen ins Land. Nun war Abraham schon neunundneunzig Jahre alt! Eines Tages saß er im Schatten vor dem Eingang seines Zeltes bei den Eichen von Mamre. Still und nahezu bewegungslos wartete er darauf, dass die Hitze des Tages vorüberging.

Als er kurz aufsah und in das helle Licht blickte, traute er seinen Augen nicht. Träumte er, oder war er wirklich wach? Ganz in der Nähe sah er einen Fremden mit zwei Begleitern gehen. Abraham schaute genauer hin. Im grellen Sonnenlicht konnte er ihre Gesichter nicht erkennen. Und doch spürte er, dass es mit diesem Fremden etwas Besonderes auf sich hatte. Er wusste, hier kam Gott selbst. Hastig stand er auf, ging auf den Fremden zu und verbeugte sich tief.

„Mein Herr", sagte er, „wenn du mir mit deinen Begleitern deine Gunst erweisen willst, dann geht nicht an meinem Zelt vorüber. Bleibt hier und ruht ein wenig aus. Ich will sogleich Wasser bringen lassen. Wascht euch die Füße und macht es euch unter dem Baum bequem. Erlaubt mir, dass ich euch etwas zu essen hole, damit ihr euch für euren weiteren Weg stärken könnt."

„Gut", erwiderten sie. „Tu, was du gesagt hast."

Abraham ging zu Sara ins Zelt. „Mach schnell einen Teig und back ein paar Brote für unsere Gäste." Dann lief Abraham zu seinen Kühen, suchte das beste Kalb aus und befahl seinem Diener, es für ein Festessen zuzubereiten. Als alles fertig war, bediente Abraham seine Gäste.

Während die drei Besucher aßen, blieb Abraham ein

Stück weit entfernt stehen, denn es gehörte sich nicht, dass er sich zu ihnen setzte.

Als sie fertig waren, fragten die Männer Abraham: „Wo ist deine Frau Sara?“

„Drinnen in ihrem Zelt“, antwortete er.

Da sprach Gott zu ihm: „Nächstes Jahr um diese Zeit werde ich wiederkommen, und dann wird Sara einen Sohn haben.“

Sara stand am Eingang ihres Zeltes und hörte diese Worte. Sie und Abraham waren inzwischen schon sehr alt, und sie musste lachen. „Ich bin doch schon lange aus dem gebärfähigen Alter heraus. Wie sollte ich da noch so eine Freude erfahren?“

Gott hörte Saras heimliches Lachen. Er sagte zu Abraham: „Warum hat Sara gelacht und gesagt: ‚Wie soll ich denn ein Baby bekommen, wo ich doch so alt bin?‘“

Abraham hatte nichts gehört. Erstaunt sah er seine geheimnisvollen Besucher an.

Als sie aufstanden um weiterzugehen, sagte Gott noch einmal sehr nachdrücklich: „Für Gott ist nichts unmöglich. Ich werde nächstes Jahr um dieselbe Zeit zu euch zurückkommen, und dann wird Sara einen Sohn geboren haben.“

Als Sara das hörte, bekam sie mit einem Mal Angst. Eilig trat sie vor. „Ich habe doch nicht gelacht“, log sie.

„Doch“, sprach Gott, „das hast du.“

Ismael und Isaak

Genesis 21

Gott meinte es gut mit Sara und hielt sein Versprechen.

Sara wurde schwanger und brachte im folgenden Jahr einen Sohn zur Welt. Abraham nannte den Jungen Isaak, das heißt „Lachen“. Vor Freude sang Sara laut: „Gott hat mir Isaak geschenkt. Da habe ich allen Grund zum Lachen. Und alle, die von meinem Baby hören, werden sich mit mir freuen.“

Abraham und Sara liebten ihren kleinen Jungen sehr und hatten viel Freude an ihm. Als Isaak acht Tage alt war, beschnitt Abraham ihn, genau wie Gott es angeordnet hatte.

Isaak wuchs heran. Und eines Tages beobachtete Sara, wie Ismael, Hagars Sohn, mit ihm spielte. Da wurde sie ärgerlich.

„Schick diese Sklavin und ihren Sohn fort“, sagte sie zu Abraham. „Mein Sohn Isaak soll nicht mit dem Sohn einer Sklavin das Erbe teilen!“

Das bereitete Abraham großen Kummer. Er liebte Ismael, der nun schon groß war. Doch Gott sagte ihm, er solle Hagar und ihren Sohn ruhig gehen lassen. Er würde für sie sorgen.

Am nächsten Morgen nahm Abraham Brot und einen Schlauch mit Wasser, gab beides Hagar, legte ihr Ismael auf die Schulter und schickte sie fort. Lange blickte er ihnen nach.

Mehrere Tage lang irrte Hagar durch die Wüste. Dieses Mal wusste sie genau, dass sie nie mehr zurückkommen würde. Das Wasser, das Abraham ihr gegeben hatte, war schon aufgebraucht, und sie hatte Angst, ihr Sohn könnte sterben. Ismael war nämlich schon sehr schwach und hatte schrecklichen Durst. Hagar setzte das Kind unter einem Strauch ab, setzte sich nicht weit entfernt auf die Erde und begann bitterlich zu weinen.

In diesem Augenblick rief der Engel Gottes ihr aus dem Himmel herab zu: „Hab keine Angst, Hagar! Gott hat deinen Sohn weinen gehört. Steh auf und nimm ihn bei der Hand. Ich werde seine Nachkommen zu einem großen Volk machen!"

Langsam erhob sich Hagar und rieb sich die Augen. Da sah sie genau vor sich einen Brunnen.

Sofort füllte sie ihren Schlauch mit Wasser und lief damit hinüber zu Ismael. Sie goss ihm die kühle, klare Flüssigkeit in den Mund und wusch auch sein Gesicht. Der Junge lächelte sie an. Sie half ihm auf die Füße, und sie gingen weiter, bis sie an einen Ort kamen, wo sie sicher waren.

Und so wuchs Ismael in der Wüste auf. Gott begleitete und beschützte ihn, wie er es versprochen hatte. Als Ismael erwachsen war, wurde er ein Bogenschütze. Da er eine kräftige Statur hatte, konnte er in der Wildnis gut überleben, denn er fürchtete sich vor niemandem. Später fand seine Mutter in Ägypten, ihrer Heimat, eine Frau für ihren Sohn. Ismael hatte viele Kinder und wurde zum Stammvater eines großen Volkes.

In der Zwischenzeit wuchs auch Isaak bei Abraham und Sara heran. Doch bevor sich auch Gottes Versprechen für Isaaks Zukunft erfüllen konnte, musste Abraham noch eine schwere Probe bestehen.

Gott stellt Abraham auf die Probe

Genesis 22

Einige Jahre später geschah es. „Abraham!“, rief jemand.

Abraham hatte Gottes Stimme schon viele Male gehört. Manchmal war sie sanft wie ein Sommerregen, dann wieder mächtig wie ein Sturmwind, der über die Ebene fegt, oder auch ruhig und klar wie der kühle Nachthimmel. Aber dieses Mal klang sie ganz anders und ungewohnt.

Die Stimme drang bis in Abrahams Innerstes vor, an die geheimsten Plätze in Abrahams Herzen. Dort lagen alle seine Hoffnungen und Ängste verborgen. Dort hütete er seine Liebe zu seinem Sohn Isaak wie einen Schatz.

„Abraham!“, rief Gott noch einmal.

„Hier bin ich“, antwortete Abraham. Von Anfang an, in Haran schon, hatte er auf Gott gehört. Er hatte alles zurückgelassen und war in ein unbekanntes Land gezogen. Und er hatte Gottes unglaublichem Versprechen vertraut, dass er einmal der Stammvater und Ursprung eines großen Volkes sein würde.

„Nimm deinen einzigen Sohn Isaak“, sprach Gott, „und geh in das Land Morija. Dort sollst du ihn mir zum Opfer bringen.“

Isaak opfern? Sein geliebtes Kind an einem Altar festbinden und es töten? Das taten doch nur die Heiden! Die brachten ihre kleinen Kinder Götterbildern aus Stein zum Opfer. Aber sie wussten ja auch nichts von Gott und seiner Liebe zu den Menschen.

Abraham bekam panische Angst. Wie bei einem Sturmwind geriet alles, was er bisher für richtig gehalten hatte, in ein wirres Durcheinander. In diesem Augenblick kam es ihm vor, als würde die ganze Welt in Dunkelheit versinken.

Doch die Stimme gehörte eindeutig Gott.

Also gehorchte Abraham.

Ganz früh am Morgen sattelte er seinen Esel und belud ihn mit Brennholz. Gemeinsam mit zwei Dienern und seinem Sohn Isaak machte er sich auf den Weg in das Land Morija.

Als Abraham am dritten Tag der Reise den Berg erblickte, den Gott ihm als Opferstätte genannt hatte, sagte Abraham seinen Dienern: „Dies ist die Stelle. Bleibt mit dem Esel hier. Isaak und ich gehen allein weiter. Wir werden zu Gott beten und dann …" Er sprach nicht weiter, sah die Männer an, dann seinen Sohn, der ihn anlächelte. „… dann kommen wir wieder zu euch zurück", fügte er hinzu.

Wie sie das schaffen sollten, wusste er auch nicht. Bei all der Verzweiflung in seinem Herzen wusste er gar nichts mehr. Doch er vertraute auf Gott. Er gab Isaak das Brennholz zu tragen und nahm selbst ein Messer und eine Schale mit Holzkohle mit.

Als sie den Berg bestiegen, fragte Isaak: „Vater?"

„Ja, mein Sohn", antwortete Abraham.

„Wir haben Feuer und Holz, aber wo ist das Lamm für das Opfer?"

„Dafür wird Gott schon selbst sorgen, mein Junge", sagte Abraham. Dann gingen sie schweigend weiter.

Als sie am Ziel angekommen waren, bauten sie aus Steinen einen Altar und legten das Brennholz darauf. Keiner von beiden sagte ein Wort. Dann setzte sich Abraham auf die Erde. Eine lange Zeit hielt er das Messer in der Hand. In seinem Herzen schrie er laut zu Gott, aber kein Laut kam über seine Lippen. Tränen stiegen ihm in die Augen, als er sich zu seinem Sohn umdrehte.

„Isaak, mein Kind ...“

Weil seine Stimme bei dem Wort „Kind“ zitterte und seine Augen voller Angst waren, begriff Isaak, warum sie hergekommen waren und was Gott befohlen hatte.

Und so band Abraham Isaak an dem Altar fest, und der Junge blieb ganz still liegen.

Abraham schaute sich um. Er sah den wolkenlosen Himmel. Weit unter ihm versorgten die Diener den Esel, kleine Punkte hinter einem Dunstschleier. Vater und Sohn waren allein auf dem Berg unter dem leeren Himmelszelt.

Abraham traute sich nicht, Isaak anzusehen. Er nahm das Messer und holte aus.

Plötzlich rief eine Stimme: „Abraham, Abraham!“

Er drehte sich um. Die Stimme kam ihm bekannt vor. Sie gehörte dem Engel Gottes. Von allen Seiten hörte er es rufen: „Abraham!“

„Hier bin ich.“

Laut und deutlich befahl die Stimme: „Leg das Messer zur Seite und tu dem Jungen nichts! Jetzt weiß ich ja, dass du Gott gehorsam bist und ihm vertraust. Du warst bereit, sogar deinen einzigen Sohn herzugeben, den du dir so sehnlich gewünscht hast.“

Abraham sank auf die Knie. Das Messer fiel klirrend auf die Steine neben dem Altar.

Als Abraham wieder aufblickte, sah er einen einzelnen Schafbock, der sich mit den Hörnern in einem Strauch verfangen hatte. Den packte Abraham und legte ihn anstelle seines Sohnes auf den Altar. Und den Ort, wo dies geschah, nannte Abraham „Der Herr sorgt für alles.“

Dann sprach der Engel Gottes noch einmal zu Abraham: „Das will der Herr dir sagen: ‚Weil du dich nicht geweigert hast, mir deinen geliebten Sohn zu schenken, werde ich dich reichlich segnen. Du wirst so viele Nachkommen haben, wie Sterne am Himmel sind und Sandkörner am Meer. Bei allen Völkern der Erde wird man dann sagen: ‚Gott segne dich wie die Nachkommen Abrahams!'"

Danach kehrten Abraham und Isaak wieder zu den Dienern zurück.

Eine Frau für Isaak

Genesis 24

Gott überschüttete Abraham mit Glück und Reichtum, wie er es versprochen hatte. Abraham sah zu, wie Isaak zu einem kräftigen und nachdenklichen jungen Mann heranwuchs.

Nachdem Sara gestorben war, wusste Abraham, dass auch er nicht mehr lange zu leben hatte. Doch vorher wollte Abraham noch dafür sorgen, dass Isaak heiraten und eine Familie gründen würde. So bat er seinen Diener, für Isaak eine Frau zu suchen, die nicht aus Kanaan stammen sollte, sondern aus Abrahams ursprünglichem Heimatland und seiner Verwandtschaft.

Der Diener machte sich mit einigen anderen auf den Weg nach Haran, von wo Abraham stammte. Zehn Kamele und viele wertvolle Geschenke hatten sie dabei. Am Abend, als es schon kühl geworden war und die Frauen am Brunnen Wasser holten, hatten sie endlich ihr Ziel erreicht.

Während sie die Kamele versorgten, betete Abrahams Diener leise zu Gott: „Lieber Gott, gib mir Glück zu meinem Vorhaben. Zeige doch bitte, wie sehr du Abraham liebst, und lass mich die richtige Frau für Isaak finden. Ich will zu einem Mädchen sagen: ‚Lass mich aus deinem Krug trinken.' Wenn sie antwortet: ‚Trink nur, ich hole auch noch Wasser für deine Kamele', dann soll sie die Frau sein, die du für Isaak ausgesucht hast."

Noch während er so betete, kam ein hübsches Mädchen mit Namen Rebekka auf ihn zu. Sie trug einen Krug auf ihrer Schulter. Der Diener lief ihr entgegen und sagte: „Gib mir doch bitte etwas Wasser zu trinken."

„Trink nur, mein Herr", erwiderte sie und nahm sofort den Krug von der Schulter. Als er genug getrunken hatte, sagte sie: „Jetzt will ich noch Wasser für deine Kamele holen." Dann lief sie schnell zum Brunnen hinüber.

Ohne ein Wort schaute sich der Diener jede ihrer Bewegungen genau an. Als sie auch die Tiere versorgt hatte, gab er Rebekka einen goldenen Ring und zwei Armreifen aus der Tasche und fragte:

„Wie heißt dein Vater? Hat er in seinem Haus vielleicht Platz für uns, damit wir übernachten können?"

„Herr", antwortete sie, „ich bin die Tochter von Betuël, dem Sohn Milkas und Nahors."

Nahor! Das war Abrahams Bruder. Der Diener war überwältigt, und Tränen der Freude stiegen ihm in die Augen. Gott hatte ihn geradewegs zur Familie seines Herrn geführt!

„Gesegnet sei der Gott meines Herrn!", rief er laut, so sehr freute er sich. „Ich danke dir, Gott, dass du so gut bist zu meinem Herrn Abraham."

Rebekka hatte schon von Abraham, dem Onkel ihres Vaters gehört. Man hatte ihr berichtet, dass er lange vor ihrer Geburt alles verlassen hatte und auf Gottes Gebot hin in ein unbekanntes Land gezogen war. Diese Geschichte erzählten sich die Männer, wenn sie unter dem kalten Sternenhimmel am Lagerfeuer saßen. Der Name Abraham machte ihr Herz froh.

Die Aufgabe ist erfüllt

Genesis 24

Eilig lief Rebekka zu ihrer Familie und erzählte ihr alles. Als ihr Bruder Laban den prächtigen Ring und die Armbänder sah und die ganze Geschichte gehört hatte, lief er zum Brunnen, um Abrahams Diener zu holen.

Sie setzten ihm Essen vor, doch Abrahams Diener hob die Hand.

„Ich esse erst, wenn ich euch gesagt habe, warum ich hier bin."

„Dann rede!", forderte Laban ihn auf.

„Ich bin der Diener Abrahams", sagte der Besucher und schaute alle Männer, die mit ihm zusammensaßen, der Reihe nach an. Dann blickte er auf die andere Seite des Zimmers. Dort stand Rebekka schweigend im Schatten. „Gott hat meinen Herrn gesegnet, und er ist sehr reich geworden. Gott hat ihm Schafe und Rinder geschenkt, Silber und Gold, Kamele und Esel und auch viele Diener. Sara, die Frau meines Herrn, hat im hohen Alter noch einen Sohn geboren. Sein Name ist Isaak …"

Der Diener zögerte. Was sollte er noch sagen über den Menschen, den Abraham so sehr liebte? Dafür gab es keine Worte.

„Isaak wird einmal allen Besitz von seinem Vater erben. Seinetwegen bin ich jetzt hier."

Stille trat ein. Die Flammen des Feuers spiegelten sich in Rebekkas Augen. Sie bemerkte, dass der Fremde sie jedes Mal anschaute, wenn er den Namen Isaak erwähnte.

Abrahams Diener berichtete der Familie alles, was an diesem Tag geschehen war: Wie er Gott um ein Zeichen gebeten hatte und wie Rebekka ihm und seinen Kamelen dann zu trinken gab.

Wie gebannt lauschten sie der Geschichte des Dieners.

Als er geendet hatte, nickten Laban und Betuël einander zu und sagten: „Das ist eine Botschaft von Gott. Er hat seine Wahl getroffen. Hier ist Rebekka. Nimm sie mit! Sie soll den Sohn deines Herrn heiraten, wie es Gott bestimmt hat."

Da dankte Abrahams Diener Gott von ganzem Herzen. Gemeinsam mit seinen Begleitern holte er die vielen kostbaren Geschenke herbei, die sie mitgebracht hatten. Wertvoller Schmuck aus Gold und Silber sowie reich verzierte Kleider für Rebekka waren darunter. Aber auch Rebekkas Bruder Laban und ihre Mutter erhielten zahlreiche Kostbarkeiten.

Anschließend gab es ein großes Fest.

Rebekka und Isaak

Genesis 24

Das Fest dauerte bis spät in die Nacht. Am nächsten Morgen erklärten Rebekkas Bruder Laban und ihre Mutter dem Diener Abrahams: „Wir haben nichts dagegen, dass du Rebekka mit dir nimmst, damit sie Isaak heiratet. Aber bleibt doch noch zehn Tage bei uns, damit wir in Ruhe Abschied nehmen können."

„Haltet mich bitte nicht auf", erwiderte der Diener. „Gott hat mir Erfolg beschert, und es wird Zeit, dass ich zu meinem Herrn Abraham zurückkehre."

„Sie selbst soll entscheiden", meinten Laban und die Mutter. „Hören wir, was sie dazu sagt."

Sie ließen Rebekka holen und fragten sie: „Möchtest du gleich mit diesem Mann gehen?"

„Ja, das will ich", antwortete Rebekka.

Da segneten Laban und die Mutter Rebekka und ließen sie gehen.

Isaak wohnte zu der Zeit im südlichen Teil des Landes, in der Nähe des Brunnens von Lahai-Roï. Eines Abends, als er auf dem Feld war, sah er plötzlich Kamele daherkommen.

Im selben Moment entdeckte Rebekka Isaak. Sie stieg von ihrem Kamel und fragte den Diener, der sie hergebracht hatte: „Wer ist der Mann, der uns da entgegenkommt?"

„Das ist der Sohn meines Herrn", antwortete er, „Isaak."

Der Name ließ Rebekkas Herz höher schlagen. Für einen kurzen Augenblick wurde ihr fast schwindelig. Doch dann bedeckte sie ihr Gesicht schnell mit einem Schleier.

Isaak kam näher, und Abrahams Diener erzählte ihm alles, was sich ereignet hatte. Da nahm Isaak Rebekka mit sich in sein Zelt. Er machte sie zu seiner Frau und gewann sie sehr lieb.

Kurze Zeit später konnte Abraham friedlich sterben, denn er wusste, dass sein geliebter Sohn eine gute Frau gefunden hatte.

Zwillingsbrüder

Genesis 25

Viele Jahre vergingen, aber Rebekka wurde und wurde nicht schwanger. Da betete Isaak zu Gott, ihnen doch ein Kind zu schenken.

Gott erhörte das Gebet, und schon bald erwartete Rebekka Zwillinge. Die beiden ungeborenen Babys stießen einander so heftig in Rebekkas Bauch, dass sie es kaum ertragen konnte. Laut schrie sie zu Gott: „Warum muss es mir so elend gehen?“

Gott antwortete: „In deinem Bauch trägst du jetzt zwei Völker. Von deinen Söhnen werden einmal zwei verfeindete Volksstämme abstammen. Der eine wird stärker sein als der andere, und das ältere Kind wird dem jüngeren dienen.“

Endlich kam die Zeit der Entbindung, und Rebekka brachte gesunde Zwillingsbrüder zur Welt. Als Erster wurde Esau geboren. Das zweite Kind hielt seinen Bruder bei der Geburt an der Ferse fest. Es hieß Jakob.

Die beiden Brüder waren grundverschieden: Esau war

voller Tatendrang. Als kräftiger und geschickter Jäger liebte er das Leben in der freien Natur. Jakob dagegen war stiller und nachdenklicher. Er hielt sich gern zu Hause bei Rebekka und den Dienern auf.

Isaak hatte eine Vorliebe für Esau. Der Vater war stolz darauf, dass sein Ältester sich als erfolgreicher Jäger erwies. Rebekka dagegen hatte Jakob besonders lieb.

Eines Tages bereitete Jakob gerade ein Essen zu, als Esau von einem Streifzug zurückkehrte. Tagelang war er unterwegs gewesen, und nun hatte er großen Hunger.

„Schnell, Jakob!", rief er. „Ich bin ganz erschöpft. Gib mir etwas von deiner Suppe!"

„Warte …", antwortete Jakob. „Was gibst du mir dafür?"

Esau hatte jetzt wirklich nichts übrig für langes Gerede mit seinem Bruder. „Nun gib schon her!"

„Wie wär's, wenn du mir dein Erstgeburtsrecht abtrittst? Dann gelte ich als der Ältere", fragte Jakob. „Überlässt du's mir für einen Teller Suppe?"

Als ältestes Kind sollte Esau eines Tages den besonderen Segen seines Vaters bekommen und den größten Teil des Besitzes erben. Jakob spielte ein gefährliches Spiel, aber Esau hatte so großen Hunger, dass er gar nicht mehr wusste, was er tat.

„Jetzt hör mal", sagte er. „Kannst du nicht sehen, dass ich fast verhungere? Was nützt mir denn da mein Erstgeburtsrecht?"

Jakob war schlau. Er trat einen Schritt vor, stellte sich vor den Suppentopf und sagte: „Gib mir dein Wort. Schwöre mir, dass ich ab jetzt als Erstgeborener gelte."

Eilig schwor Esau alles, was Jakob verlangte, stieß seinen Bruder beiseite und schlang die Suppe herunter. Als er gegessen und getrunken hatte, stand er auf und ging einfach weg.

So wenig bedeutete Esau sein Erstgeburtsrecht.

Isaak wird betrogen

GENESIS 27

Isaak war alt geworden und konnte kaum noch etwas sehen. Da ließ er seinen ältesten Sohn zu sich kommen.

„Was willst du, Vater?“, fragte Esau.

„Esau, mein Junge, hör zu! Ich werde wohl bald sterben. Deshalb möchte ich, dass du noch ein letztes Mal für mich auf die Jagd gehst. Nimm Pfeil und Bogen, erlege ein Stück Wild und bereite es mir zu, wie ich es gern esse. Ich will mich stärken, damit ich dich segnen kann, bevor ich sterbe.“

Rebekka hatte alles mit angehört. Sie wartete, bis Esau gegangen war. Dann rief sie ihren Liebling Jakob.

„Tu jetzt genau, was ich sage“, erklärte sie ihm. „Dann wirst du von deinem Vater als Erstgeborener gesegnet werden.“

Jakob sah, wie sie lächelte. Er spürte, wie entschlossen sie war, ihn endgültig als Erstgeborenen bestätigen zu lassen. Davon würde sie sich durch niemanden abbringen lassen.

„Esau ist auf die Jagd gegangen, um deinem Vater ein Stück Wild zu jagen“, sagte sie. „Geh du jetzt hinaus und bring mir zwei unserer besten Ziegen. Die will ich so zubereiten, wie dein Vater es am liebsten mag. Du kannst ihm dann das Essen bringen, damit er sich stärkt und dich vor seinem Tode segnet.“

„Was ist, wenn er mich erkennt?“

„Das wird er nicht.“

„Er braucht mich doch nur anzufassen. Meine Haut ist ganz glatt, und Esau hat so viele Haare. Vater wird es merken, sobald er mich berührt.“

Rebekka packte ihn bei der Schulter. „Nun mach schon, bevor Esau zurückkommt.“

Also lief Jakob hinaus, um die Ziegen zu holen. Rebekka tat die schmackhaftesten Gewürze ins Essen. Sie nahm Esaus beste Kleider und zog sie Jakob an. Dann legte sie ihm noch ein Ziegenfell über den Hals und die Arme.

Endlich war Jakob so weit. Er brachte Isaak sein Essen.

„Hier bitte, Vater“, sagte er und bemühte sich, Esaus Stimme nachzuahmen.

„Wer bist du?“, wollte Isaak wissen.

„Ich bin Esau, dein ältester Sohn. Ich habe deinen Wunsch erfüllt und bringe dir das Wild. Iss, damit du mich segnen kannst.“

Isaak wurde misstrauisch. Er hatte das Gefühl, dass hier irgendetwas nicht stimmte. „Wie bist du denn so schnell wieder hierher gekommen?“

„Ach“, erwiderte Jakob, „Gott hat mir heute eine schnelle Beute gegeben.“

„Komm her zu mir“, sagte Isaak. „Ich will fühlen, ob du wirklich Esau bist.“

Jakob wurde angst und bange. Aber er trat langsam vor und streckte den Arm aus, der mit dem Ziegenfell bedeckt war. Isaak fuhr mit seinen alten, verkrümmten Fingern über die behaarte Oberfläche.

„Hm“, machte er. „Das ist Jakobs Stimme …, aber Esaus Arm.“

Es trat eine lange Stille ein. Immer noch war Isaak beunruhigt, und er berührte seinen Sohn noch einmal.

„Bist du wirklich mein Sohn Esau?", fragte er.

„Ja."

„Dann gib mir das Fleisch, das du für mich zubereitet hast. Ich werde es essen und dich segnen."

Jakob reichte dem Vater das Mahl.

„Komm her", sagte Isaak. „Gib deinem alten Vater einen Kuss."

Jakob ging zu ihm und küsste ihn. Als Isaak den Duft von Esaus Kleidung roch, war er endlich überzeugt. Und er segnete Jakob mit den folgenden Worten:

„Gott möge dir Tau vom Himmel schenken und alle Reichtümer der Erde. Die Menschen sollen dir dienen. Du wirst der Herrscher deiner Brüder sein, sie müssen sich in Ehrfurcht vor dir beugen. Wer dich verflucht, den soll das Unglück treffen; doch wer dir wohl will, soll gesegnet sein."

Kaum hatte Isaak seinen Sohn Jakob gesegnet, da kam Esau von der Jagd zurück. In den Händen trug er das Wild, das er selbst erlegt hatte. Nun bereitete er es zu.

„Vater", rief Esau. „Hier bin ich."

„Was?", erschrocken richtete sich Isaak von seinem Lager auf. Er konnte zwar nichts sehen, doch die Stimme seines ältesten Sohnes erkannte er sofort.

„Vater", sagte Esau, „setz dich auf und iss, was ich dir gebracht habe. Ich habe es so zubereitet, wie du es liebst. Danach kannst du mir deinen Segen geben."

„Wer bist du?", fragte Isaak unruhig.

Esau wunderte sich über diese eigenartige Frage. Ob sein Vater gerade erst aufgewacht und noch ein wenig verwirrt war?

„Ich bin's", sagte er, „Esau, dein ältester Sohn."

Da begann Isaak heftig zu zittern. „Nein, nein ...", stammelte er.

„Was ist los, Vater?"

„Wer ist denn vorhin bei mir gewesen, hat sich niedergekniet und sich von mir segnen lassen?"

Esau konnte sich schon denken, wer das gewesen war. Und er schrie voller Schmerz und Bitterkeit auf.

„Vater, Vater", rief er. „Gib mir auch deinen Segen!"

Völlig verzweifelt schüttelte Isaak den Kopf.

„Ich kann mein Wort nicht mehr zurücknehmen!", erklärte er. „Ich habe ihn zum Herrscher über dich gemacht; alle seine Brüder müssen ihm dienen. Und ich habe ihm reichlich Korn und Wein gegeben. Was bleibt mir da noch für dich, mein Sohn?"

„Kannst du denn nur einmal segnen?", rief Esau. „Segne mich doch auch."

Also segnete Isaak auch Esau und versprach ihm, dass er eines Tages frei sein würde von seinem Bruder Jakob:

„Weit weg von guten Feldern wirst du wohnen, kein Tau vom Himmel wird dein Land befeuchten, ernähren musst du dich von deinem Schwert! Du wirst der Sklave deines Bruders sein; doch eines Tages stehst du auf und wehrst dich und wirfst seine Herrschaft von deinen Schultern ab."

Esaus Wut

Genesis 27.28

Von dem Tag an, an dem Jakob ihn um den väterlichen Segen gebracht hatte, war Esau wütend auf seinen Bruder. Seine Wut wurde so groß, dass er sagte:

„Wenn mein Vater gestorben ist, werde ich Jakob umbringen."

Das hörte seine Mutter Rebekka. Sie rief heimlich Jakob herbei.

„Dein Bruder Esau will sich an dir rächen und dich töten", flüsterte sie ihm zu. „Du musst sofort von hier verschwinden."

Jakob bekam große Angst. „Wo soll ich denn hingehen? Ich kann doch nirgendwo Esaus Hass entkommen!"

„Geh zu meinem Bruder Laban nach Haran", sagte Rebekka. „Das ist weit genug entfernt. Dort kannst du dich verstecken, bis sich Esau wieder beruhigt hat."

Jakob bezweifelte, ob das jemals geschehen würde. Aber seine Mutter blieb dabei: „Eines Tages wird Esau vergessen, dass du ihn betrogen hast. Dann gebe ich dir Nachricht, und du kannst wieder nach Hause kommen."

Jakob schaute seine Mutter an und fragte sich, ob er sie jemals wieder sehen würde. Sanft schob sie ihn fort.

„Geh schon!", sagte sie. „Ich möchte doch nicht an einem Tag meine beiden Söhne verlieren."

Rebekka sorgte geschickt dafür, dass Jakob von Isaak für seine Reise gesegnet wurde. Und Jakob machte sich auf den Weg.

Rebekka war traurig, und sie konnte es nicht mit ansehen,

wie er langsam immer kleiner wurde und im Nebel verschwand. Jakob, ihr liebstes Kind, war fort.

Jakobs Traum

Genesis 28

Jakob war den ganzen Tag gelaufen. Die Sonne ging schon unter, und das Licht am Himmel wurde immer blasser. Um ihn herum wurde es Nacht. Also legte Jakob sich schlafen. Als Kopfkissen nahm er sich einen flachen Stein.

Erschöpft fiel er in einen tiefen Schlaf. Und während er schlief, hatte er einen Traum.

Vor sich sah er eine große, breite Treppe, die von der Erde bis zum Himmel reichte. Engel kamen darauf zur Erde herunter, und andere stiegen wieder zum Himmel hinauf. Jakob schaute an den vielen Engeln vorbei bis oben ans Ende der Treppe. Dort sah er ein strahlend helles Licht und hörte eine Stimme sagen:

„Ich bin der Gott Abrahams und deines Vaters Isaak. Den Boden, auf dem du liegst, und das Land darum herum will ich dir und deinen Nachkommen schenken. Alle Völker auf der Erde werden durch dich gesegnet sein! Darauf kannst du dich verlassen, Jakob: Ich bin immer bei dir. Ich werde dich beschützen, wohin du auch gehst. Ich werde dich wieder in dieses Land zurückbringen. Ich werde dich niemals im Stich lassen, und alles, was ich dir versprochen habe, wird auch geschehen."

Als Jakob aufwachte, schaute er sich voller Staunen um.

„Gott wohnt hier“, sagte er, „und ich habe es gar nicht gewusst! Hier ist tatsächlich das Haus Gottes, das Tor des Himmels.“

Er war froh, dass er auf seiner Flucht nicht allein war, obwohl er sein Elternhaus verlassen hatte.

Früh am Morgen stand Jakob auf und stellte den Stein, auf dem er gelegen hatte, als ein Steinmal auf. Dann legte er ein Gelübde ab: „Wenn Gott mir beisteht, mich auf meiner Reise bewahrt und mich wohlbehalten wieder nach Hause zurückbringt, dann soll er allein mein Gott sein.“

Jakob wird getäuscht

Genesis 29

Jakob hatte seinen Bruder betrogen und war aus Angst vor Esaus Rache von zu Hause geflohen. Aber trotz seines Betruges hatte Gott Jakob versprochen, immer bei ihm zu bleiben, sogar in seinen schwersten Stunden!

Jakob zog weiter in Richtung Haran. Dort wollte er bei seinen Verwandten wohnen. Auf seiner Reise setzte er sich eines Tages neben einen Brunnen, aus dem die Hirten der Gegend gewöhnlich ihr Vieh mit Wasser versorgten. Einige standen schon dort. Weil aber ein schwerer Stein die Öffnung des Brunnens verschloss, mussten sie auf weitere Hirten warten, um den Stein beiseite zu schieben.

Jakob fragte die Hirten, woher sie kämen. Und sie erzählten ihm, dass sie in Haran lebten. Auch seinen Onkel Laban kannten sie und wussten, dass es ihm gut ging.

In diesem Moment kam eine junge Schäferin mit ihrer Herde auf den Brunnen zu. Die Hirten berichteten Jakob, dies sei Labans Tochter Rahel.

Jakob lief zum Brunnen. Mit aller Kraft schob er den schweren Stein allein zur Seite, um Wasser zu schöpfen für die Schafe seines Onkels. Rahel sah ihn erstaunt an. Wer mochte dieser hilfsbereite Fremde sein?

Nachdem Jakob die Tiere versorgt hatte, küsste er Rahel. Er war so bewegt, dass er anfing zu weinen.

„Dein Vater Laban ist der Bruder meiner Mutter", erklärte er.

Rahel sah den Fremden genauer an.

„Du bist mein Vetter?", fragte sie zweifelnd.

„Ja", bestätigte Jakob. „Sag deinem Vater: Rebekkas Sohn ist zu Besuch gekommen."

Rahel lief nach Hause zu ihrem Vater. Als Laban erfuhr, wem sie am Brunnen begegnet war, lief er Jakob entgegen, um ihn zu begrüßen.

Jakob erzählte Laban alles, was geschehen war und wie übel er seinem Bruder Esau mitgespielt hatte. Laban schaute Jakob prüfend an und sagte lächelnd: „Kein Zweifel, du bist wirklich mit mir verwandt!"

Dann umarmte er Jakob noch einmal herzlich und ließ ein großes Festessen für den Sohn seiner Schwester vorbereiten.

Einen ganzen Monat hatte Jakob nun schon für seinen Onkel gearbeitet. Eines Tages sagte Laban zu ihm: „Du sollst nicht umsonst für mich arbeiten, nur weil du mein Verwandter bist. Was möchtest du haben?"

Laban hatte außer Rahel noch eine ältere Tochter, die Lea hieß. Lea war lange nicht so schön wie Rahel, in die sich Jakob auf den ersten Blick verliebt hatte. Deshalb antwortet er seinem Onkel: „Ich werde sieben Jahre für dich arbeiten, wenn ich dafür deine Tochter Rahel zur Frau bekomme.“

Laban dachte einen Augenblick nach. Dann sagte er: „Einverstanden. Ich gebe sie dir. Bleib so lange bei mir!“

Jakob war überglücklich. Sieben lange Jahre mühte er sich von morgens bis abends für seinen Onkel ab. Aber es machte ihm nichts aus. Die Jahre kamen ihm wie Tage vor, denn er liebte Rahel sehr.

Als die Zeit vorüber war, erinnerte Jakob seinen Onkel an ihre Abmachung: „Gib mir jetzt die Frau, für die ich gearbeitet habe. Ich will sie heiraten.“

Laban ließ ein großes Fest feiern, zu dem er alle Bewohner des Ortes einlud. Doch am Abend brachte er nicht Rahel, sondern Lea in Jakobs Brautgemach. Sie trug einen Schleier vor dem Gesicht, und es war dunkel. Deshalb bemerkte Jakob die Täuschung nicht und schlief mit Lea.

Als am nächsten Morgen die Sonne hereinschien, schaute Jakob auf die Frau neben sich im Bett und erschrak: Das war nicht Rahel!

Sein Onkel hatte ihn hereingelegt. Jakob konnte es nicht fassen. Er stellte Laban zur Rede: „Was hast du mir angetan? Da hab ich all die Jahre für dich gearbeitet, um Rahel zur Frau zu bekommen. Und jetzt hast du mich betrogen.“

„Mein lieber Neffe“, erwiderte Laban ruhig, „so verlangt es nun einmal unsere Sitte: Es darf nicht sein, dass eine jüngere Tochter vor ihrer älteren Schwester heiratet!“

Jakob starrte seinen Onkel entsetzt an.

„Wir werden es so machen“, sagte Laban. „Verbringe jetzt mit Lea die Hochzeitswoche. Dann gebe ich dir Rahel noch dazu. Du musst mir aber versprechen, noch einmal sieben Jahre für mich zu arbeiten.“

Jakob stimmte zu. Nach einer Woche nahm er auch Rahel zur Frau und arbeitete weitere sieben Jahre für Laban.

Gefährliche Rückkehr

Genesis 31.32

Jakob war als junger Habenichts auf der Flucht zu seinem Onkel Laban nach Haran gekommen. Doch er verließ diesen Ort als ein wohlhabender und angesehener Herr, der zwei Frauen, elf Söhne und eine Tochter hatte.

Nachdem es zu Besitzstreitigkeiten mit Laban und dessen Söhnen gekommen war, wollte Jakob nach Kanaan zurückkehren, so wie Gott es ihm geraten hatte. Jakob besprach sein Vorhaben mit Rahel und Lea. Sie waren einverstanden, heimlich mit ihm ihren Vater zu verlassen.

Als Laban zwei Tage später von der Flucht hörte, wurde er sehr wütend. Er verfolgte Jakob, bis er ihn im Bergland Gilead einholte. Dort gab es eine heftige Auseinandersetzung, bei der sich beide mit Vorwürfen überschütteten. Doch schließlich machte Laban den Vorschlag, sich gütlich zu einigen. So schlossen die beiden einen Vertrag miteinander.

Am nächsten Morgen küsste Laban seine Töchter Lea und Rahel zum Abschied. Er umarmte alle seine Enkel. Dann kehrte er in seine Heimat zurück.

Jakob war nicht sehr wohl auf seiner Reise. In den vergangenen Jahren hatte er sich immer wieder vorgestellt, wie sein Bruder sich wohl an ihm rächen würde. Er hatte sich ausgemalt, wie Esau sich mit einer Horde von Soldaten in wildem

Kriegsgeschrei auf ihn stürzen würde. Vor dem erbarmungslosen Kampf und dem grauenvollen Blutvergießen hatte er sich immer gefürchtet. Er wusste, dass sein Bruder ihn zu Recht hasste. Es gab keine Entschuldigung für das, was Jakob ihm angetan hatte. Und doch war es an der Zeit, wieder nach Hause zu gehen, denn Gott selbst hatte es befohlen und Jakob versprochen, ihn zu beschützen.

Jakob schickte Boten voraus zu Esau, um ihm sagen zu lassen: „Dein Diener Jakob hat die ganzen letzten Jahre bei Laban gelebt und ist sehr reich geworden. Das sage ich dir, weil ich hoffe, dass du mich freundlich aufnimmst."

Die Boten kamen zurück und berichteten, dass Esau schon mit vierhundert Männern auf dem Weg zu ihnen sei.

Als Jakob das hörte, erschrak er zutiefst. „Wie konnte ich mir nur einbilden, ich könnte mit Esau Frieden schließen? Wir sind doch Feinde und werden uns für immer bekämpfen. Und jetzt kommt mein Bruder mit einer ganzen Armee auf mich zu!"

Dann fiel er auf die Knie und betete: „Lieber Gott, ich verdiene deine Liebe nicht, aber du hast mir trotzdem immer geholfen. Beschütze mich vor Esaus Zorn! Ich habe solche Angst! Er wird uns alle umbringen, auch die Frauen und Kinder."

Die folgende Nacht wollte Jakob noch an diesem Ort bleiben, aber er beschloss, seinem Bruder viele Geschenke vorauszuschicken. Er teilte jedem seiner Diener eine Anzahl von Ziegen, Kamelen, Kühen und Eseln zu und befahl ihnen: „Zieht voraus und lasst einen Abstand zwischen den Herden." Esau würde ihnen nacheinander begegnen und erfahren, dass Jakob ihm all das Vieh schenken wollte, bevor sich die Brüder treffen würden.

Sein ganzes Leben lang hatte Jakob es immer wieder selbst in die Hand genommen, seine Dinge zu regeln – trotz der Zusagen Gottes, ihn zu beschützen. Und auch jetzt wollte Jakob selbst dafür sorgen, dass die Begegnung mit seinem Bruder tatsächlich glücklich verlief. Es schien ihm schwer zu fallen, sich nur auf Gottes Hilfe zu verlassen.

Ein heftiger Kampf

GENESIS 32.33

Es wurde Nacht, und Jakob war allein mit seinen Gedanken. Die Angst lähmte ihn. Was würde sein Bruder Esau mit ihm machen? Ein Zittern überfiel Jakob. Da geschah etwas sehr Seltsames. Etwas, das Jakob von Grund auf veränderte.

Aus der Dunkelheit trat ein Mann auf ihn zu. Jakob konnte nicht erkennen, wer es war. Plötzlich packte der Mann Jakob und verwickelte ihn in einen heftigen Kampf. Jakob wehrte sich, so gut er konnte.

Bald gingen die beiden Männer zu Boden. Doch sie rangen weiter miteinander. Stunde um Stunde verging, bis die Morgensonne schon über den Horizont kroch. Ein Lichtstrahl fiel auf das Gesicht des Fremden. Da verspürte Jakob große Furcht, denn der Fremde hatte etwas Besonderes an sich – ein Leuchten, eine Ausstrahlung – und eine seltsame Macht ging von ihm aus.

Als der Fremde sah, dass Jakob sich nicht niederringen ließ, versetzte er ihm einen harten Schlag auf die Hüfte. Jakob schrie vor Schmerz auf und stolperte. Doch aufgeben wollte er nicht. Er ließ den fremden Mann einfach nicht los. Beharrlich kämpfte er weiter.

„Lass mich jetzt los", sagte der Fremde schließlich. „Es wird schon Tag."

„Nein!", rief Jakob. „Niemals will ich dich loslassen. Es sei denn, du segnest mich!" Denn er hatte gespürt, dass sein Gegner kein gewöhnlicher Mensch war.

„Wie heißt du?", fragte der Mann.

„Jakob."

„Nein", erwiderte der Fremde leise, „du sollst nicht länger Jakob heißen. Von jetzt an wird man dich Israel nennen, denn du hast mit Gott und mit Menschen gekämpft und hast dabei gewonnen."

Jakob wunderte sich sehr, und er wollte den Mann nicht gehen lassen. „Jetzt musst du mir noch deinen Namen sagen!", forderte er den Fremden auf.

„Warum fragst du danach?", erwiderte der Mann, und dann segnete er Jakob.

Das frühe Morgenlicht umgab Jakob, als er müde und erschöpft vom Boden aufstand. Die Hüfte tat ihm weh. Er blickte ins Licht, doch es war niemand zu sehen.

„Ich habe Gott von Angesicht zu Angesicht gesehen", sagte Jakob, „und trotzdem lebe ich noch." Den Ort, an dem er mit Gott gerungen hatte, nannte Jakob Penuël, das heißt: „Das Gesicht Gottes".

Nur wenig später erblickte Jakob seinen Bruder Esau, der mit seinen vierhundert Leuten auf ihn zukam. Jakob stellte seine Familie in einer besonderen Ordnung auf: Er ließ die Nebenfrauen mit ihren Kindern vorangehen, dahinter kam Lea mit ihren Kindern, und zum Schluss Rahel mit Josef.

Jakob selbst ging an der Spitze des Zuges seinem Bruder

Esau entgegen. Auf dem Weg warf er sich sieben Mal zu Boden. Doch Esau kam auf ihn zugelaufen. Er umarmte Jakob, küsste ihn und weinte vor Freude.

„Mein Bruder!", rief er. „Mein Bruder Jakob!"

Jakob war überwältigt. Auch er musste weinen.

„Wen bringst du denn da mit?", wollte Esau wissen.

„Das sind meine Frauen, meine Kinder und meine Diener", erklärte Jakob. „Gott hat mich reich beschenkt."

Da umarmte Esau seinen Bruder noch einmal und sah ihn lange an. Er legte ihm den Arm um die Schulter, und Jakob konnte es kaum glauben, dass sein Bruder ihn so sehr liebte.

„Was sollten all die Ziegen und Rinder, die ich unterwegs getroffen habe?", fragte Esau.

„Das waren Geschenke für dich", erwiderte Jakob. „Ich wollte doch, dass du mich freundlich aufnimmst."

„Mein Bruder", erwiderte Esau sanft. „Ich habe selbst genug. Behalte das, was dir gehört."

Doch Jakob drängte so lange, bis Esau seine Geschenke annahm. So versöhnten sich die beiden Brüder – genau an dem Tag, an dem Jakob Gott selbst begegnet war und mit ihm gekämpft hatte.

Jakobs Lieblingssohn

Genesis 37

Auf dem Rückweg in seine Heimat starb Jakobs Frau Rahel bei der Geburt des jüngsten Sohnes Benjamin. Jakob war furchtbar traurig, denn er hatte sie sehr geliebt.

Die beiden Söhne, die Rahel ihm geschenkt hatte, bedeuteten Jakob von nun an mehr als alles andere. Wohin er auch ging, Josef und der kleine Benjamin waren immer bei ihm.

Als Josef siebzehn Jahre alt wurde, schenkte ihm Jakob einen ganz besonderen Mantel. Er hatte lange Ärmel und schillerte in den schönsten Farben. Der Stoff war sehr kostbar. Normalerweise trug nur ein König einen so prächtigen Mantel.

Josefs ältere Brüder waren neidisch, weil sie spürten, wie sehr ihr Vater Josef liebte. Und sie redeten kein freundliches Wort mehr mit Josef.

„Was glaubt er denn, wer er ist?", brummten sie. „Ein Prinz?"

Eines Tages kam Josef zu seinen Brüdern gelaufen und erzählte ihnen, was er geträumt hatte:

„In meinem Traum haben wir alle das Korn auf dem Feld zu Garben zusammengebunden. Plötzlich stellte sich meine Garbe auf und blieb stehen. Eure Garben stellten sich im Kreis herum und verneigten sich tief vor der meinen."

„Das soll wohl heißen, dass du unser König sein und über uns herrschen willst, was?" Die Brüder waren empört, und sie hassten Josef nun noch mehr.

Doch Josef achtete nicht darauf. Schließlich hatte er doch nur das erzählt, was ihm im Traum begegnet war.

Einige Zeit später hatte Josef wieder einen Traum. Er konnte ihn einfach nicht für sich behalten, und so erzählte er ihn diesmal der ganzen Familie.

„Ich habe etwas ganz Eigenartiges geträumt. Ich war auf dem Feld und sah die Sonne, den Mond und elf Sterne. Dann geschah etwas sehr Merkwürdiges: Alle verneigten sie sich vor mir."

Was das zu bedeuten hatte, erriet jeder sofort.

Jakob war entsetzt. „Das ist ja vielleicht ein schöner Traum!“ Er fing an, Josef auszuschimpfen. „Was für einen Unsinn träumst du denn da? Du glaubst doch wohl nicht, dass dein Vater, deine Mutter und deine Brüder sich vor dir in den Staub werfen?“ Jakob schüttelte fassungslos den Kopf.

Die Brüder trauten sich nicht, vor ihrem Vater zu zeigen, wie sehr sie Josef hassten. Ihr Zorn steigerte sich jedoch in unermessliche Wut. Sie warteten nur auf eine Gelegenheit, bis sie es Josef heimzahlen konnten.

Jakob dachte noch oft über Josefs Traum nach. Aber er sprach mit niemandem darüber.

Die Brüder rächen sich

GENESIS 37

Jakob besaß viele Schafherden und viele Söhne, die sie hüteten. Eines Tages brachten Josefs Brüder die Schafe auf eine weit entfernte Weide. Jakob rief Josef zu sich.

„Mein Sohn“, sagte er, „geh und sieh nach, was deine Brüder machen.“

Also zog Josef los. Als er das Lager seiner Brüder entdeckte, winkte er ihnen zu. Schon von weitem erkannten die Brüder ihn.

Als sie die leuchtenden Farben seines Mantels in der Sonne aufleuchten sahen, stiegen ihr Neid und ihr Hass wieder in ihnen auf. Und sie dachten sich einen Plan aus, wie sie Josef töten könnten.

„Da kommt der Träumer!“, riefen sie.

„Los kommt“, drängte einer von ihnen, „wir wollen ihn töten und in einen von diesen ausgetrockneten Brunnen werfen!“

„Ja“, stimmte ein anderer zu. „Wir können ja sagen, er sei von wilden Tieren gefressen worden. Er wird schon sehen, was er von seinen Träumen hat.“

Doch Ruben, der Älteste, hielt nichts von den Plänen der Brüder. „Wartet!“, rief er. „Nehmt ihm nicht das Leben. Wir dürfen kein Blut vergießen!“

„Doch, doch, töten wir den Träumer, den Lügner!“, zischte Gad, und seine Hand hatte schon das Messer gepackt.

„Nein!“, schrie Ruben. Die aufgebrachten Brüder starrten ihn finster an.

„Also schön“, gab Ruben nach. „Meinetwegen könnt ihr ihn in den Brunnen werfen. Aber krümmt ihm ja kein Haar!“

Mit diesen Worten ging Ruben davon. Er hatte vor, später heimlich zurückzukommen, Josef zu retten und zu seinem Vater zurückzubringen.

Sobald Josef die Brüder erreicht hatte, packten sie ihn, zogen ihm den Mantel aus und warfen ihn in einen ausgetrockneten Brunnen.

Josef schrie ihnen verzweifelt zu, sie sollten ihn wieder heraufziehen. Die Brüder hörten sein Flehen, das aus der dunklen Tiefe hallte. Doch sie kümmerten sich nicht darum, sondern setzten sich zum Essen nieder, als sei nichts geschehen.

Während sie aßen, näherte sich eine Karawane mit Kaufleuten. Sie wollten nach Ägypten, und ihre Kamele waren voll beladen mit kostbaren Gewürzen, Harzen und Parfümen.

„Warum sollen wir Josef umbringen? Damit würden wir unnötig schwere Schuld auf uns laden. Er ist doch unser Bruder“, sagte Juda. „Wir können ihn doch auch anders loswerden: Lasst ihn uns als Sklave an die Händler verkaufen!“

Die anderen waren einverstanden. So zogen sie Josef aus dem Brunnen und verkauften ihn für zwanzig Silbermünzen an die Kaufleute.

Ruben kehrte zum Brunnen zurück und rief hinab. Aber es kam keine Antwort.

„Josef! Josef!“, schrie Ruben verzweifelt. Plötzlich begriff er, dass der Junge nicht mehr da war. Eilig suchte er seine Brüder.

„Was habt ihr nur getan? Was sollen wir Vater sagen?“

Die Brüder beschlossen, Josefs Mantel in das Blut eines geschlachteten Ziegenbocks zu tauchen und ihn Jakob zu schicken.

Als der alte Mann den blutigen, zerrissenen Stoff sah, war er außer sich vor Kummer.

„Ein wildes Tier hat Josef überfallen und in Stücke gerissen“, hatten seine Söhne ihm sagen lassen. Alle, die in Jakobs Haus wohnten, kamen zu ihm und versuchten, ihn zu trösten. Doch er wollte niemanden sehen. Seine Trauer über den Tod seines Lieblingssohnes war einfach zu groß.

„Jetzt werde ich so lange trauern, bis ich selber sterbe“, sagte er.

Josef wird Sklave

Genesis 39

Weit fort in Ägypten brachten die Kaufleute Josef auf einen Marktplatz. Dort wurden Sklaven verkauft. Ein reicher Mann namens Potifar besuchte an diesem Tag den Markt und sah Josef.

Mitten in all dem Getöse und Durcheinander stand dieser Junge ganz ruhig und gelassen da. Er hatte etwas an sich, was ihn von all den anderen Sklaven unterschied.

„Den nehme ich“, beschloss Potifar.

„Vierzig Goldstücke“, verlangte der Händler.

„Dreißig“, bot Potifar.

„Fünfunddreißig“, erwiderte der Händler, und damit war Josef verkauft.

Er sagte kein Wort. Noch vor kurzem war er der Lieblingssohn seines Vaters gewesen, der alles hatte, was sein Herz begehrte. Und nun blieb ihm nichts als die Sklaverei. Sein schöner Mantel hatte sich in nichts aufgelöst.

„Komm mit!“, befahl Potifar.

Männer, die vor ihnen liefen, machten den Weg frei, sobald sie Potifar bemerkten. Denn er war ein bedeutender Mann. Josef schwieg und folgte seinem neuen Herrn.

Potifar ernannte Josef zu seinem Hausdiener, den er schon bald sehr zu schätzen lernte. Josef war so anders als seine übrigen Untergebenen!

Gott half Josef und ließ alles, was er tat, gelingen.

Es dauerte nicht lange, da merkte Potifar, dass er an Josef viel mehr als nur einen Sklaven hatte. Und so setzte er den jungen Mann als Verwalter ein, dem er alles anvertrauen konnte.

Potifars Frau

GENESIS 39

Potifar überließ Josef alles, was bei ihm im Haus zu regeln war.

Josef sah sehr gut aus. Das hatte auch Potifars Frau bemerkt. Manchmal sah sie ihn verliebt an, und sie suchte ständig seine Nähe. Aber Josef beachtete sie gar nicht. Er arbeitete weiter wie bisher.

An einem besonders heißen Tag stand Potifars Frau in der Tür zu ihrem Schlafzimmer, als Josef vorüberging.

„Josef", sagte sie leise, „du hast immer so viel zu tun. Viel zu viel. Du musst dich mal ausruhen …"

Josef schaute in eine andere Richtung.

„Josef, ich rede mit dir."

„Meine Herrin sollte aber eigentlich nicht mit einem Diener sprechen", sagte Josef.

„Du bist doch ein kluger Mann", fuhr sie fort. „Du hast sicher schon gemerkt, dass mein Mann sich nicht mehr darum kümmert, was hier geschieht. Er überlässt alles dir."

„Nicht alles", sagte Josef.

„Komm schon", lachte sie. „Soll ich es dir befehlen? Komm in mein Zimmer und leg dich zu mir!"

„Nein!", rief Josef laut.

Potifars Frau erschrak. Noch nie hatte Josef so heftig reagiert. Und er sprach weiter:

„So etwas werde ich niemals tun. Potifar hat mir alles anvertraut, nur dich nicht, seine Frau. Wie könnte ich ihn da verraten und etwas so Unrechtes tun? Das wäre eine Sünde gegen Gott!"

Von da an ließ Potifars Frau Josef nicht mehr in Ruhe. Tag für Tag versuchte sie, ihn zu verführen. Doch obwohl sie alle möglichen Vorwände erfand, um sich ihm zu nähern, blieb Josef hart. Er wollte nicht einmal mehr allein mit ihr im Haus sein.

Eines Tages geschah es: Josef hatte nicht mitbekommen, dass keiner der Diener in der Nähe war. Als Potifars Frau ihn bemerkte, hielt sie ihn an seinem Gewand fest und sagte: „Komm jetzt mit mir, Josef!"

Da riss sich Josef los und lief hinaus. Sein Gewand blieb in der Hand der Frau zurück.

Potifars Frau war sehr wütend und tief gekränkt, weil Josef sie abgewiesen hatte. Deshalb rief sie sofort die Dienerschaft zusammen und schrie: „Dieser hebräische Sklave hat uns alle an der Nase herumgeführt! Er ist in mein Schlafzimmer eingedrungen und wollte mich vergewaltigen!"

Die Diener konnten es kaum glauben.

„Doch, Josef war hier", jammerte Potifars Frau weiter. „Ich habe um Hilfe gerufen, und da ist er weggelaufen. Sein Gewand hat er hier gelassen."

Als Potifar an diesem Abend nach Hause kam, zeigte sie ihm das Gewand und erzählte ihm dieselbe Geschichte. „So hat dein Lieblingssklave deine Frau behandelt!", sagte sie.

Potifar wurde ganz blass. War denn das möglich? Konnte Josef so etwas Schlimmes getan haben?

Obwohl er von Josef eigentlich nur Gutes wusste, glaubte Potifar den Lügen seiner Frau. Und rasend vor Zorn und Enttäuschung ließ er Josef ins Gefängnis werfen.

Der Traumdeuter

GENESIS 39.40

Als Josef ins Gefängnis kam, schien es, als sei er am Ende. Doch auch hier hielt Gott stets zu ihm und half Josef bei allem, was er tat.

Der Gefängnisaufseher fand schnell heraus, dass Josef ein guter Verwalter war und dass man sich auf ihn verlassen konnte. Er übertrug dem Häftling kleinere Aufgaben, und es dauerte nicht lange, bis Josef die Aufsicht über alle anderen Gefangenen führte.

Eines Tages kamen zwei Männer ins Gefängnis, weil sie sich am Hofe des Pharao, dem mächtigen Herrscher über ganz Ägypten, etwas hatten zuschulden kommen lassen. Der eine von ihnen war Mundschenk, der andere war der Hofbäcker. Beide hatten große Angst. Sie wünschten sich nichts sehnlicher, als dass der Pharao ihnen wieder gut wäre.

Eines Nachts träumten die beiden merkwürdige Dinge. Und am nächsten Morgen waren sie noch unruhiger als vorher.

„Warum seht ihr heute so traurig aus?", wollte Josef wissen.

Der Mundschenk antwortete als Erster. „Wir wurden heute Nacht beide von Träumen geplagt. Aber wir wissen nicht, was sie bedeuten."

„Wisst ihr nicht, dass Gott für Träume zuständig ist?", erwiderte Josef.

Verblüfft schauten die Männer Josef an. Aber sie vertrauten ihm, und sie hofften, dass er ihnen erklären konnte, was das alles zu sagen hatte.

„Gott weiß als Einziger, was Träume bedeuten. Er wird mir eure schon erklären", ermunterte Josef sie.

„Also", begann der Mundschenk, „ich will dir meinen Traum zuerst erzählen:

Ich sah einen Weinstock. Daran hingen drei Reben. Sie bekamen Knospen und fingen an zu blühen, alle zur gleichen Zeit. Und mit einem Mal waren die Reben voller Trauben. Ich hatte den Becher des Pharao in der Hand. Da nahm ich die Trauben, presste ihren Saft hinein und reichte den Becher dem Pharao."

„Dein Traum bedeutet Folgendes", sagte Josef. „Die drei Reben sind drei Tage. In drei Tagen wird der Pharao dich freilassen. Du wirst wieder als Mundschenk arbeiten und ihm seinen Becher reichen."

Der Mundschenk sah Josef erstaunt an.

„Drei Tage ...?" Der Mundschenk konnte sein Glück kaum fassen. „In drei Tagen wieder frei – und am Hofe des Pharao. Wenn das wahr wird ..."

„Wenn es so weit ist", sagte Josef leise, „dann denk an mich. Berichte dem Pharao von mir. Ich habe nichts Unrechtes getan. Man hat mich einfach als Sklave verkauft. Jetzt sitze ich hier im Gefängnis, obwohl ich vollkommen unschuldig bin."

„Was ist mit meinem Traum?", drängte der Bäcker. „Sage mir, was er bedeutet! Ich trug drei Körbe auf dem Kopf. Im obersten war leckerer Kuchen, so wie ich ihn immer für den Pharao backe. Plötzlich stürzte sich ein Vogelschwarm darauf und fraß alles auf."

„Heute in drei Tagen", sagte Josef traurig, „wird der Pharao dich aus dem Gefängnis holen und an einem Baum aufhängen lassen. Und die Vögel werden dein Fleisch fressen."

Beide Träume gingen in Erfüllung. Der eine Mann wurde freigelassen, der andere hingerichtet. Doch der Mundschenk, der seine Arbeit im Palast wieder bekam, vergaß Josef schnell. Er erzählte dem Pharao nichts von dem Mann, der unschuldig im Gefängnis saß.

Der Pharao hat Albträume

Genesis 41

Nachdem der Mundschenk freigekommen war, schien es, als hätte die ganze Welt Josef vergessen. Er sah sich die anderen Gefangenen an. Viele von ihnen waren schon alt und grau geworden. Sie hatten ihr ganzes Leben in dieser schrecklichen Dunkelheit und Einsamkeit verbracht. Josef bekam Angst. Was sollte nur aus ihm werden?

Weit fort in Kanaan trauerte Jakob um seinen Sohn, den er für tot hielt. Er hatte keine Ahnung, dass Josef in einem Gefängnis in Ägypten lebendig begraben war. Selbst nach all den vielen Jahren, die schon ins Land gegangen waren, litt Jakob unter dem Verlust des geliebten Sohnes immer noch so sehr wie am Anfang.

Jakobs Söhne sahen, wie ihr Vater litt, und sie bekamen ein schlechtes Gewissen. Doch sie trauten sich nicht, die Wahrheit zu sagen. Schließlich hatten sie ihren Bruder als Sklaven verkauft. Das war fast genauso schlimm, wie ihn zu töten.

So befanden sich auch Josefs Brüder in einer Art Gefängnis. Aber das hatten sie sich selbst gebaut. Und so blieben sie eingeschlossen in ihrer Trauer und ihren Schuldgefühlen. Jeden Tag aufs Neue wurde ihnen bewusst, was sie getan hatten. Sie wagten nicht, über Josef zu sprechen.

Aber Gott vergaß Josef nicht. Zwei Jahre waren seit der Freilassung des Mundschenks vergangen, als der Pharao einen furchtbaren Albtraum hatte:

Der Pharao stand am Ufer des Nils. Da stiegen sieben schöne, gesunde, fette Kühe aus dem Fluss und weideten in dem Schilf. Nach ihnen stiegen sieben hässliche, magere Kühe aus dem Wasser. Sie fielen über die fetten Kühen her und fraßen sie auf.

Vor Schreck wachte der Pharao auf. Das war ein seltsamer, unheimlicher Albtraum gewesen. Was sollte er nur bedeuten? Immer wieder wälzte er sich in seinem Bett herum. Endlich schlief er wieder ein und träumte noch einmal.

Dieses Mal sah er sieben volle, reife Getreideähren, die an einem einzigen Halm wuchsen. Dann sah er sieben kümmerliche, vom Ostwind ausgedörrte Ähren aufwachsen. Und die dünnen Ähren verschlangen die vollen.

Schweißgebadet wachte der Pharao auf. Diese Albträume mussten eine Bedeutung haben! Sie waren sicher eine wichtige Botschaft von den ägyptischen Göttern. Aber wer konnte ihm sagen, was sie ihm mitteilen wollten?

Der Pharao ließ alle seine Berater und Wahrsager kommen. Und viele Gelehrte versammelten sich um ihren König.

„Sagt mir, was meine Träume bedeuten“, befahl ihnen der Pharao. Aber niemand konnte ihm helfen.

„Einer von euch muss doch wissen, was hinter diesen Träumen steckt!“, rief der Pharao verzweifelt. Doch am ganzen Hof gab es keinen einzigen weisen Mann, der eine Erklärung hatte.

Da erinnerte sich sein Mundschenk plötzlich wieder an Josef. „Mein königlicher Herr“, sagte er atemlos. „Ich kenne einen Mann, der Träume deuten kann! Er sitzt im Gefängnis. Ein Sklave. Ich hatte ihn ganz vergessen. Aber jetzt fällt es mir wieder ein …“ Beim Gedanken daran, dass er sein Versprechen gegenüber Josef gebrochen hatte, geriet der Mundschenk ins Stottern. „Ich habe gesagt, ich würde euch von ihm erzählen. Der Bäcker und ich hatten im Gefängnis einen Sklaven als Diener, dem wir unsere Träume erzählten. Und der Hebräer erklärte jedem von uns, was diese Träume bedeuteten. Jedes einzelne Wort, das er sagte, hat sich erfüllt.“

„Holt mir sofort diesen Traumdeuter her!“, befahl der Pharao.

Endlich frei!

GENESIS 41

Die Tür zum Gefängnis öffnete sich, und Josef wurde zum Pharao gerufen.

Josef ließ sich die Haare schneiden, zog seine guten Kleider an und trat vor den Pharao.

„Du bist also der Traumdeuter“, sagte der Pharao.

Ruhig stand Josef vor ihm, als hätte er schon sein ganzes Leben im Palast gelebt.

„Ich hatte einen Traum“, sagte der Pharao. „Den kann niemand deuten. Ich habe gehört, dass du die Fähigkeit hast, Träume zu erklären.“

„Nein, das kann ich nicht“, erwiderte Josef.

Den Leuten im Raum verschlug es den Atem. Der Mundschenk geriet ins Schwitzen und musste kräftig schlucken.

„Du kannst das nicht?“, brüllte der Pharao.

„Nein, Herr“, antwortete Josef. „Ich selbst kann das nicht. Aber Gott wird dem Pharao die richtige Antwort geben.“

„Welcher Gott?“, fragte der Pharao. „Dein Gott?“

„Erzähle mir deinen Traum“, sagte Josef. „Der Gott des Himmels und der Erde wird dir sicher etwas Gutes zu sagen haben.“

Der Pharao war erstaunt über die Zuversicht des jungen Mannes. Und so erzählte er Josef von den sieben mageren Kühen, die die fetten Kühen gefressen hatten, und von den dürren Ähren, die die vollen Ähren verschlungen hatten. Dann wartete er gespannt, was Josef dazu sagen würde.

„Deine Träume bedeuten beide dasselbe“, erklärte Josef. „Gott hat den Pharao in die Zukunft schauen lassen. Die sieben fetten Kühe stehen für sieben gute Jahre, genauso wie die sieben reifen Ähren. Im ganzen Land wird sieben Jahre lang viel wachsen, die Ernten werden riesengroß sein. Doch danach kommen sieben Jahre, in denen die Ernten schlecht sein werden und die Menschen hungern müssen. So wie die mageren Kühe die fetten gefressen haben und die dürren Ähren die dicken, so werden die sieben schlechten Jahre all den Überfluss verschlingen und Elend für die Menschen bringen.

Dass du zweimal das Gleiche geträumt hast, bedeutet: Gott ist fest entschlossen, seinen Plan auszuführen und das geschehen zu lassen, was ich dir gerade gesagt habe. Dagegen lässt sich nichts tun.“

„Gar nichts …?“, murmelte der Pharao.

„Gar nichts! Es sei denn, mein königlicher Herr sucht sich einen klugen Mann, dem er Vollmacht über ganz Ägypten gibt. Der muss dafür sorgen, dass der fünfte Teil von jeder guten Ernte aufgehoben wird. Das Korn sollte unter der Aufsicht des Pharao bleiben. Alles muss genau geplant werden. Große Scheunen müssen für die Vorräte gebaut werden. Wenn dann die Hungersnot kommt, wird darin genug Getreide für alle sein. Und das Volk wird nicht vor Hunger zu Grunde gehen."

Der Pharao wandte sich an seine Berater: „Was dieser Mann sagt, klingt sehr vernünftig. Wo finden wir nur jemanden, der diese Pläne ausführen kann?" Doch noch während er sprach, wusste der Pharao schon, dass nur Josef selbst in Frage kam.

„Gott hat dich dies erkennen lassen", sagte er. „Deshalb sollst du in meinem Palast das Sagen haben, und alle Menschen in meinem Reich sollen auf dich hören. Nach mir sollst du der mächtigste Mann in Ägypten sein!"

Da nahm der Pharao einen wertvollen Ring und steckte ihn Josef an den Finger. Er gab ihm die schönsten Kleider und hängte ihm eine goldene Kette um den Hals.

Von diesem Tag an fuhr Josef in dem Wagen, der für den Stellvertreter des Königs bestimmt war, und die Läufer, die vor ihm her den Weg bahnten, riefen den Leuten zu:

„Macht den Weg frei!"

Josef war dreißig Jahre alt, als der Pharao ihn zum Herrn über Ägypten machte.

Die folgenden sieben Jahre verbrachte Josef damit, durch Ägypten zu reisen und dafür zu sorgen, dass die Menschen auch später noch genug zu essen haben würden. In jeder Stadt ließ er große Lagerhäuser mit dem Korn füllen, das von den sieben guten Ernten übrig blieb. Es gab so viel davon, dass niemand es messen konnte.

Dann gingen die sieben guten Jahre zu Ende. Im Land brach eine schreckliche Hungersnot aus. Die Not wurde immer drückender.

Da ließ Josef, der zweitmächtigste Mann in Ägypten, die Lagerhäuser öffnen, sodass die Ägypter immer genug Getreide kaufen konnten, um ihren Hunger zu stillen.

Überraschender Besuch

Genesis 42.43

Auch im fernen Land Kanaan litten die Menschen unter schlechten Ernten. Josefs Vater Jakob und seiner ganzen Familie drohte der Hungertod. Deshalb rief der alte Mann seine Söhne zu sich.

„Ich habe gehört, dass es in Ägypten Getreide gibt. Geht dorthin und kauft uns davon, damit wir nicht verhungern müssen!"

So zogen die Brüder nach Ägypten, alle außer Benjamin. Ihn, Rahels zweites Kind, wollte Jakob nicht aus den Augen lassen. Er hatte ja schon Josef verloren.

Als die zehn Brüder in Ägypten ankamen, suchten sie gleich den Stellvertreter des Pharao auf. Sie ahnten nicht, dass er Josef, ihr Bruder war, den sie vor vielen Jahren als Sklaven verkauft hatten.

Neugierig schaute Josef auf, als die Besucher hereinkamen.

Einer nach dem anderen traten die Brüder vor ihn hin und verbeugten sich tief. Keiner von ihnen erkannte Josef. Sie sahen nur den mächtigen Herrscher in seinen herrlichen Gewändern.

Doch Josef erkannte seine Brüder sofort. Aber er wollte es nicht zeigen.

„Wer seid ihr?“, fragte er auf Ägyptisch.

„Wir kommen aus dem Land Kanaan“, antworteten sie. „Wir möchten gern Getreide von dir kaufen.“

„Ihr lügt doch“, antwortete Josef. „Ihr seid Spione, die erkunden wollen, wo unser Land ungeschützt ist.“

„Nein, nein, Herr!“, versicherten sie ihm. „Wir sind ehrliche Männer und wollen nur Korn kaufen!“

„Für mich seht ihr aber wie Spione aus“, sagte Josef.

Ruben trat vor. Obwohl er vor Angst ein wenig zitterte, sagte er: „Hoher Herr, wir sind einfach nur zehn Brüder. Früher waren wir zwölf, aber der Jüngste von uns ist daheim bei unserem Vater geblieben, und der andere Bruder … den gibt es nicht mehr.“

„Na, dann wollen wir mal sehen, ob ihr die Wahrheit sagt“, sagte Josef und setzte sich auf den großen Richterstuhl, der mit Straußenfedern und Gold geschmückt war.

„Holt euren jüngsten Bruder her! Wenn ihr ihn bringt, dann lasse ich euch am Leben.“

Die Brüder waren starr vor Entsetzen.

„Kehrt zurück zu eurem Vater und bringt euren Familien das Getreide“, sagte Josef. „Doch einer von euch soll als Geisel hier bleiben, bis ihr wiederkommt.“

Josef hatte sich alles, was seine Brüder sagten, von einem Dolmetscher übersetzen lassen, obwohl er natürlich jedes Wort verstand. Aber er wollte sich nicht zu erkennen geben.

Auch jetzt belauschte er seine Brüder, die bestürzt miteinander sprachen.

„Das ist unsere Strafe“, sagten sie, „für alles, was wir Josef vor vielen Jahren angetan haben. Wir haben uns nicht um seine Hilferufe gekümmert. Und nun ist dieses schreckliche Unglück über uns hereingebrochen!“

Als Josef sah, wie sehr sie sich quälten, wandte er sich ab und fing an zu weinen. Die Tränen liefen ihm über das Gesicht, doch er wischte sie ab. Er atmete einmal tief durch und drehte sich wieder um.

„Nehmt diesen Mann da als Geisel“, befahl er. Sofort packten die Wachen Simeon. „Ihr anderen könnt nach Hause gehen. Holt euren Bruder und bringt ihn hierher.“ Dann schickte er die Brüder fort.

Josef sorgte dafür, dass ihre Esel reichlich mit Korn beladen wurden. Heimlich ließ er auch noch das ganze Geld, das sie dafür bezahlt hatten, wieder in ihre Säcke stecken.

Als die Brüder in dieser Nacht ihr Lager aufschlugen, fanden sie das Geld und waren entsetzt.

„Was ist denn nur los?“, fragte Ruben. „Warum hat Gott uns das angetan? Jetzt werden die Ägypter uns verfolgen und uns töten wie gemeine Diebe!“

Voller Angst kehrten sie zu ihrem Vater Jakob zurück. Sie trauten sich kaum, den Mund aufzumachen. Schließlich hatten sie ja nicht nur schon wieder einen seiner Söhne verloren, sie mussten Jakob auch noch überreden, Benjamin mit nach Ägypten ziehen zu lassen.

„Niemals!“, rief Jakob. „Niemals werde ich Benjamin gehen lassen. Ihr raubt mir meine Kinder! Josef ist weg. Simeon ist weg, und jetzt wollt ihr mir auch noch Benjamin nehmen. Nichts bleibt mir erspart! Wenn Benjamin etwas passiert, dann werde ich vor Kummer sterben. Und ihr hättet mich auf dem Gewissen."

Ruben versuchte, seinen Vater zu überreden und versprach ihm, Benjamin gewiss wiederzubringen. Aber Jakob ließ sich nicht umstimmen.

Doch nach einiger Zeit war der Vorrat, den Josefs Brüder aus Ägypten gebracht hatten, aufgebraucht, und die Hungersnot hielt weiter an. Da sagte Jakob zu seinen Söhnen: „Geht nach Ägypten und holt neues Getreide."

„Wir können nur gehen, wenn du uns Benjamin mitgibst. Ohne ihn dürfen wir uns nicht bei dem Ägypter sehen lassen."

„Wenn es unbedingt sein muss", erwiderte der Vater, „dann nehmt ihn mit. Bringt dem Ägypter als Geschenk etwas von den Schätzen unseres Landes. Möge der allmächtige Gott euch gnädig sein, damit der Stellvertreter des Pharao mir alle meine Söhne zurückschickt."

Als die Brüder in Ägypten eintrafen, wurden sie vom Finanzminister empfangen. Hastig erklärten sie ihm die Sache mit dem Geld, das sie nach ihrem ersten Besuch in ihren gefüllten Getreidesäcken gefunden hatten. Sie boten an, alles zurückzuzahlen, doch Josef hatte dem Minister genaue Anweisungen gegeben.

„Welches Geld?", fragte er. „Euer Gott, der Gott eures Vaters, hat es euch heimlich in eure Säcke gelegt. Ich habe euer Geld erhalten."

Erstaunt sahen sich die Brüder an. Sie überreichten die Geschenke, die Jakob ihnen mitgegeben hatte: Gewürze und Balsam, Honig, Nüsse und andere Leckereien. Dann verbeugten sie sich tief, denn Josef war eingetreten und sah sich nun seine Brüder der Reihe nach an.

„Wie geht es eurem alten Vater?", wollte Josef wissen.

Ruben blickte auf. „Unserem Vater Jakob?“

„Wie geht es ihm?“, wiederholte Josef, den Tränen nahe.

„Es geht ihm gut“, antwortete Ruben.

Josef machte ihnen ein Zeichen, dass sie sich aufrichten sollten. Da standen sie nun, ganz starr vor Ehrfurcht vor dem zweitmächtigsten Mann in Ägypten.

Josef erblickte Benjamin.

„Ist das euer jüngster Bruder, von dem ihr mir erzählt habt?“, fragte er. Sie nickten.

„Möge Gott gut zu dir sein, mein Junge“, sagte er. Dann eilte er hinaus. Er rannte in sein Schlafzimmer, wo ihn niemand hören konnte. Dort warf er sich aufs Bett und brach in Tränen aus.

Nach einer Weile stand er auf und wusch sich das Gesicht. Er kehrte zu den Brüdern zurück.

„Wir wollen ein Festmahl halten“, sagte er.

Josef ließ die Brüder in der Reihenfolge ihres Alters an einem Tisch Platz nehmen. Darüber wunderten sie sich, denn woher wusste der Ägypter so gut über sie Bescheid? Sie wurden fürstlich bedient, und Benjamin bekam fünfmal so viel zu essen wie alle anderen.

Der silberne Becher

Genesis 44.45

Während alle beim Essen saßen, rief Josef seinen Minister zu sich und befahl ihm: „Fülle die Säcke meiner Brüder mit Getreide. Gib ihnen so viel, wie sie gerade noch tragen können.

Das Geld kommt wieder obenauf. Nimm auch meinen schönsten Silberbecher und verstecke ihn in Benjamins Sack."

Im Morgengrauen beluden die Brüder ihre Esel und machten sich auf den Weg zurück nach Kanaan. Sie waren noch nicht weit gekommen, als der Minister sie einholte. Auf Anweisung von Josef sagte er: „Wie könnt ihr meinen Herrn nur so behandeln? Ihr habt ihm seine Freundlichkeit mit einer schlechten Tat vergolten!"

Verwirrt sahen ihn die Brüder an. Er stellte sie weiter zur Rede: „Einer von euch hat den heiligen Silberbecher gestohlen, den wertvollsten Besitz meines Herrn."

Das wiesen die Brüder sofort zurück. „Wie kannst du uns so etwas zutrauen? Das fiele uns nicht mal im Traume ein!", riefen sie. „Denk doch daran, wie wir angeboten haben, das Geld zurückzugeben. Warum sollten wir das tun und wenig später einen Diebstahl begehen?"

Ruben trat vor. „Sieh doch selbst nach. Wenn sich der Becher wirklich bei einem von uns anfindet, soll der Betreffende sterben. Und wir anderen wollen eure Sklaven sein!"

„Einverstanden", sagte der Minister. „So soll es sein."

Einer nach dem anderen öffnete nun seine Getreidesäcke. Der Minister durchsuchte sie alle gründlich. Dann kam er zu Benjamins Sack. Er steckte seine Hand hinein – und zum Vorschein kam der Silberbecher! Benjamin traute seinen Augen nicht. Er war vor Schreck wie gelähmt. Wie war das nur möglich? Er hatte doch nichts getan!

Seine Brüder konnten es nicht fassen. Sie zerrissen entsetzt ihre Kleider, beluden ihre Esel und kehrten mit Benjamin in die Stadt zurück.

Der Minister führte die Brüder zum Stellvertreter des Pharao. Sie warfen sich ihm zu Füßen.

Juda ergriff das Wort: „Was sollen wir sagen, Herr. Gott hat unsere Schuld ans Licht gebracht. Wir können sie nicht abstreiten. Deshalb wollen wir alle deine Sklaven sein."

„Nein", erwiderte Josef entschieden. „Ich will euch nicht als Sklaven. Ihr könnt alle gehen. Ich will nur den, der meinen Becher genommen hat, als Sklaven hier behalten." Dabei zeigte Josef auf Benjamin.

Da flehte Juda Josef an, ihnen Benjamin nicht wegzunehmen. Er erzählte, wie sehr sein Vater Jakob den Jungen liebte und dass der alte Mann doch schon einen Lieblingssohn verloren habe. Benjamin sei das Einzige, was Jakob noch von seiner Frau Rahel geblieben war.

Tief bewegt hörte sich Josef an, wie Juda sich für Benjamin einsetzte. Ausgerechnet der Bruder, der vor vielen Jahren so grausam zu Josef gewesen war.

„Unser Vater wird sterben, wenn wir den Jungen nicht mit zurückbringen. Vor Kummer wird ihm das Herz brechen. Ich habe mich dafür verbürgt, dass Benjamin heil wieder nach Hause kommt. Erlaube mir, dass ich an seiner Stelle dein Sklave werde. Und lass die anderen zu unserem Vater zurückkehren."

Da konnte sich Josef nicht länger beherrschen. Er befahl den Ägyptern: „Lasst uns allein!" Als kein Ägypter mehr im Raum war, brach Josef in Tränen aus. Josef sprach in ihrer eigenen Sprache zu seinen Brüdern.

„Erkennt ihr mich denn nicht?", fragte er.

Sie schauten ihn unsicher an und schüttelten die Köpfe.

„Ich bin Josef. Lebt mein Vater noch?", stammelte Josef.

Die Brüder waren so fassungslos, dass sie kein Wort herausbrachten. Erst nach und nach fiel es ihnen wie Schuppen von den Augen, und sie erkannten Josef. Es war tatsächlich ihr eigener Bruder, der da in den königlichen Gewändern eines Ägypters vor ihnen stand!

„Seht mich an“, sagte Josef. „Ich bin der Bruder, den ihr in die Sklaverei verkauft habt.“

Da bekamen die Brüder Angst. Gewiss würde sich Josef an ihnen rächen wollen.

Doch Josef beruhigte sie: „Habt keine Angst. Und macht euch keine Vorwürfe mehr. Ihr habt schlecht an mir gehandelt, aber Gott hat alles zum Guten geführt. Er hat mich nach Ägypten geschickt, damit ich viele Menschen vor dem Verhungern retten kann. Auch euch. Nicht ihr habt mich hierher gebracht, sondern Gott.

Geht nach Hause zurück und erzählt meinem Vater, dass Gott mich zum zweitmächtigsten Mann in Ägypten gemacht hat. Sagt ihm, er soll auch herkommen und seine ganze Familie und alle seine Schafe und Rinder mitbringen. Ihr sollt alle bei mir in Ägypten wohnen. Bringt meinen Vater her, so schnell es geht!“

Die Brüder waren überwältigt.

„Benjamin, du kannst doch sehen, dass ich es bin!“, rief Josef und fiel seinem jüngsten Bruder um den Hals. Beide weinten vor Freude. Danach küsste Josef auch seine anderen Brüder. Erst jetzt fanden sie ihre Sprache wieder. Sie hatten einander sehr viel zu erzählen.

Glückliches Wiedersehen

Genesis 45-50

Mit vielen Geschenken beladen kehrten die Brüder nach Kanaan zurück. Voll Freude erzählten sie ihrem Vater Jakob: „Dein Sohn Josef lebt. Er ist jetzt der zweitmächtigste Mann von ganz Ägypten."

Jakob blieb starr und reglos sitzen, denn er glaubte ihnen nicht.

„Es stimmt", versicherte Benjamin seinem alten Vater. Und nun erzählten die Brüder Jakob alles, was sie erlebt und gesehen hatten.

„Schau dir die Wagen an, die er geschickt hat, um dich und dein ganzes Hab und Gut nach Ägypten zu bringen", sagte Ruben.

Jakob ging nach draußen und sah die vielen Wagen. Er öffnete alle Geschenke von Josef. Und endlich rührte sich wieder Leben in dem alten Mann.

„Ja, es ist wahr", sagte er. „Wenn Josef noch lebt, muss ich sofort zu ihm und ihn sehen, bevor ich sterbe."

Und so reiste Jakob mit seiner Familie und seinem ganzen Besitz nach Ägypten. Er schickte seinen Sohn Juda voraus, um Josef seine Ankunft anzukündigen. Und Josef ließ sofort seine Wagen anspannen, um dem Vater entgegenzueilen.

Er schloss den alten Mann in die Arme und weinte lange. Jakob schüttelte immer wieder den Kopf und versuchte zu sprechen, doch kein Wort kam ihm über die Lippen. Dann starrte er Josef an, als wäre alles nur ein Traum.

„Ja, du bist es", sagte er schließlich.

Sie waren überhaupt nicht mehr zu trennen. Stundenlang

gingen sie nebeneinander und erzählten sich alles, was sie in den zurückliegenden Jahren erlebt hatten.

„Jetzt kann ich in Frieden sterben", sagte Jakob schließlich. „Denn ich habe mit eigenen Augen gesehen, dass du noch lebst."

Josef erzählte dem Pharao von seiner Familie. Und der sagte zu Josef: „Deine Verwandten sind mir herzlich willkommen. Sie sollen im besten Teil des Landes wohnen und alles bekommen, was sie zum Leben brauchen. Und wenn unter ihnen tüchtige Leute sind, will ich ihnen die Verantwortung für meine Herden anvertrauen."

Jakob lebte noch siebzehn Jahre in Ägypten und wurde einhundertsiebenundvierzig Jahre alt. Als er spürte, dass er sterben würde, ließ er Josef zu sich kommen und sagte: „Wenn du mich liebst, dann lass mich in Kanaan begraben, dort, wo auch meine Vorfahren begraben sind." Josef versprach es.

Dann segnete Jakob Josefs Kinder und auch Josef und seine Brüder. Nur wenig später starb er.

Josef hielt sein Versprechen. Er brachte den Leichnam seines Vaters zurück nach Kanaan und beerdigte ihn dort.

Josef selbst blieb in Ägypten wohnen, bis er einhundertundzehn Jahre alt war. Als er spürte, dass er nicht mehr lange leben würde, sagte er zu seinen Brüdern:

„Vertraut auf Gott. Er wird euch niemals im Stich lassen. Eines Tages wird er euch in das Land zurückbringen, das er Abraham, Isaak und Jakob versprochen hat. Wenn das geschieht, dann nehmt meinen Leichnam mit euch. Denn ich will dort begraben sein, wo meine Vorfahren begraben liegen."

Josef hatte in seinem Leben viele Höhen und Tiefen

durchlebt. Als Kind war er von seinem Vater verwöhnt worden und hatte unerschöpfliche Zuneigung von ihm erfahren. In seiner Jugendzeit erlebte er viel Schlimmes, bevor er schließlich zu Wohlstand und hohem Ansehen kam. Diese Erfahrungen prägten und veränderten ihn, ohne dass er verbitterte. Im Gegenteil: Nach ihrem Wiedersehen konnte er sogar seinen Brüdern vergeben, und er wusste, dass Gott sein Leben immer geführt hatte.

Ein Baby im Schilf

Exodus 1.2

Josef und seine Brüder waren lange gestorben. Ihre Nachkommen, die Israeliten, vermehrten sich so stark, dass sie sich über ganz Ägypten ausbreiteten. Da kam ein neuer Pharao an die Macht. Als er sah, wie viele Israeliten in seinem Land lebten, fürchtete er, sie könnten ihm gefährlich werden.

„Schaut euch diese Israeliten an", sagte er zu seinen Beratern. „Eines Tages werden sie sich mit meinen Feinden zusammentun, gegen uns kämpfen und sich dann aus unserem Land davonstehlen!"

Deshalb setzte der Pharao Aufseher über die Israeliten, um sie mit Zwangsarbeit unter Druck zu halten. Die israelitischen Männer mussten riesige Steine herbeischleppen, aus denen neue Städte gebaut werden sollten. Auch Ziegel aus Lehm sollten sie herstellen. Bei der Arbeit wurden sie von den Sklavenaufsehern mit Peitschen angetrieben. Die Ägypter machten ihnen das Leben zur Hölle.

Doch damit nicht genug: Der Pharao verlangte von den israelitischen Hebammen, jeden Jungen, der in ihrem Volk geboren wurde, bei der Entbindung zu töten. Aber das taten die Hebammen nicht. Da befahl der Pharao seinen Soldaten, alle neugeborenen Jungen der Israeliten in den Nil zu werfen.

Zu dieser Zeit brachte eine Frau einen Sohn zur Welt und versteckte ihn drei Monate vor den grausamen Soldaten. Doch länger konnte sie ihn nicht im Haus verbergen. Also nahm sie einen Korb und dichtete ihn mit Teer ab, damit kein Wasser eindringen konnte. Dann wickelte sie ihr Baby warm ein, legte es in den Korb und verschloss diesen mit einem Deckel. Den Korb setzte sie am Ufer des Nils ins Schilf. Mirjam, die Schwester des Jungen, versteckte sich in der Nähe, um zu sehen, was mit ihm geschehen würde.

Schon bald beobachtete sie, wie die Tochter des Pharao zum Fluss kam, um zu baden. Ihre Dienerinnen standen noch am Ufer, da entdeckte die Prinzessin den rätselhaften Korb.

„Holt ihn her!“, befahl sie. Eine Dienerin zog den Korb an Land. Die Prinzessin betrachtete ihn, öffnete den Deckel – und fand einen kleinen weinenden Säugling.

„Das muss eins von den israelitischen Babys sein“, rief sie voller Mitleid. Sie nahm das Kind auf den Arm und drückte es fest an sich.

Mirjam sah, wie liebevoll die Tochter des Pharao mit ihrem kleinen Bruder umging. Vielleicht vermutete sie schon, dass die Prinzessin das Baby behalten wollte. Deshalb kam Mirjam aus ihrem Versteck hervor und fragte: „Soll ich eine israelitische Frau holen, die sich für dich um das Kind kümmern und es stillen kann?“

„Ja, tu das!", sagte die Prinzessin.

Mirjam ging und holte ihre Mutter.

„Nimm das Baby und versorg es für mich", sagte die Tochter des Pharao zu Mirjams Mutter. „Ich werde dich auch gut dafür bezahlen."

Die Prinzessin adoptierte den Säugling und nannte ihn Mose, das hebräische Wort für „herausgezogen", weil sie ihn aus dem Nil geholt hatte. Und die leibliche Mutter sorgte für Mose, bis er alt genug war, um im Palast zu wohnen. Von da an lebte Mose bei der Prinzessin als ihr Sohn.

Mose tötet einen Mann

EXODUS 2

Mose wuchs heran wie ein Prinz. Er lebte in Wohlstand und Reichtum. Die Prinzessin ließ ihn erziehen, wie es in einer königlichen Familie üblich war.

So lebte und verhielt sich Mose zwar wie ein Ägypter und sprach ihre Sprache, doch er wusste, dass er eigentlich ein Israelit war. Deshalb litt er mit seinem Volk, das unter der Unterdrückung durch die Ägypter stöhnte. Überall sah er Männer, die unter ihrer schweren Last zusammenbrachen, und Frauen, die in der brennenden Sonne Ziegelsteine schleppten. Die Kinder liefen zerlumpt herum. Und die Rücken alter Menschen waren mit Narben übersät, Folgen der brutalen Peitschenhiebe der Aufseher.

Je älter Mose wurde, desto schwieriger fand er es, zwei verschiedene Leben zu führen: das öffentliche eines ägyptischen Prinzen und das heimliche eines Israeliten, der sich mit seiner Ursprungsfamilie verbunden fühlt.

Eines Tages sah Mose, wie ein ägyptischer Aufseher wild auf einen Sklaven einschlug. Mose versuchte, ihn zu stoppen, doch der Ägypter beachtete ihn gar nicht. Immer weiter schlug er auf den Israeliten ein, bis dieser schließlich tot im Sand lag.

„Was hast du getan?", rief Mose und packte den Aufseher am Arm. Doch der Ägypter lachte nur verächtlich: „Das geht dich gar nichts an!"

Da bekam Mose einen Wutanfall. Er schaute sich nach allen Seiten um, und als er sich unbeobachtet fühlte, schlug er den Ägypter tot.

Anschließend verscharrte Mose den Leichnam hastig im Sand und eilte zum Palast zurück.

Am nächsten Tag ging Mose wieder hinaus. Da sah er, wie zwei Israeliten heftig miteinander stritten und kämpften. Mose stellte denjenigen, der im Unrecht war, zur Rede: „Warum schlägst du einen Mann aus deinem eigenen Volk?" Der junge Mann schaute ihm herausfordernd ins Gesicht und sagte: „Was geht dich das an? Willst du mich vielleicht auch totschlagen, so wie gestern den Ägypter?"

Da bekam Mose große Angst, denn ihm wurde blitzartig bewusst, dass ihn doch jemand gesehen haben musste, als er den ägyptischen Aufseher erschlagen hatte. Ihm war klar, dass sein schreckliches Geheimnis nun überall bekannt werden würde.

Auch der Pharao erfuhr bald, was Mose getan hatte. Sofort schickte er Soldaten aus, um Mose aufzuspüren und umzubringen. Doch Mose hatte damit gerechnet, verfolgt zu werden, und er konnte sich rechtzeitig in Sicherheit bringen.

Mose flüchtete aus Ägypten. Seinen Reichtum und das Leben eines angesehenen Prinzen ließ er hinter sich zurück. Auch das Volk der Israeliten und seine leibliche Familie musste er verlassen. Sein Weg führte ihn tief in die Wüste.

Der brennende Busch

EXODUS 2-4

Mose floh in das Land Midian. Als er dort an einem Brunnen Rast machte, traf er sieben Schwestern. Sie wollten hier die Schafe und Ziegen ihres Vaters tränken. Als sie die Tiere gerade an die Tränkrinne führen wollten, kamen andere Hirten und versuchten, die Mädchen zu verdrängen.

Mose kam ihnen zu Hilfe und versorgte selbst ihr Vieh.

Als die Mädchen nach Hause zu ihrem Vater Reguël kamen, fragte er verwundert: „Warum seid ihr heute schon so früh wieder da?“ Und die Töchter erzählten ihm von dem Fremden, der ihnen beim Tränken geholfen hatte.

„Wo ist er?“, wollte Reguël wissen. „Warum habt ihr ihn nicht mitgebracht? Holt ihn, und ladet ihn zum Essen ein!“

Zum Dank für seine Hilfe nahm er Mose in seine Familie auf. Von nun an lebte der einstige Prinz in der Wüste und hütete in dieser einsamen Gegend das Vieh. Er heiratete Zippora, eine der Töchter Reguëls. Sie wurde schwanger und brachte einen Sohn zur Welt. Mose nannte ihn Gerschom, das heißt „Gast“. Denn Mose war Gast in einem fremden Land geworden.

So verging die Zeit. Die Lage der Israeliten hatte sich

nicht gebessert. Sie stöhnten unter der Sklavenarbeit und riefen zu Gott. Er hörte ihr Flehen und wollte sich um sie kümmern.

Eines Tages stieg Mose auf den Berg Sinai, der auch Horeb genannt wurde, um dort die Schafe zu hüten. Plötzlich sah er vor sich einen brennenden Busch. Zuerst dachte er sich nicht viel dabei. Schließlich herrschte eine große Hitze. Da konnte es vorkommen, dass dürres Gebüsch in Brand geriet. Doch über eines wunderte sich Mose: Der Busch brannte zwar lichterloh, aber seine Zweige und Äste blieben unversehrt und zerfielen nicht zu Asche.

Das Feuer war so hell, dass Mose sich die Hand vor die Augen halten musste, um nicht geblendet zu werden. Er trat näher an den Busch heran. In dem Augenblick rief eine Stimme aus dem Busch: „Mose! Mose!"

Er blickte sich um. Niemand war zu sehen. Dennoch antwortete er: „Ja, ich höre."

„Komm nicht näher. Zieh deine Sandalen aus, denn du stehst auf heiligem Boden", sagte die Stimme.

Mose zog die Schuhe aus und blieb stehen. Doch eigentlich wäre er lieber davongelaufen.

„Ich bin der Gott deiner Vorfahren, der Gott Abrahams, Isaaks und Jakobs", sprach es aus dem Busch. „Ich habe die Not meines Volkes in Ägypten gesehen. Ich weiß, was es auszustehen hat. Deshalb will ich es befreien. Du sollst zum Pharao gehen und mein Volk, die Israeliten, aus Ägypten herausführen. Ich habe dich für diese Aufgabe ausgewählt, damit du sie in das Land bringst, das ich meinem Volk versprochen habe. Das Land, in dem Milch und Honig fließen."

Mose hielt sich die Hände vors Gesicht. Warum zeigte sich Gott gerade ihm, dem Versager, dem Mörder? Wie sollte ausgerechnet er vor den Pharao treten, der ihn als Mörder suchen ließ und schon zum Tode verurteilt hatte?

Gott hörte Moses Fragen und versicherte: „Ich werde dir beistehen."

„Was ist, wenn die Israeliten mich nach deinem Namen fragen?", wollte Mose wissen.

Da brach eine besonders hohe Flamme aus dem Busch hervor, und Gott sprach: „Ich bin der Ich-bin-da. Sag ihnen, der Ich-bin-da hat dich geschickt, der Gott eurer Vorfahren Abraham, Isaak und Jakob."

Doch Mose hatte noch mehr Einwände. „Was ist, wenn sie mir nicht glauben? Warum sollten sie auf mich hören?"

Da befahl Gott, Mose solle seinen Hirtenstab auf die Erde werfen. Mose tat es. Sofort verwandelte sich der Stab in eine Schlange.

„Pack sie am Schwanz", sprach Gott. Als Mose das tat, wurde die Schlange wieder zum Hirtenstab.

Gott zeigte noch weitere Wunder, mit denen Mose sein Volk und den Pharao überzeugen sollte.

Doch Mose zögerte.

„Bitte, Gott", stammelte er. „Ich bin nicht so gut im Reden. Ich bin so schwerfällig und finde nicht die richtigen Worte."

„Wer gibt den Menschen einen Mund zum Sprechen?", fragte Gott. „Ich bin es, der Herr! Also genug jetzt. Geh! Ich werde dir helfen und dir sagen, was du reden sollst."

Doch Mose fürchtete sich noch immer. „Bitte, schick doch jemand anders", bettelte er.

„Ich werde dir deinen Bruder Aaron zur Seite stellen", sprach Gott. „Der kann gut reden. Du kannst ihn für dich sprechen lassen!"

Mose beim Pharao

Exodus 4-6

Nach seinem Erlebnis mit dem brennenden Busch machte sich Mose bald auf den Weg nach Ägypten. Noch im Land Midian versicherte ihm Gott: „Du kannst jetzt nach Ägypten zurückkehren, denn alle, die dich umbringen wollten, sind inzwischen gestorben. Du hast also keine Rache mehr zu befürchten."

In der Wüste traf Mose seinen Bruder Aaron wieder, von dem er so lange getrennt gewesen war. Gott selbst hatte Aaron befohlen, seinem Bruder entgegenzugehen. Mose erzählte Aaron von der Stimme im brennenden Dornbusch und von Gottes Versprechen, die Israeliten zu retten.

Auch Aaron konnte Mose einiges berichten. Zum Beispiel, dass er ihn nie vergessen hatte, auch wenn viele andere in Ägypten glaubten, er sei tot.

Die beiden konnten es kaum fassen, dass sie einander nach all den Jahren gegenüberstanden. Als alte Männer trafen sie sich jetzt endlich wieder!

Nur noch wenige unter den alten Israeliten in Ägypten erinnerten sich an Mose. Als sie die beiden Männer durch den Wüstenstaub auf sich zukommen sahen, wunderten sie sich sehr. Der Mann, den Aaron da bei sich hatte, sah fremd aus. Gleichzeitig kam er ihnen bekannt vor.

„Mose!", riefen schließlich einige.

Mose und Aaron versammelten die Ältesten der Israeliten um sich. Aaron erzählte ihnen alles, was Gott zu Mose gesagt hatte, und Mose führte den Männern die Wunder vor, zu denen Gott ihn bevollmächtigt hatte.

Da fassten die Israeliten Vertrauen.

Mose und Aaron gingen zum Pharao. Sie sagten, dass der Gott Israels sie geschickt habe, um den Pharao zu bitten, sein Volk in die Wüste ziehen zu lassen, damit sie dort zu ihrem Gott beten konnten.

„Euer Gott? Wer ist das?“, höhnte der Pharao. „Diese Leute sind meine Sklaven! Ich denke gar nicht daran, sie weggehen zu lassen! Verschwindet!“

Noch am gleichen Tag befahl der Pharao seinen Aufsehern: „Gebt den Israeliten kein Stroh mehr für die Ziegelsteine. Von heute an sollen sie es sich selbst zusammensuchen. Und sagt ihnen, dass sie trotzdem genauso viele Ziegel abliefern müssen wie bisher. Dann bleibt ihnen keine Zeit, sich von den beiden Verführern auf dumme Gedanken bringen zu lassen!“

Da beschwerte sich das Volk bei Mose und Aaron. „Seht nur, was ihr angerichtet habt! Jetzt geht es uns noch schlechter als vorher. Der Pharao wird uns noch umbringen mit dieser Schinderei.“

Mose zog sich voller Sorge und Verzweiflung zurück, um mit Gott zu reden.

„Warum lässt du zu, dass es deinem Volk so schlecht geht, Herr?“, klagte er. „Warum hast du mich überhaupt hierher geschickt? Seit ich beim Pharao war, ist alles nur schlimmer geworden!“

„Ich werde das Volk aus der Sklaverei befreien“, sprach Gott. „Ich werde meine Hand gegen den Pharao erheben und mein Volk erlösen. Geh jetzt noch einmal zum Pharao und sag ihm, was ich tun werde.“

Die zehn Plagen

EXODUS 7-11

Mose fasste neuen Mut. Gemeinsam mit Aaron suchte er noch einmal den Pharao auf. Sie wussten, dass Gott bei ihnen war. Denn Gott hatte ja versprochen, dass er den Pharao das Fürchten lehren würde.

Endlich standen die beiden Brüder vor dem Herrscher und taten neue Wunder, zu denen Gott sie befähigt hatte.

Aaron warf seinen Stab vor dem Pharao auf den Boden. Und plötzlich verwandelte sich der Stab in eine Schlange.

Voller Entsetzen wich der Pharao zurück. Dann rief er seine Magier herbei, und sie konnten die gleichen Wunder tun. Jeder warf einen Stock zu Boden, und er wurde zu einer Schlange.

„Ha!", rief der Pharao. „Der Gott der Ägypter kann es noch viel besser als der schwache Gott der Israeliten!"

Kaum hatte er das gesagt, da verschlang Aarons Stab alle Stöcke der Ägypter.

Trotzdem blieb der Pharao unnachgiebig und schlug Moses und Aarons Forderungen ab.

„Niemals werde ich euer Volk ziehen lassen – nie im Leben!", schrie er.

Am nächsten Morgen gingen Mose und Aaron hinunter zum Nil, wo der Pharao gerade ein Bad nahm.

Sie versuchten erneut, mit ihm zu reden: „So spricht der Gott Israels: ‚Wenn du mein Volk nicht ziehen lässt, dann werde ich das Wasser des Flusses in Blut verwandeln. Die Fische werden sterben, niemand wird das Wasser trinken können.'"

Doch der Pharao wollte wieder nicht hören. Da streckte Aaron seinen Stab über dem Fluss aus, und sofort verwandelte sich das Wasser in Blut. Die Fische starben, und das Wasser begann so zu stinken, dass es die Ägypter ekelte.

Aber die ägyptischen Magier brachten mit ihren Zauberkünsten dasselbe fertig. So blieb der Pharao starrsinnig und er sagte: „Ich werde euer Volk nicht ziehen lassen!"

Da schickte Gott den Ägyptern noch mehr Plagen. Als Nächstes kamen unzählige Frösche aus dem blutroten Nil in die Häuser gekrochen. Sie steckten überall: in den Betten, in den Backöfen und Töpfen. Nirgends gab es einen Platz, den die Frösche nicht heimsuchten.

Schließlich ließ der Pharao Mose und Aaron rufen. Er sagte: „Bittet Gott, dass er uns von diesen Fröschen befreit. Dann will ich die Israeliten gehen lassen." Als der Pharao sah, dass die Froschplage vorbei war, ließ er das Volk nicht ziehen.

Da befahl Gott, Aaron solle mit seinem Stab auf die Erde schlagen. Als Aaron es tat, wurde der Staub in ganz Ägypten zu Stechmücken.

Die Magier versuchten, auch dieses Wunder nachzuahmen. Aber sie konnten keine einzige Mücke hervorzaubern.

„Das ist das Werk ihres Gottes", sagten sie voller Furcht. Doch davon wollte der Pharao nichts hören. Er blieb unnachgiebig.

Also wies Gott Mose und Aaron an, eine weitere Plage über Ägypten kommen zu lassen. Diesmal war es Ungeziefer, das sich auf den Häusern der Ägypter zusammenscharte und im ganzen Land großen Schaden anrichtete.

Da ließ der Pharao Mose und Aaron erneut zu sich kommen. Er versprach, ihr Volk ziehen zu lassen, wenn sie der

Plage ein Ende machten. Aber als Gott das Land vom Ungeziefer befreit hatte, überlegte es sich der Pharao schnell wieder anders.

Nun brach eine schwere Seuche aus, die das Vieh der Ägypter befiel. Pferde, Esel, Kamele, Rinder, Ziegen und Schafe wurden krank und starben schließlich. Doch das Vieh der Israeliten blieb verschont.

Danach traf es die Menschen selber: Sie litten unter schmerzenden Geschwüren. Doch der Pharao blieb dabei: Er wollte das Volk Israel nicht ziehen lassen.

Da schickte Gott schwere Hagelstürme über das Land. Die peitschten gegen die Bäume, sodass sie alle Blätter verloren. Sie zerstörten auch die Ernte.

Als er sah, wie schlimm sein Land verwüstet war, gab der Pharao nach: „Also gut", sagte er, „ich lasse euch ziehen!"

Doch kaum hatte Mose die Hand gehoben, um den Hagel zu stoppen, änderte der Pharao schon wieder seine Meinung.

Gott befahl Mose: „Strecke deine Hand aus über Ägypten, um die Heuschrecken herbeizurufen. Sie sollen alle Pflanzen, die der Hagel noch übrig gelassen hat, bis auf den letzten Rest auffressen."

Mose tat, was Gott ihm befohlen hatte. Am nächsten Morgen waren die Heuschrecken da. Sie fielen in Ägypten ein und ließen sich in riesigen Schwärmen nieder. Alle Pflanzen fraßen sie auf, bis kein grüner Halm mehr übrig war.

„Mose und Aaron", rief der Pharao. „Jetzt lasse ich euer Volk gehen. Ganz bestimmt!"

Da machten sie der Plage ein Ende. Doch wie zuvor brach der Pharao sein Versprechen.

Da kam eine Finsternis über Ägypten. Es wurde so dunkel, dass niemand die eigene Hand vor Augen sehen konnte.

Drei Tage lang konnte niemand das Haus verlassen. Nur wo die Israeliten wohnten, blieb es hell.

Der Pharao ließ Mose rufen und sagte: „Geht und haltet euer Opferfest für euren Gott. Ihr könnt auch eure Familien mitnehmen. Nur euer Vieh sollt ihr hier lassen."

Doch Mose bestand darauf, das Vieh mitzunehmen. Da wurde der Pharao sehr wütend und schrie: „Geh mir aus den Augen! Wenn du dich jemals wieder hier blicken lässt, bist du ein toter Mann!"

„Wie du willst", erwiderte Mose. „Du wirst mich auch nie wieder sehen."

Das Zeichen an der Tür

GENESIS 12

Gott sprach zu Mose: „Ich werde noch eine letzte Plage schicken: Um Mitternacht werden alle Erstgeborenen in Ägypten sterben. Aber den Israeliten soll kein Haar gekrümmt werden. Jede Familie soll das beste Lamm der Herde schlachten. Das Blut des Lammes sollt ihr auf eure Haustüren streichen. Das wird für Gott ein Zeichen sein, eure Häuser zu verschonen. Ihr müsst bereit sein, jederzeit aufzubrechen. Bratet aber zuerst das Lamm, dann esst es mit Kräutern und ungesäuertem Brot. Behaltet eure Schuhe an, zieht eure Mäntel über und haltet euren Wanderstab griffbereit. Noch vor dem Morgengrauen werdet ihr eure Häuser verlassen und auf eine lange Reise gehen!" Die Israeliten gehorchten.

Um Mitternacht kam Gott, um die Ägypter zu bestrafen. Ihre ältesten Söhne und auch jede Erstgeburt des Viehs starben. Doch die Häuser, deren Türen mit Blut bestrichen waren, blieben verschont. In dieser Nacht weinten und klagten die Ägypter wie nie zuvor. Auch der Pharao stimmte in die Klage ein, als er seinen ältesten Sohn tot vorfand.

In die Freiheit!

Exodus 12.13

Mitten in der Nacht ließ der Pharao Mose und Aaron zu sich rufen.

„Nehmt eure Leute und geht", sagte er. „Ich flehe euch an: Verschwindet für alle Zeiten von hier!"

Als Mose und Aaron die Israeliten aus ihren Häusern führten, kamen die Ägypter zu ihnen gelaufen und boten ihnen Gold und Silber an, damit sie endlich fortgingen. „Wenn ihr noch einen Tag länger bleibt", riefen sie, „dann werden wir alle sterben." Die Ägypter spürten nämlich, dass Mose von Gott beauftragt war und dass sie ihn ernst nehmen mussten. Sie wussten auch, dass der Pharao die Israeliten sehr schlecht behandelt und dadurch den Zorn Gottes auf sich gezogen hatte. Deshalb baten sie die Israeliten, so schnell wie möglich zu verschwinden.

Einige der Israeliten rannten vor Freude schon einmal vor, andere gingen langsamer. Jüngere Menschen halfen den Älteren, und Eltern trugen ihre Kinder auf dem Arm. Sie sangen Loblieder auf Gott und jubelten, als sie an den Baustellen vorbeikamen. Jetzt würden sie nie mehr dort arbeiten und die Peitschen der Aufseher spüren müssen! Als sie an die langen zurückliegenden Jahre der Sklaverei dachten, traten vielen von ihnen die Tränen in die Augen. Nun waren sie endlich frei!

Mose ging voraus, denn der Weg führte durch die Wüste, und da kannte er sich aus. Er würde die Leute sicher führen, genauso wie er immer gut auf seine Schafe aufgepasst hatte. Und Gott gab ihm auch die Kraft dazu.

Trocken mitten durchs Meer

Exodus 14.15

Als dem Pharao gemeldet wurde, dass die Israeliten fort waren, ärgerte er sich, dass er ihnen nachgegeben hatte.

„Wir hätten sie niemals gehen lassen dürfen!", schimpfte er. „Ich will, dass alle meine Sklaven wieder an die Arbeit gehen, damit meine Städte fertig gebaut werden! Wir müssen sie unbedingt zurückholen!"

Dann ließ er seine Wagen anspannen und rief seine ganze Kriegsmacht zusammen. Sie machten sich sofort auf den Weg. Mehr als sechshundert glänzende Streitwagen waren unterwegs. Jeder Wagen war nicht nur mit dem Wagenlenker und dem Bogenschützen, sondern auch noch mit einem Schildträger besetzt. Der Pharao selbst ritt an der Spitze des Heereszuges.

Die Israeliten hatten ihr Lager an einem großen Gewässer aufgeschlagen, am Rande des Schilfmeeres. Als sie am

Morgen erwachten, sahen sie von weitem eine große Staubwolke näher kommen. Die Leute liefen zu Mose und schrien angsterfüllt: „Hast du uns hierher geführt, damit wir in der Wüste sterben? Sieh doch, die Ägypter kommen, um uns zu vernichten!“

Sie saßen in der Falle: Auf der einen Seite waren die Ägypter, auf der anderen das Wasser.

„Habt keine Angst“, sagte Mose. „Bleibt nur ruhig und schaut zu, wie Gott euch rettet.“

Nun sprach Gott zu Mose, er solle seinen Arm über das Wasser ausstrecken. „Dann wird sich das Wasser teilen, und die Israeliten können trockenen Fußes mitten durchs Meer gehen. Die Ägypter aber werden ihnen folgen und den Tod finden.“

Es war Nacht. Da hörten die Israeliten, wie ein starker Wind von Osten her über das Wasser heulte. Sie sahen zu, wie Mose seinen Arm ausstreckte. Ihnen dicht auf den Fersen waren die Ägypter.

Der Wind wurde heftiger. Vor ihnen schlugen die Wellen höher, sie türmten sich wie eine Mauer auf und machten einen Weg frei.

„Los jetzt!“, rief Mose. Und die Israeliten zogen trockenen Fußes mitten durch das Meer.

Als die Ägypter erkannten, was da vor sich ging, brach schon fast der Morgen an.

„Los jetzt!“, schrie der Pharao, „ihnen nach, holt sie ein!“

Ohne zu überlegen ritten und fuhren sie auf das geteilte Meer zu.

Noch einmal streckte Mose seinen Arm aus. Die ägyptischen Streitwagen kamen ins Schleudern und kippten um. Und plötzlich fielen die riesigen Mauern aus Wasser wieder donnernd in sich zusammen. Ein Sturm aus Wellen fegte darüber, bis das Meer schließlich wieder eine einzige, ungeteilte Fläche war. Kein einziger Ägypter kam mit dem Leben davon.

Die Israeliten dankten Gott dafür, dass er sie mit all seiner Macht gerettet hatte.

Moses Schwester Mirjam und die anderen Frauen sangen Gott ein Loblied mit dem Refrain:

„Singt dem Herrn ein Lied,
denn er ist hoch und erhaben!
Rosse und Heer
warf er ins Meer."

Gott sorgt für Nahrung

EXODUS 15-17

Doch schon nach kurzer Zeit war die Freude der Israeliten in der Hitze der Wüstensonne verflogen.

„Wir werden noch umkommen vor Durst!", jammerten sie. „Sind wir den Ägyptern entkommen, um in der Wüste zu sterben?"

Traurig schüttelte Mose den Kopf. Hatten die Leute denn schon alles vergessen, was Gott für sie getan hatte?

An einem Wasserloch schlugen sie ihr Lager auf. Aber das Wasser schmeckte scheußlich.

„Das Wasser hier ist bitter", sagte Mose zu Gott. „Man kann es nicht trinken, und alle geben mir die Schuld."

Gott zeigte Mose einen ganz besonderen Holzscheit.

Kaum hatte Mose ihn ins Wasser geworfen, da wurde es trinkbar.

Nur wenige Wochen später rotteten die Israeliten sich gegen Mose und Aaron zusammen, um sich wieder einmal zu beschweren.

„Hier gibt es ja gar nichts zu essen“, schimpften sie. „Ihr hättet uns in Ägypten lassen sollen! Da hatten wir wenigstens genügend Fleisch und Brot.“

Immer noch behielt Mose die Geduld. Er suchte sich einen abgelegenen Ort, um allein mit Gott sprechen zu können.

Lange Zeit später kehrte Mose zurück und brachte seinem Volk die folgende Botschaft von Gott: „Ich habe euer Murren gehört. Heute Abend werdet ihr Fleisch essen, und morgen werde ich Brot vom Himmel regnen lassen.“

Brot vom Himmel? Was meinte er denn damit? Während die Israeliten noch darüber stritten, landete ein großer Schwarm Wachteln vor ihren Füßen. Die Menschen brauchten nur zuzugreifen. An diesem Abend hatte jede Familie Fleisch auf dem Teller, und alle konnten sich satt essen.

Als sie am nächsten Morgen aufwachten, war der ganze Boden mit feinen Körnern bedeckt, die aussahen wie Schnee.

Die Menschen krochen aus ihren Zelten, berührten die Körner mit den Fingern und steckten sie in den Mund, um sie zu probieren. Sie schmeckten wie Waffeln mit Honig.

„Was ist das?“, fragten sie einander staunend.

„Manna!“, sagte jemand. Das heißt auf Hebräisch „Was ist das?“

„Gott hat uns ‚Was ist das?‘ geschickt!“

„Manna, Manna!“, riefen sie und lachten. Alle liefen los und sammelten die köstlichen Körner in Körben zusammen.

Mose sagte ihnen, sie sollten nur so viel aufheben, wie sie für einen Tag brauchten. Am nächsten Tag würde Gott für frisches Manna sorgen. Doch einige versuchten trotzdem, sich Vorräte anzulegen. Am nächsten Morgen waren diese Körner jedoch verdorben. Man konnte sie nicht mehr essen.

„Da seht ihr's", sagte Mose. „Gott hat doch gesagt, dass ihr nur für einen Tag sammeln sollt. Nur am sechsten Tag dürft ihr euch einen Vorrat für den Feiertag, den Sabbat, anlegen. Dieser Vorrat wird nicht verderben."

Vierzig Jahre lang – so lange die Israeliten in der Wüste unterwegs waren – schickte ihnen Gott Tag für Tag Manna.

Aber es vergingen nur wenige Monate, bevor sie sich schon wieder bitter bei Mose beklagten. In der Nähe des Berges Sinai ging ihnen das Wasser aus. Sie litten unter dem Durst, und wieder machten sie Mose dafür verantwortlich. Der verlor schließlich die Geduld und schrie zu Gott: „Was soll ich nur mit diesen Leuten machen? Sie werden mich noch steinigen!"

Da sprach Gott: „Rufe ein paar von den Ältesten Israels zu dir und geh mit ihnen dem Volk voran. Ich werde dir einen Felsen zeigen, auf den du mit dem Stab schlagen sollst, mit dem du schon in Ägypten auf den Nil geschlagen hast. Dann wird Wasser daraus hervorsprudeln."

Mose tat, was Gott ihm gesagt hatte, und vor den Augen der Ältesten sprudelten Wasserbäche aus dem Felsen.

Feuer und Donner

Exodus 19

Die Israeliten zogen weiter durch die Wüste. Zwei Monate nach ihrem Aufbruch aus Ägypten schlugen sie ihr Lager an einem hohen Gebirge auf. Die Menschen schauten an einer steilen Felswand hoch, die bis in den Himmel ragte. Sie wussten es zwar nicht, aber dies war der Ort, an dem Gott selbst Mose im brennenden Busch erschienen war. Es war der Sinai, der heilige Berg Gottes.

An diesem Platz sprach Gott zu Mose: „Ich werde in einer Wolke verborgen zu dir kommen, damit das Volk hören kann, wie ich mit dir rede. Dann werden sie meine Macht erkennen und dir mehr vertrauen."

Mose sollte das ganze Volk vor dem Berg Sinai versammeln.

„Niemand darf näher an den Berg heran, wenn ich ihn besteige", erklärte Mose den Menschen. „Ihr dürft nicht einmal in die Nähe seines Fußes kommen. So hat Gott es befohlen. Wer sich nicht daran hält, muss sterben."

Das Volk versprach alles zu tun, was Gott ihm aufgetragen hatte.

Drei Tage später begann es am Morgen zu donnern. Rauch stieg herab, und immer wieder erhellten Blitze die Dunkelheit. Der ganze Berg erbebte, und durch die Wüste schallte es, als ob tausend Trompeten geblasen würden.

Langsam stieg Mose den Berg hinauf. Tief unten kauerten sich die Israeliten zusammen. Als Gott Mose rief, kam ihnen seine Stimme vor wie ein dunkles Donnergrollen, fast wie ein Erdbeben. Manche von ihnen fürchteten, dass selbst

Mose dieses Ereignis nicht überleben würde. Zu mächtig und Furcht erregend erschien ihnen diese Begegnung mit dem mächtigen, großen Gott.

Mose verkündet die Zehn Gebote

Exodus 20

Mutig und ohne auch nur einmal stehen zu bleiben, kletterte Mose den Berg hinauf. Er ging allein durch die schwere schwarze Wolke, die um die steilen Felsen herum schwebte und die Sicht versperrte. Schließlich trat er aus dem dunklen Sturm in ein helles Licht. Es war so grell, dass er sich die Hand vor die Augen halten musste.

Mose war jetzt ganz nah bei Gott. Er war umgeben von der immer währenden Liebe und Herrlichkeit des Herrn.

Tief unten wussten die Israeliten nichts von alldem. Sie hatten ja nur gesehen, wie Mose in der Finsternis und dem tosenden Sturm verschwunden war. Sie fürchteten sich sehr.

Doch hoch oben sprach Gott zu Mose, und während er das tat, schrieb er auf zwei Steinplatten seine Zehn Gebote nieder:

Ich bin dein Gott, der dich aus der Sklaverei in Ägypten befreit hat. Du sollst keine anderen Götter neben mir haben.

Du sollst dir kein Bild von mir machen.

Du sollst den Namen des Herrn, deines Gottes, nicht missbrauchen.

Halte den Ruhetag in Ehren. Sechs Tage sollst du arbeiten, aber der siebte Tag ist der Tag deines Herrn. Da sollst du nichts tun.

Du sollst deinen Vater und deine Mutter ehren. Dann wirst du sicher und zufrieden leben in dem Land, das ich dir schenken werde.

Du sollst nicht töten.

Du sollst nicht die Ehe brechen.

Du sollst nicht stehlen.

Du sollst nichts Unwahres über deine Mitmenschen sagen.

Du sollst nicht versuchen, etwas an dich zu bringen, das deinem Mitmenschen gehört.

Vierzig Tage und vierzig Nächte lang blieb Mose auf dem Berg und hörte genau zu, was Gott ihm sagte. Gott gab Mose noch viele weitere Anweisungen darüber, wie sein Volk leben sollte.

Dann bereitete sich Mose darauf vor, wieder vom Berg herunterzusteigen. Die Zehn Gebote auf den beiden Steintafeln nahm er mit. Sie sollten für alle Zeiten den Menschen dabei helfen, ein glückliches Leben zu führen, das Gott gefällt.

Das Goldene Kalb

EXODUS 32

Die Israeliten wurden ungeduldig. Nun war Mose schon so lange fort! Weit von ihnen entfernt sprach er auf dem Berg Sinai mit Gott. Das Donnern und Blitzen hatten sie schon vergessen. Auch davon, wie Gott mit all seiner Macht den Berg zum Beben gebracht hatte und sie nur völlig verängstigt zuschauen konnten, wollten sie nichts mehr wissen.

Immer wieder schauten sie zum Berg hinauf, doch auf der riesigen Felswand rührte sich nichts. Keine einzige Wolke war zu sehen, nur die Sonne, die auf die einsame Wildnis niederbrannte. Von Mose aber gab es keine Spur.

Moses Bruder Aaron gab die Hoffnung nicht auf. Tag für Tag ließ er den Blick über die steilen Klippen gleiten. Doch er spürte, dass die Leute unruhig wurden, und das verhieß nichts Gutes.

„Wo bleibt Mose denn nur?“, schimpften sie.

„Niemand weiß, was aus ihm geworden ist. Vielleicht lebt er schon gar nicht mehr!“

„Nein!“ Aaron versuchte, das Volk zu beruhigen, aber die Israeliten bedrängten ihn von allen Seiten.

„Du bist doch sein Bruder. Mach uns ein Götterbild, das wir vor uns hertragen können, damit es uns schützt und hilft.“

Aaron gab dem aufgebrachten Volk schließlich nach.

„Nehmt euren Frauen, Söhnen und Töchtern all ihren Goldschmuck ab. Das Gold können wir schmelzen und ein Götterbild daraus formen.“

Alle nahmen ihren Schmuck ab und gaben ihn Aaron, der

daraus ein goldenes Kalb anfertigte. Die Menschen jubelten und sangen und tanzten wie verrückt um das Kalb herum. Immer wieder riefen sie: „Das ist unser Gott, der uns aus Ägypten geführt hat!“

Als Gott sah, was sein Volk am Fuße des Berges trieb, sagte er zu Mose: „Steig schnell hinab. Mein Volk hat sich von mir abgewandt und betet ein Götterbild an. Ich will das Volk vernichten und mit dir noch einmal ganz von vorn anfangen.“

„O nein, mein Gott“, bettelte Mose. „Du kannst doch nicht zulassen, dass die Ägypter sich lustig machen und sagen, du hättest dein Volk nur befreit, um es anschließend zu töten!“

Gott ließ sich von Mose umstimmen und machte seine Drohung nicht wahr.

Da stieg Mose vom Berg hinunter. In der Hand hielt er die Steinplatten mit den Zehn Geboten. Als er das Geschrei hörte und die wilde Tanzerei sah, packte auch ihn die Wut.

Er nahm die Steintafeln und zerschmetterte sie am Fuße des Berges

„Mose!“, flüsterten die Menschen entsetzt. „Mose ist zurück. Er lebt doch noch!“

Später stellte Mose seinen Bruder zur Rede: „Warum hast du das getan und so schwere Schuld auf das Volk geladen?“

Aaron versuchte, ihm alles zu erklären: „Sei nicht zornig, Mose. Du weißt doch, wie die Leute sind. Sie haben mich unter Druck gesetzt. Wir hielten dich für tot. Ich … ich … wusste nicht, was ich machen sollte. Die Leute wollten einen Gott, dem sie hinterherlaufen können. Da hab ich ihr Gold genommen und … und … plötzlich war dieses Kalb da!“

Mose sah, wie schlimm es um sein Volk bestellt war. Er

ließ das Goldene Kalb einschmelzen und sagte dem Volk: „Zerreibt das Gold zu Staub, vermischt es mit Wasser und trinkt es."

Später bestrafte Gott alle, die sich von ihm abgewandt hatten, hart für ihren Ungehorsam.

Gott schließt einen Bund

EXODUS 34

Und wieder ließ Gott Mose auf den Berg Sinai steigen.

„Du musst aber allein kommen. Niemand anders darf dem heiligen Berg zu nahe treten. Hau dir zwei Steintafeln zurecht, die so aussehen wie die, welche du zerschlagen hast. Ich werde die Gebote noch einmal aufschreiben."

Gott war bereit, seinem treulosen Volk eine weitere Chance zu geben.

So stieg Mose noch einmal den Berg hinauf. Langsam und vorsichtig suchte er sich seinen Weg. Er stieg höher und höher, bis Gott wieder in einer Wolke zu ihm kam. Um Mose herum wurde es strahlend hell. Da sprach Gott aus der Wolke: „Ich bin der Herr, der geduldige und gnädige Gott!"

Voller Ehrfurcht kniete Mose nieder, als der Gott des Himmels und der Erde ihm seinen Namen nannte und von seiner immer währenden Liebe zu den Menschen erzählte. „Ich werde einen Bund mit euch schließen", versprach Gott. „Ich werde Wunder vollbringen, wie die Welt sie noch nie gesehen hat. Ich werde euch den Weg zeigen in das Land, das ich für euch bereithalte. Eure Feinde werde ich besiegen.

Aber ihr dürft nicht sein wie alle anderen, die Götzenbilder und falsche Götter anbeten. Mein Volk darf nur mich anbeten und muss alle meine Gebote erfüllen."

Als Mose nach dieser Begegnung ein zweites Mal mit den Zehn Geboten zu den Israeliten zurückkehrte, hatten sie Angst davor, ihm zu nahe zu kommen. Sein Gesicht leuchtete nämlich so hell wie die Sonne. Und sie schlossen die Augen, denn sie wussten, dass er direkt bei Gott gewesen war.

Ein Ort zum Beten

Exodus 35-40

Die Israeliten setzten ihre Reise fort – in das Land, das Gott ihnen versprochen hatte. Gott wollte, dass sie ein heiliges Zelt bauten. Es sollte seine Wohnung bei den Menschen sein.

Die Wände dieses Zeltes waren aus Ziegenhaar gewebt und mit blauem und rotem Leinen überzogen. Innen stand eine wunderschöne Kiste aus Akazienholz. Sie war innen und außen mit Gold überzogen und wurde kostbar verziert. Dies war die Bundeslade, in der die Zehn Gebote aufbewahrt wurden.

Daneben stand in dem Zelt ein Leuchter aus purem Gold, auf dem sieben Öllampen brannten. Außerdem machte der Handwerker Bazalel einen Tisch aus Akazienholz, der auch mit Gold überzogen wurde. Auf diesem Tisch sollten die geweihten Brote und goldene Schalen für das Trankopfer Platz finden. Auch einen vergoldeten Opferaltar fertigte Bazalel an. Alle diese großen Gegenstände bekamen Ringe an die Seiten, durch die Stangen gezogen werden konnten. So ließen sich Bundeslade, Tisch und Altar auf der weiteren Wanderschaft tragen.

Viele der Israeliten hatten beim Bau des Zeltes geholfen. Sie hatten das Wertvollste hergegeben, was sie besaßen: Schmuck, Edelsteine, seltene Gewürze und Weihrauch, um die „Wohnung Gottes" gut auszustatten. Sie führten Moses Anweisungen bis in die kleinste Einzelheit genau aus.

Als das Zelt endlich fertig war, wurde die Bundeslade mit den Zehn Geboten darin in den wichtigsten Raum, „das Allerheiligste", gestellt. Dort war Gott immer gegenwärtig.

Josua und Kaleb

NUMERI 11.13.14

Das Leben in der Wüste war sehr hart. Die Israeliten schleppten sich von einer Oase zur nächsten. Immer wieder dachten sie sehnsüchtig an all die guten Dinge zurück, die sie in Ägypten gehabt hatten. Sie beschwerten sich ständig über das schlechte Essen und ihren Durst. Damit stellten sie Moses und Gottes Geduld auf eine harte Probe.

Aber einen Mann gab es, der hielt ganz fest zu Mose. Er unterstützte ihn, wo er nur konnte, und beklagte sich in den vielen Wüstenjahren niemals. Sein Name war Josua.

Eines Tages, als die Israeliten endlich am Ufer des Flusses Jordan angekommen waren, befahl Gott Mose, zwölf Spione loszuschicken. Sie sollten das Land Kanaan, das Gott seinem Volk versprochen hatte, genau auskundschaften. Zu diesen zwölf Kundschaftern gehörten auch Josua und Kaleb.

„Seht euch Land und Leute genau an", sagte Mose. „Ich möchte wissen, wie viele Menschen dort leben und wie stark sie sind. Ihr sollt auch herausfinden, wie die Städte gesichert sind, ob es Stadtmauern gibt. Schaut nach, ob das Land fruchtbar ist, und bringt einige Früchte mit."

Die zwölf Männer zogen los. Vierzig Tage durchstreiften sie das Land. Als sie endlich zurückkamen, hatten sie eine Weinranke mit einer riesigen Traube dabei. Sie war so schwer, dass zwei Männer sie tragen mussten.

„Also?", fragte Mose. „Was habt ihr herausgefunden?"

Die Israeliten hörten gespannt zu, denn sie wollten unbedingt alles über das herrliche Land wissen, das Gott ihnen versprochen hatte.

„Wir haben uns alles genau angesehen, so wie du es uns aufgetragen hast, Mose. Es ist ein Land, in dem Milch und Honig fließen", sagten die Kundschafter. „Aber die Menschen, die dort leben, sind riesig groß und bärenstark. Sie leben in Städten mit meterdicken Stadtmauern!"

Da überschütteten die Israeliten Mose wieder mit Vorwürfen. „In das Land kommen wir doch nie hinein! Das ist doch viel zu gefährlich!" „Beruhigt euch!", versuchte Kaleb die aufgebrachte Menge zu beschwichtigen. „Wir können das Land sehr wohl erobern."

„Nein!", riefen die anderen Kundschafter. „Das schaffen wir nicht. Die Leute sind viel, viel stärker als wir!"

Als die Israeliten das hörten, bekamen sie schreckliche Angst. Und diese Angst schlug in Wut um.

„Ach, wären wir doch in Ägypten gestorben! Da ging es

uns viel besser“, schrien sie. Und einer rief: „Suchen wir uns einen neuen Anführer, der uns nach Ägypten zurückbringt!“

Mose und Aaron waren fassungslos. Doch Josua und Kaleb stellten sich vor das Volk und sagten: „Das Land ist gut, und Gott wird uns schon helfen, es zu erobern. Ihn kann keiner schlagen. Wendet euch nicht von Gott ab. Habt keine Angst. Lasst uns weiterziehen! Gott steht uns doch zur Seite.“

Aber die Israeliten wollten nicht hören. Sie drohten, Josua und Kaleb zu steinigen.

Da erschien Gott über dem heiligen Zelt. Und er sprach zu Mose: „Keiner von denen, die sich gegen mich aufgelehnt haben, soll das versprochene Land zu sehen bekommen. Kein einziger. Nur Josua und Kaleb, meine treuen Diener, lasse ich den Jordan überqueren und das Land in Besitz nehmen!“

Mose sieht das Gelobte Land

Numeri 20, Deuteronomium 31.34

Vierzig Jahre lang lebte Gottes Volk in der Wüste. Immer wieder zogen die Israeliten weiter und machten dort Halt, wo es Wasser für sie und ihre Tiere gab. Das Volk war ständig unzufrieden und murrte. Mose hatte viel Geduld mit ihm. Doch eines Tages geschah es:

Die Israeliten beschwerten sich wieder einmal darüber, dass sie kein Wasser hatten. Mose und Aaron flehten zu Gott um Hilfe. Da sprach Gott: „Mose, hol deinen Stab und geh mit Aaron zu dem Felsen dort drüben! Befehlt dem Felsen vor dem versammelten Volk, euch Wasser zu geben. Dann wird Wasser hervorsprudeln, und ihr könnt allen zu trinken geben."

Doch Mose konnte seinen Zorn auf das Volk, das ihn ständig anklagte, nicht mehr zurückhalten. Statt ruhig zu dem Felsen zu sprechen, so wie Gott es gesagt hatte, stand er da und schrie: „Ihr seid ein widerspenstiges Volk! Müssen wir jetzt auch noch Wasser aus diesem Felsen für euch fließen lassen?" Dann schlug er zweimal mit dem Stock gegen den Fels.

Und wirklich, das Wasser strömte in die Wüste, wie es schon einmal geschehen war, und alle hatten genug zu trinken.

Doch Gott war nicht damit einverstanden, wie Mose und Aaron seinen Auftrag ausgeführt hatten. Und Gott sprach: „Ihr habt vor den Leuten so getan, als hättet ihr dieses Wunder getan. So konnte ich mich den Israeliten nicht als der mächtige Gott erweisen. Deshalb sollt ihr das Volk nicht selbst in das Gelobte Land führen!"

Mose nahm Gottes Strafe an. Mit der Zeit starben alle, die aus Ägypten gezogen waren – bis auf Kaleb, Josua und Mose. Die übrigen Israeliten waren alle in der Wüste geboren worden.

Mose stellte ihnen Josua als seinen Nachfolger vor. Gott selbst hatte es so bestimmt.

„Sei mutig und stark!", gab er ihm mit auf den Weg. „Fürchte dich nicht, denn Gott ist immer bei dir! Er wird dich nie allein lassen."

Das ganze Volk hörte, was Mose dem neuen Anführer sagte. Mose ermahnte es, Gott gehorsam zu sein und ihm zu folgen.

Gott befahl Mose, zum Berg Nebo zu gehen, von dessen Gipfel aus man weit in das Land Kanaan schauen konnte. Mose sollte vor seinem Tod das Land sehen, das Gott seinem Volk versprochen hatte.

Bevor Mose sich auf den Weg machte, segnete er alle Stämme des Volkes Israel.

Als er den Gipfel erklommen hatte, zeigte ihm Gott das Land Kanaan.

„Das ist das Land, das ich Abraham, Isaak und Jakob versprochen habe“, sagte er. „Du kannst alles mit deinen eigenen Augen sehen, auch wenn du es selbst nicht mehr betreten darfst.“

Mose war schon sehr, sehr alt, als er starb. Aber er war immer noch kräftig, und seine Augen waren so scharf wie eh und je.

Gott selbst beerdigte seinen treuen Diener Mose an diesem einsamen Ort in den Bergen.

Der neue Führer

JOSUA 1

Gott sprach zu Josua: „Mein Diener Mose ist nun tot. Es wird Zeit, dass du mein Volk weiterführst!“

Josua sah zum Jordan hinüber. Dahinter lagen die großen Städte des kriegerischen Kanaan. Er schaute hinter sich zu den Bergen, wo Mose, sein Lehrmeister, gestorben war. Würde er jemals so weise, stark und mutig sein wie Mose?

„Ich werde immer bei dir sein, genauso, wie ich bei Mose

war“, versprach Gott. „Sei stark und mutig. Befolge alle Gesetze, die ich Mose gegeben habe. Du brauchst dich nicht zu fürchten, denn ich bin bei dir!“

Josua blickte auf das Lager der Israeliten am Fluss. Er sah, wie ihre Feuer in der Dämmerung flackerten, und hörte ihr Lachen und Reden. Diese Menschen wünschten sich nichts mehr, als ihre wahre Heimat, das Gelobte Land, zu finden. Das Volk brauchte ihn jetzt.

„Das Land, das ich Mose versprochen habe, soll dir gehören“, sprach Gott. „Wohin du auch gehst, ich werde bei dir sein.“

Josua stand allein da und betete. Er glaubte fest an Gott, und so nahm er all seine Kraft und all seinen Mut zusammen. Und immer behielt er Gottes Worte in Erinnerung: „Ich werde bei dir sein!“

Rahab hilft Josuas Kundschaftern

Josua 2

Jetzt war Josua bereit, Gottes Volk in das versprochene Land zu führen. So ließ er zwei seiner mutigsten Männer zu sich kommen.

„Ich möchte, dass ihr das Land Kanaan erkundet“, befahl er. „Ihr sollt den Jordan überqueren und so viele Einzelheiten wie möglich herausfinden.“

Viele Jahre zuvor war Josua selbst ein solcher Kundschafter gewesen. Er wusste also, wie gefährlich diese Aufgabe war.

„Seid ihr bereit?“, fragte er. Die beiden Männer nickten. „Ich möchte genau wissen, was in Jericho vor sich geht!“

Jericho war die größte Stadt Kanaans. Sie stand in der Wüste wie eine riesige Festung.

Die Männer schlichen sich heimlich in die Stadt. Sie hielten sich geschickt verborgen, bis sie an das Haus einer Prostituierten namens Rahab gelangten. Es war direkt in die Stadtmauer eingebaut. Die beiden Männer wiegten sich in völliger Sicherheit. Doch jemand hatte sie beobachtet. So erhielt der König von Jericho noch am selben Abend die Nachricht: „Spione sind in die Stadt gekommen. Israeliten! Sie wollen uns auskundschaften.“

Da schickte der König Boten zu Rahab. Die verlangten: „Gib uns die beiden Männer heraus, die bei dir sind.“

Rahab hatte die Fremden schon auf dem Dach versteckt, unter einem Haufen Stroh.

„Ja, es stimmt, ich hatte zwei Besucher hier“, rief sie nach draußen. „Aber ich hatte keine Ahnung, woher sie kamen. Bei Einbruch der Dunkelheit, bevor das Stadttor geschlossen wurde, sind sie wieder verschwunden.“

Als die Soldaten gegangen waren, stieg Rahab leise aufs Dach. Sie flüsterte den Männern zu: „Wir wissen, was euer Gott schon alles für euch getan hat. Deshalb zittert ganz Jericho vor Angst! Wir haben gehört, wie euer Gott euch durch das Schilfmeer geführt hat. Wenn ihr Jericho erobert, dann denkt an mich und meine Familie!“

„Wenn du uns hilfst, dann werden wir dir auch helfen!“, erwiderten die Kundschafter.

Rahab ließ die Männer im Schutz der Dunkelheit vorsichtig an einem Seil durchs Fenster hinunter.

„Wir haben dir versprochen, dass du verschont bleibst.

Häng diese rote Schnur aus dem Fenster, wenn du die israelitische Armee vor den Toren von Jericho siehst", sagten sie ihr. „Sieh zu, dass deine ganze Familie im Haus ist. Dann wird euch nichts geschehen."

Bis zum Morgen versteckten sich die Männer in den Bergen.

Drei Tage später waren sie wieder bei Josua. Sie berichteten ihm, was sie gehört hatten: „Gott lässt uns das Land ganz leicht erobern", sagten sie. „Alle in Jericho haben schreckliche Angst vor dem Volk Israel!"

Die Schlacht von Jericho

JOSUA 3.5.6

Endlich war die Zeit gekommen: Das Volk Gottes, die Israeliten, sollten in das Land einziehen, das ihnen versprochen war.

Gott sprach zu Josua: „Wenn die Leute all die Wunder sehen, die ich durch dich vollbringen will, dann werden sie genau wissen, dass ich dir zur Seite stehe."

Josua tat alles, was Gott ihm aufgetragen hatte. Er wies die Priester an, die Bundeslade zum Jordan zu bringen. Sobald sie in den Fluss traten, floss kein Wasser mehr nach. Der Fluss staute sich weiter oben an wie vor einem Damm.

So kam das ganze Volk trockenen Fußes durch den Fluss. Die Priester blieben mit der Bundeslade im Flussbett stehen, bis alle an der anderen Seite angekommen waren.

Von all den Menschen hier waren nur Josua und Kaleb

mit Mose durch das Schilfmeer gezogen. Jetzt konnten auch die Jüngeren sehen, wie mächtig Gott ist.

In der Nähe von Jericho sah Josua plötzlich einen Mann vor sich stehen, der ein gezogenes Schwert in der Hand hielt.

„Bist du auf unserer Seite oder auf der Seite unserer Feinde?", fragte Josua.

„Auf keiner von beiden", antwortete der Mann. „Ich bin der Oberbefehlshaber von Gottes Armee."

Da warf sich Josua vor ihm nieder. „Was sollst du mir sagen?", wollte er wissen.

„Zieh deine Sandalen aus", verlangte der Befehlshaber. „Denn dieser Boden ist heilig." Josua tat, was er sagte. Gehorsam hörte er sich alles an, was Gott ihm ausrichten ließ: „Ich habe die Stadt Jericho in deine Gewalt gegeben, seinen König, seine Soldaten, alle seine Einwohner. Das sollst du nun tun: Nimm deine Soldaten und marschiere täglich einmal um die Stadt herum, sechs Tage lang."

Der Fremde wies auf Jericho und die meterdicken Stadtmauern. Sie zu zerstören, schien unmöglich.

„Sieben Priester sollen mit der Bundeslade vor euch hergehen und Trompeten in der Hand tragen. Am siebten Tag sollt ihr sieben Mal um die Stadtmauern ziehen, und die Priester sollen dabei ihre Trompeten blasen. Beim letzten Ton der Trompeten stimmt ein lautes Kriegsgeschrei an. Dann wird die Mauer einstürzen!"

Josua war wieder allein. Vor ihm lag die große Stadt, auf deren Mauern feindliche Soldaten auf und ab gingen, um Wache zu halten. Hinter ihm wartete seine eigene Armee auf seine Befehle. Würden ihm die Israeliten glauben? Würden sie seinen wahnwitzigen Plan ausführen und darauf vertrauen, dass Josua seine Anweisungen von Gott erhalten hatte?

Josua scheute sich nicht, den sonderbaren Befehl Gottes auszuführen. Und das Volk gehorchte ihm ohne Widerstand. Sie wussten ja, dass er ihr Anführer war und schon direkt mit Gott gesprochen hatte.

Am nächsten Morgen zog Josuas Heer einmal um die Stadtmauern. Niemand versuchte in Jericho einzudringen, niemand zog sein Schwert oder schoss einen Pfeil ab. Am zweiten Tag machten sie es genauso und auch am dritten und am vierten, am fünften und am sechsten Tag.

Am siebten Tag schließlich versammelte Josua alle Israeliten um sich.

„Heute gehört Jericho euch!“, rief er. „Nur Rahab und ihre Familie müsst ihr verschonen, denn sie hat unseren Kundschaftern geholfen. Das Haus mit dem roten Seil im Fenster müsst ihr verschonen.“

Die Israeliten sahen zu, wie ihr Zug aus Soldaten und Priestern wieder die Stadtmauer umrundete. Auch die Einwohner von Jericho beobachteten es. Sie waren verwirrt und wütend. Einige machten sich lustig, andere beteten zu ihren Göttern. Die ganze Stadt hielt vor Angst den Atem an.

Als die Krieger sieben Mal die Stadt umrundet hatten, setzten die Priester ihre Trompeten an den Mund, und Josua befahl den Israeliten: „Jetzt schreit los! Der Herr hat euch die Stadt ausgeliefert!“

Da brach die riesige Menge der Israeliten in durchdringendes Kriegsgeschrei aus.

Die Mauern von Jericho bekamen Risse, Türme stürzten ein und wirbelten dabei große Staubwolken auf. Und dann fiel die Festung aus Stein, die schon Hunderte von Jahren da gestanden hatte, mit ohrenbetäubendem Lärm in sich zusammen.

Die Israeliten strömten in die Stadt hinein und nahmen sie ein. Rahab und ihre Familie aber wurden von den beiden Kundschaftern in der Nähe des israelitischen Lagers in Sicherheit gebracht, so wie sie es ihr versprochen hatten.

Gottes Diener

Josua 7-9

In dem Land, das Gott versprochen hatte, lebten viele Volksstämme, die sich der Eroberung widersetzen wollten. Doch Josua besiegte sie alle. Es war seinem Mut und seiner Treue zu Gott zu verdanken, dass jenes Land, das Mose nur aus der Ferne gesehen hatte, tatsächlich eingenommen werden konnte. Mit Josua an ihrer Spitze lebten die Israeliten in Sicherheit.

Viele Stämme in Kanaan hatten große Angst vor Josua. Die Leute von Gibeon aber dachten sich einen Plan aus, um die Israeliten zu überlisten. Sie wollten nicht sterben!

Einige von ihnen verkleideten sich als Boten aus einem fernen Land. Sie zogen sich abgetragene Kleider an und geflickte Sandalen. Ihre Esel beluden sie mit alten Proviantsäcken, in denen steinhartes Brot steckte.

So gingen sie ins Lager nach Gilgal und sagten zu Josua: „Wir haben gehört, was ihr schon alles geschafft habt. Wir haben einen langen Weg hinter uns, nur um euch zu treffen. Euer Gott ist ja so mächtig. Bitte schließt doch Frieden mit uns."

Josua und die anderen israelitischen Führer trauten der Sache nicht so ganz.

„Wer sagt uns denn, dass ihr nicht Leute aus dieser Gegend seid und uns überlisten wollt?“

„Seht euch doch nur unsere abgenutzten Säcke an und unsere zerlumpten Kleider“, erwiderten sie. „Wir sind erschöpft von unserer langen Reise!“

Dummerweise fragten Josua und die Israeliten Gott nicht um Rat. Stattdessen unterschrieb Josua einen Friedensvertrag mit den Fremden, und alle Führer Israels versprachen hoch und heilig, ihn auch einzuhalten.

Ein paar Tage später fanden die Israeliten heraus, dass sie von einem Volk in ihrer Nachbarschaft hereingelegt worden waren. Da wurden sie sehr böse. Doch Josua sagte: „Wir haben einen Eid geschworen. Den müssen wir halten, was immer sie auch getan haben.“

Dann sagte Josua zu den Leuten von Gibeon: „Weil ihr uns betrogen und euch den Frieden mit uns erschwindelt habt, müsst ihr hart für uns arbeiten.“

Die Leute erwiderten: „Wir haben so gehandelt, weil wir nicht sterben wollten. Nun sind wir in eurer Gewalt. Macht mit uns, was ihr wollt!“

So hatte Josua sein Wort gehalten. Er schützte die Männer von Gibeon und erlaubte den Israeliten nicht, sie zu töten.

Josuas Abschied

Josua 23.24

Vor seinem Tod rief Josua noch einmal alle Führer der Israeliten zu sich.

Es gab zwölf verschiedene Stämme, die gingen zurück auf die zwölf Söhne Jakobs. Zwischen ihnen teilte Josua das Land gerecht auf.

Zu den Führern sagte er: „Wenn ihr Gott immer gehorcht, dann wird er euch alle Feinde besiegen lassen. Das ganze restliche Land wird euch auch noch gehören. Niemand wird euch etwas anhaben können. Aber wenn ihr anfangt andere Götter anzubeten, werdet ihr alles verlieren."

„Wir wollen nur unserem eigenen Gott dienen!", versprachen sie.

Da versammelte Josua das ganze Volk an einem Ort und gab ihm dieselbe Warnung mit auf den Weg. „Denkt immer daran, was Gott für euch getan hat", sagte er. „Lasst euch nicht mit den Göttern von Kanaan ein. Das sind nur Götzenbilder aus Stein. Betet zum wahren Gott und befolgt seine Gebote!"

Alle nickten, doch Josua sah ihnen fest in die Augen. Er wusste, wie schwach sie waren und wie leicht es ihnen fallen könnte, sich von Gott abzuwenden.

„Vielleicht wollt ihr ihm ja gar nicht dienen?", fragte er. „Vielleicht fällt euch das ja zu schwer? Ihr müsst euch entscheiden, ob ihr dem Herrn folgen oder andere Götter anbeten wollt. Was mich und meine Familie angeht, wir werden dem Herrn dienen!"

„Das tun wir auch!", rief das ganze Volk.

Doch Josua redete ihnen weiter ins Gewissen. „Ihr wisst doch, der Herr wird es nicht zulassen, dass ihr eure Liebe und euren Gehorsam auch noch anderen Göttern schenkt. Wenn ihr euch von ihm abwendet, dann wird es euch sehr schlecht gehen!"

„Wir wenden uns nicht von ihm ab!", riefen die Leute.

Da schloss Josua an diesem Tag als Vertreter seines Volkes einen Bund mit Gott. Dann nahm er einen Stein, stellte ihn auf und sagte zum Volk: „Seht diesen Stein. Er soll der Zeuge für das sein, was wir mit Gott vereinbart haben. Er wird euch daran erinnern, dass ihr Gott niemals untreu werdet."

Bald danach starb Josua im hohen Alter. Während der ganzen Zeit, in der er das Volk Israel angeführt hatte, war er Gott treu geblieben. Und die Menschen hatten es ihm gleich getan. Nun lebte das Volk Gottes endlich in dem Land, das er schon Mose versprochen hatte.

Die Richter

RICHTER 2.3

Seit Josuas Tod war viel Zeit vergangen. Die Kinder, die heranwuchsen, kannten ihn gar nicht mehr. Und die Israeliten vergaßen allmählich ihr Versprechen, ihrem Gott treu zu bleiben. Sie heirateten Frauen und Männer aus fremden Stämmen und verehrten deren Götter. Auch die Gebote, die Gott Mose aufgeschrieben hatte, hielten sie nicht ein.

Viele der Israeliten dachten einfach nicht mehr daran, dass Gott sie zu einem besonderen Volk gemacht hatte, das nur ihm allein dienen sollte. Und so kam die Zeit, in der Gott das Volk schwächte. Die anderen Völker, die noch in Kanaan lebten, überfielen die Dörfer und Höfe der Israeliten. Manchmal wurden sie sogar zu Sklaven gemacht, und das in dem Land, das sie einmal erobert hatten!

Aber trotz ihrer Sünden und Fehler liebte Gott sein Volk noch immer. Deshalb schickte er den Israeliten immer wieder mutige Anführer. Sie wurden „Richter" genannt. Diese Männer und Frauen halfen den Israeliten, ihren Ungehorsam zu überwinden und wieder zu ihrem Gott zurückzukehren.

Es kam eine Zeit, da verbündete sich das Volk der Moabiter mit dem der Amalekiter und dem der Ammoniter zu einer gewaltigen Streitmacht. Gemeinsam konnten sie Jericho erobern. Achtzehn lange Jahre waren die Israeliten gezwungen, dem König der Moabiter hohe Steuern zu zahlen.

Voller Verzweiflung riefen die Israeliten: „O Gott, schick uns doch jemanden, der uns erlöst! Rette uns vor unseren Feinden!"

Da stattete Gott einen Mann mit besonders viel Kraft, Mut und Weisheit aus: Ehud. Er fand einen ungewöhnlichen Weg, sein Volk zu retten.

Ehud sollte in diesem Jahr dem moabitischen König Eglon die fälligen Steuern bringen. Gemeinsam mit seinen Gefährten betrat er den Königshof. Nachdem sie ihre hohen Steuern abgegeben hatten, schickte Ehud seine Leute wieder nach Hause. Er selbst kehrte zum König zurück und sagte: „Ich habe eine geheime Botschaft für dich."

Eglon wurde neugierig. Er schickte alle anderen fort. Dann nahm er Ehud mit sich in seine Privaträume.

„Es ist eine sehr wichtige Nachricht", flüsterte Ehud. Mit der linken Hand griff er nach einem zweischneidigen

Schwert, das er unter seinem Gewand an seinem rechten Oberschenkel befestigt hatte. Eglon hatte nicht bemerkt, dass Ehud Linkshänder war, deshalb hegte er keinen Verdacht.

Doch plötzlich packte Ehud mit seiner Linken das Schwert, zog es hervor und rief: „Eine Botschaft von unserem Gott!" Dann stieß er zu.

Ehud schloss die Tür ab und machte sich durch den Garten davon. Die Diener des Königs nahmen an, ihr Herr hätte selbst die Tür verschlossen. Daher verging viel Zeit, bis sie sich trauten, sie aufzubrechen. Als sie es endlich taten, fanden sie Eglon tot auf dem Boden liegen.

Da versammelte Ehud alle Israeliten um sich und sagte: „Der Herr gibt die Feinde in eure Gewalt!" An diesem Tag kämpften sie mit aller Macht gegen die Moabiter und fügten ihnen eine schwere Niederlage zu.

Nach diesem Sieg hatte das Land achtzig Jahre lang Ruhe vor Feinden.

Zwei mutige Frauen

Richter 4.5

Ehud war gestorben. Die Israeliten wandten sich wieder von Gott ab. Da gab er sie zwanzig Jahre lang in die Gewalt des Königs Jabin.

Auch diesmal vergaß Gott sein Volk nicht. Er schickte ihm Debora, eine sehr kluge und mutige Frau, zu Hilfe. Sie wurde berühmt als beste Richterin von ganz Israel.

Debora musste mit ansehen, wie der König der Kanaaniter mit seiner riesigen Armee ihr Land besetzte. Sie hörte auch, wie der Hauptmann des Königs, ein Mann namens Sisera, mit seinen Soldaten und seinen Streitwagen prahlte. Keiner der Israeliten traute sich, gegen sie zu kämpfen, also betete Debora zu Gott um Hilfe. Dann legte sie sich einen mutigen Plan zurecht.

Debora schickte eine Nachricht an Barak, einen der Führer der Israeliten. Die lautete: „Gott gibt dir den Auftrag: ‚Geh mit zehntausend Soldaten zum Berg Tabor! Ich werde Hauptmann Sisera und alle seine Soldaten am Fluss Kischon in eine Falle locken. Da kannst du ihn dann besiegen!'"

Doch Barak traute sich nicht, den Auftrag Deboras allein auszuführen. Debora sollte ihn begleiten.

„Ich ziehe nicht ohne dich in den Kampf. Ohne dich wage ich es nicht", sagte er.

„Also gut", willigte Debora ein. „Aber weil du mich darum gebeten hast, wirst du nicht den Ruhm für diesen Sieg ernten. Gott wird Sisera einer Frau ausliefern."

So machte sich Barak mit zehntausend Soldaten auf den Weg zum Berg Tabor. Debora begleitete sie. Alle waren sie bereit, gegen den Heerführer Sisera zu kämpfen.

Als Sisera hörte, dass Barak sein Heer auf dem Berg Tabor zusammengezogen hatte, rief er alle seine Kriegsleute und zog an den Bach Kischon. Barak stürmte vom Berg in das Tal hinunter. Seine Kriegsmacht vernichtete das ganze feindliche Heer.

Nur Sisera selbst konnte entkommen. Zu Fuß flüchtete er, bis er schließlich in das Zelt einer Frau mit Namen Jaël kam.

„Versteck mich, bitte", bettelte er. „Verrate niemandem, dass ein Mann in deinem Zelt ist."

Jaël gab ihm zu essen und zu trinken, und am Ende schlief

er völlig erschöpft ein. Doch Jaël meinte es nicht gut mit Sisera. Als sie sah, dass er eingeschlafen war, nahm sie einen großen Zeltpflock und einen Hammer. Damit schlug sie den Pflock durch Siseras Kopf. Er war sofort tot.

Vierzig Jahre lang hatte das Land nun Ruhe vor den Feinden.

Ein ängstlicher Held

RICHTER 6

Immer wieder wurden die Israeliten ihrem Gott untreu und beteten Götzenbilder an. Sie bauten Altäre für den Erntegott der Kanaaniter, sie brachten den Regen- und den Sonnengöttern Opfer. Sie hatten vergessen, was ihr Gott schon alles für sie getan hatte, und gaben sich keine Mühe mehr, ihm zu folgen.

Da ließ Gott es zu, dass die Midianiter, ein wildes Volk, über das Land Kanaan herfielen. Es gab so viele von ihnen, dass sie den Israeliten wie eine Heuschreckenplage vorkamen. Sie verwüsteten die Felder der Israeliten, nahmen so viel mit, wie sie tragen konnten, und verbrannten den Rest. Das ging so weit, dass sich die Israeliten vor den Midianitern in den Bergen verstecken mussten.

An diesem Tag war Gideon, ein junger Israelit, gerade damit beschäftigt, Weizen zu dreschen. Er tat es heimlich, denn er fürchtete sich vor den Midianitern. Plötzlich hörte er neben sich eine Stimme.

Sofort versteckte er sich in einer Weinpresse. Sicher war

das wieder ein Überfall. Doch die Stimme sprach deutlich zu ihm: „Gott ist mit dir, du tapferer Krieger!“

Gideon riskierte einen Blick aus seinem Versteck. Er war sehr überrascht, dass ihn jemand so ansprach. Auch der Mann, der die Worte gesagt hatte, verblüffte ihn. Er sah aus, als käme er aus einem fernen Land. Gideon konnte das Gesicht des Fremden zwar nicht genau erkennen, doch schließlich stieg er aus seinem Versteck und sagte: „Entschuldigung, mein Herr, aber wenn Gott wirklich mit uns ist, warum geschehen dann all diese schrecklichen Dinge? Wo sind die Wunder, von denen uns unsere Eltern erzählt haben? Damals sind sie durch das Schilfmeer gegangen und haben in der Wüste zu essen gefunden.“ Gideon schüttelte den Kopf. „Gott hat uns im Stich gelassen. Und jetzt bleiben wir in der Gewalt der schlimmen Midianiter!“

„Du selbst wirst Israel von den Midianitern befreien“, sagte der Engel. Denn das war er: ein Engel Gottes.

„Ich?“, fragte Gideon und wusste nicht, ob er lachen oder sich fürchten sollte.

„Gott selbst hat dich dafür ausgesucht“, erwiderte der Engel.

„Aber … aber meine Familie ist so unbedeutend, und ich bin der Jüngste – “

„Ich werde dir helfen“, versprach der Engel des Herrn. „Du wirst die ganze Armee der Midianiter besiegen, als ob sie nur ein einzelner Mann wäre.“

Da bekam Gideon es mit der Angst zu tun. Der Mann redete ja, als … als wäre er Gott selbst!

„Mein Herr“, stammelte er, „bitte beweise mir, dass du es wirklich bist … Gib mir ein Zeichen.“ Dann lief er schnell los und rief: „Warte hier. Ich hole dir eine Opfergabe.“

Gideon kam zurück mit Brot und Fleisch. Das legte er auf einen Stein. Der Engel berührte es mit seinem Stab. Sofort ging alles in Flammen auf. Und im selben Augenblick war der Engel verschwunden.

Nun wusste Gideon, mit wem er gesprochen hatte, und er rief: „Herr, mein Gott, ich habe deinen Engel gesehen. Nun muss ich sterben."

Doch Gott sagte ihm: „Hab keine Angst, du wirst den Frieden finden."

Da errichtete Gideon an dieser Stelle einen Altar und nannte ihn „Gott ist Frieden."

Noch in derselben Nacht schlug Gideon auf Gottes Anweisung hin den Altar entzwei, an dem seine eigene Familie zum heidnischen Gott Baal betete, und baute einen neuen, auf dem er Gott einen Stier opferte.

Dann rief er alle seine Verwandten zusammen, um sich auf den Kampf gegen die Midianiter vorzubereiten.

Gottes Sieg

Richter 6-8

Die Israeliten wunderten sich über Gideons erstaunlichen Mut. Aber vor dem wichtigen Kampf gegen die Midianiter fürchtete sich Gideon in Wirklichkeit sehr.

Im Stillen bat er Gott um ein weiteres Zeichen. „Gott, wenn du wirklich vorhast, Israel durch mich zu retten, will ich heute Nacht frisch geschorene Wolle auf die Erde legen. Wenn morgen früh Tau auf der Wolle ist, das Gras ringsherum aber trocken bleibt, dann weiß ich, dass du mir helfen wirst."

Am nächsten Morgen war die Wolle tropfnass, der Boden ringsum aber trocken wie Staub.

Doch Gideon war immer noch unsicher. Darum sagte er: „Vergib mir, Gott, wenn ich dich um noch ein weiteres Zeichen bitte. Mach's noch einmal umgekehrt, dann will ich dir ganz vertrauen."

Und so legte Gideon die Wolle wieder auf den Boden. Am nächsten Morgen war die Wolle trocken und das Gras tropfnass.

Jetzt war Gideon bereit: Er sammelte eine riesige Armee von zweiunddreißigtausend Männern um sich. Doch Gott wollte Gideon nicht so einfach ziehen lassen.

„Du hast zu viele Männer", sprach Gott. „Ich möchte nicht, dass die Israeliten mit ihrem großen Sieg angeben. Ich werde den Kampf für euch gewinnen."

Auf Gottes Anweisung hin erlaubte Gideon jedem, der vor der Schlacht Angst hatte, wieder nach Hause zu gehen. Zweiundzwanzigtausend Männer liefen fort. Es blieben noch zehntausend übrig.

„Das sind immer noch zu viele", sprach Gott. Darüber wunderte sich Gideon, denn er wusste, dass die Midianiter ein großes Heer hatten. Außerdem kamen ihnen auch noch die Amalekiter und Stämme aus dem Osten zur Hilfe. Da würden zehntausend Männer kaum ausreichen.

Trotzdem sprach Gott: „Sag den Männern, sie sollen am Fluss trinken. Ich will dort selbst noch einmal auswählen. Alle, die sich auf den Bauch legen und das Wasser auflecken, wie Hunde es tun, schicke auf die eine Seite. Die anderen, die sich zum Trinken hinknien und das Wasser aus der Hand trinken, führe auf die andere Seite." Dreihundert Mann leckten das Wasser mit der Zunge auf, die anderen führten es mit der Hand zum Mund. Da sprach Gott: „Durch die dreihundert Männer werde ich Israel befreien."

Weil Gott wusste, dass Gideon insgeheim große Angst hatte, schlug er ihm vor, in dieser Nacht zum Lager der Midianiter hinunterzuschleichen und sich umzuhören. Während sich Gideon in der Dunkelheit hinter einem Zelt versteckt hielt, konnte er zwei Männer belauschen. Der eine sagte: „Ich habe geträumt, dass ein kleiner Laib Brot den Hügel hinuntergerollt ist und eins unserer Zelte umgeworfen hat!"

Der andere erwiderte: „Das bedeutet, dass Gideon uns mit seiner Armee besiegen wird."

Dies war das letzte Zeichen von Gott. Jetzt war Gideon voll Mut und Vertrauen, und er befahl seinen Männern: „Los jetzt! Der Herr gibt die Feinde in eure Gewalt."

Er teilte seine dreihundert Leute in drei Gruppen ein. Jeder von ihnen hielt in der Hand eine Trompete und einen Krug, in dem eine brennende Fackel versteckt war. So umringten die dreihundert Männer das Lager. Auf Gideons Signal hin bliesen sie alle zugleich in ihre Trompeten, zerschlugen ihre Krüge und schrien: „Wir sind das Schwert Gottes und Gideons!"

Vom Lärm der Trompeten und des Kriegsgeschreis wachten die Midianiter zu Tode erschrocken auf. Sie hatten entsetzliche Angst. Überall brannten Fackeln. Die Midianiter hatten das Gefühl, von Tausenden von Soldaten überfallen zu werden. In ihrer Panik und Verwirrung liefen sie wild durcheinander, schrien und flohen schließlich aus ihrem Lager.

Weil Gideon die Feinde so erfolgreich geschlagen hatte, wollten die Israeliten ihn zu ihrem König machen.

Aber Gideon erwiderte: „Ich will nicht über euch herrschen und mein Sohn auch nicht. Der Herr, unser Gott, ist euer König!"

So war Gideon von einem verängstigten jungen Mann zu einem bedeutenden Führer seines Volkes geworden, weil er auf Gott und seine Macht vertraut hatte.

Simson wird geboren

Richter 13

Lange nach Gideons Sieg kam eine Zeit, in der wieder niemand mehr auf Gott hörte und das Böse sich im Land ausbreitete. Das Volk der Philister besiegte die Israeliten im Kampf und herrschte vierzig Jahre lang über sie.

Eines Tages kam ein Engel Gottes zu der Frau eines guten Mannes, der Gott treu diente. Der Engel sagte: „Bisher konntest du keine Kinder bekommen. Bald aber wirst du einen Sohn zur Welt bringen. Er wird mithelfen, das Volk Gottes von seinen Feinden, den Philistern, zu befreien."

Dann erklärte ihr der Engel genau, wie sie den Jungen erziehen sollte. Er sollte von Geburt an Gott geweiht sein.

Aufgeregt lief die Frau zu ihrem Mann Manoach. „Was ist passiert?", wollte er wissen.

„Ein Mann ...", fing sie an. Aber sie wusste nicht recht, wie sie ihn beschreiben sollte. „Ein heiliger Mann war bei mir. Er sah aus wie ein Engel Gottes. Mir wurde ganz unheimlich!"

Jetzt wurde auch Manoach unruhig. „Was bedeutet das? Was hat er denn gesagt?“

„Er hat gesagt, ich werde einen Sohn bekommen, der soll ganz Gott gehören. Deshalb darf ich weder Bier noch Wein trinken und keine unreinen Speisen essen. Und seine Haare sollen nie geschnitten werden!“

Der Engel kam noch einmal zu der Frau. Sie rief ihren Mann herbei. Auch ihm erzählte er von Gottes Plan mit dem Jungen.

Bald brachte die Frau einen Jungen zur Welt. Dem gaben sie den Namen Simson. Er wuchs heran, und Gott hielt sein Versprechen. Er bereitete den Jungen auf eine große Aufgabe vor.

Gefährliches Spiel

Richter 14.15

Bevor Simson geboren wurde, hatte Gott angekündigt, dass er eines Tages die Philister besiegen würde.

Manoach und seine Frau erzogen das Kind genau nach den Regeln, die ihnen der Engel gegeben hatte. Eine davon besagte, dass er sich niemals die Haare schneiden durfte.

Unter den Anführern der Israeliten hatte es besonders weise Männer gegeben. Simson dagegen zeichnete sich durch eine unglaubliche Stärke aus. Nie zuvor hatte jemand so viel Kraft besessen. Und wenn Gott mit ihm war, konnte niemand Simson besiegen.

Doch eine große Schwäche hatte Simson: Er verliebte

sich in die falsche Frau, nämlich in eine Philisterin. Er hatte sie kaum erblickt, da lief er nach Hause und erzählte seinen Eltern, dass er diese Frau unbedingt heiraten wollte.

Die Eltern flehten Simson an, doch eine Frau aus seinem eigenen Volk zu nehmen, aber er wollte nicht hören.

Auf dem Weg zu seiner Braut wurde er von einem Löwen angegriffen. Der knurrte und brüllte sehr gefährlich. Da kam Gottes Geist über Simson, und der junge Mann packte den Löwen. Er riss ihn mit bloßen Händen in Stücke, so wie man ein gebratenes Lamm zerteilt. Den Kadaver ließ Simson an der Straße liegen.

Als er ein paar Tage später auf dem gleichen Weg zurückkam, sah er, dass sich ein Schwarm Bienen in dem Kadaver des Löwen ein Nest gebaut hatte. Simson griff hinein, nahm sich etwas Honig und aß davon. Auch seine Eltern ließ er vom Honig kosten. Doch er verriet nicht, woher der Honig kam.

Auf seiner Hochzeit gab Simson dreißig Philisterkriegern die Aufgabe, ein Rätsel zu lösen. „Wenn ihr mir die Antwort gebt, will ich euch reich belohnen. Jeder von euch soll ein Leinenhemd und ein Festgewand bekommen. Ihr habt sieben Tage Zeit, darüber nachzudenken."

Die Männer waren einverstanden, und so stellte er ihnen das folgende Rätsel:

„Von dem, der frisst, bekam ich zu essen,
und der Starke gab mir Süßes."

Drei Tage überlegten die Philister. Am vierten gingen sie wütend zu Simsons Braut und sagten: „Habt ihr uns etwa zur Hochzeit eingeladen, um uns das Geld aus der Tasche zu ziehen? Bring deinen Mann dazu, dir die Lösung des Rätsels zu verraten. Sonst werden wir dich und deine Familie verbrennen!"

Sie bekam schreckliche Angst. Nacht für Nacht klammerte sie sich an Simson und flehte ihn an, er möge ihr doch das Rätsel erklären. Am siebten Tag gab er schließlich nach und verriet die Lösung. Seine Frau gab sie sofort an die Philister weiter.

Triumphierend sagten sie am nächsten Tag zu Simson: „Wir haben's: Was ist schon süßer als Honig und stärker als ein Löwe?"

Da wusste Simson, dass man ihn betrogen hatte. Vor lauter Wut ging er hin und tötete dreißig Philister im Kampf. Ihre Gewänder brachte er den jungen Männern, die das Rätsel gelöst hatten.

Die Familie seiner Frau wollte Simson nicht wieder zu ihr lassen. Aber er rächte sich, indem er dreihundert Füchsen brennende Fackeln an den Schwanz band. Die liefen dann durch die Felder und Olivenhaine der Philister und setzten alles in Brand.

Unter dem Druck der Philister schickten die Männer von Juda, also Leute aus Simsons eigenem Volk, Tausende von Kriegern los, um Simson gefangen zu nehmen und den Philistern auszuliefern. Sie hofften, dadurch die Angriffe der Philister vereiteln zu können.

Die Männer fesselten Simson mit starken, neuen Seilen. Doch mit Gottes Hilfe zerriss er sie einfach wie dünne Bindfäden. Dann packte Simson den Unterkieferknochen eines Esels, den er in der Nähe liegen sah, und erschlug damit tausend Philister. Von da an war Simson zwanzig Jahre lang der Anführer und Richter Israels.

Simson und Delila

Richter 16

Überall im Land rühmte man Simsons große Kraft. Die Israeliten wussten, dass sie von Gott kam und dass Simson dazu erzogen worden war, Gott zu dienen. Als Zeichen dafür ließ er sich nie die Haare schneiden. Doch dann verliebte sich Simson wieder in eine Philisterin. Sie hieß Delila. Er war so vernarrt in sie, dass seine Feinde ihre große Chance witterten.

Die Könige der Philister suchten Delila auf und versprachen ihr sehr viel Geld, wenn sie ihnen das Geheimnis verraten würde, das hinter der unvorstellbaren Kraft Simsons steckte.

Bei nächster Gelegenheit sagte Delila zu Simson: „Du siehst so gut aus und bist so unglaublich stark. Verrate mir doch, welches Geheimnis dahinter steckt!"

„Wozu willst du das denn wissen?", fragte Simson.

„Du bist alles für mich", murmelte sie. „Ich will doch nur dein kleines Geheimnis kennen."

„Also gut", sagte er schließlich. „Wenn man mich mit sieben neuen Sehnen von einem Bogen fesselt, dann verliere ich meine Kraft und werde ein ganz normaler Mann."

Lächelnd schlich sich Delila davon und verriet den Philistern, die sich in ihrem Haus versteckt hielten, was sie erfahren hatte. Dann fesselte sie Simson, während er schlief, mit sieben neuen Sehnen. Doch als sie ihn weckte, zerriss er die Sehnen einfach.

„Du machst dich über mich lustig", klagte sie. „Du lügst mich an, weil du mich nicht liebst." Da sagte er ihr, sie solle ihn mit ganz neuen Seilen fesseln. Doch auch die zerriss er.

Dann behauptete er, wenn sie sein Haar mit den Kettfäden auf ihrem Webstuhl verweben würde, würde seine Kraft dahinschmelzen. Delila probierte auch das aus, doch Simson konnte sich ohne Schwierigkeiten befreien.

Delila war abwechselnd wütend und traurig. Einmal warf sie Simson vor, er würde sie hassen, dann wieder umarmte und küsste sie ihn. Das nächste Mal lief sie weinend von ihm fort. Das ging so lange, bis er es einfach nicht mehr aushalten konnte.

„Also gut“, rief er. „Ich verrate dir mein Geheimnis, die Wahrheit über meine Kraft. Aber du darfst es niemandem weitersagen!“

Sie setzte sich neben ihn und streichelte liebevoll über sein Haar. Da gestand Simson ihr, dass seine ganze Kraft in diesen Haaren steckte. Wenn man seinen Kopf kahl rasierte, würde er sofort schwach werden. Denn dann wäre das Versprechen, das seine Eltern Gott vor seiner Geburt gegeben hatten, gebrochen.

Delila redete zärtlich auf Simson ein, bis er eingeschlafen war. Sie rief einen Mann herbei, der Simson die Haare schnitt. So hatte sie endlich erreicht, dass ihn seine Kraft verließ.

Dann rief sie: „Simson, die Philister greifen an!“ Simson fuhr aus dem Schlaf hoch und dachte, er wäre noch immer stark. Er wusste nicht, dass Gott ihm nun nicht beistehen würde. So konnten die Philister Simson überwältigen und ihn gefangen nehmen.

Sie stachen ihm die Augen aus und führten ihn voller Stolz in ihre Hauptstadt. Dort legten sie ihm Ketten an, und er musste im Gefängnis die Mühle drehen.

Simson war besiegt. Doch seine Haare begannen wieder zu wachsen.

Im Tod befreit

Richter 16

Blind und kraftlos brachte Simson seine letzten Lebensjahre damit zu, tief unten im Gefängnis einen riesigen Mühlstein zu drehen. Er wünschte sich nichts sehnlicher, als noch einmal Gottes Kraft zu spüren. Und er bereute bitter, was er getan hatte. Delila hatte ihn mit einer List dazu gebracht, den einzig wahren Gott zu verraten.

Von draußen konnte er die Philister singen hören: „Dass wir Simson überwältigt haben, verdanken wir unserem Gott Dagon!" Dagon war ein heidnischer Gott, den die Philister verehrten.

Doch der Gott Israels hatte Simson nicht für immer verlassen. Eines Tages feierten die Führer der Philister ein großes Fest zu Ehren ihres Gottes Dagon. Plötzlich kamen sie auf die Idee, Simson holen zu lassen, um sich ihren Spaß mit ihm zu machen. „Der starke Mann soll uns ein paar Kunststücke zeigen!", riefen sie.

Ein kleiner Junge nahm Simson an der Hand und führte ihn aus dem Gefängnis heraus. Er brachte ihn zu dem großen Tempel, wo sich dreitausend Menschen versammelt hatten und sich nun über Simson lustig machen wollten.

Keiner dachte mehr daran, dass das Geheimnis seiner Kraft in seinem Versprechen gelegen hatte, Gott zu dienen und sich nicht die Haare schneiden zu lassen. Keiner hatte bemerkt, dass sein Haar wieder gewachsen war.

„Leg meine Hände auf die großen Säulen", sagte Simson zu dem Jungen, „damit ich mich dagegen lehnen kann." Die Menge lachte ihn aus und spuckte ihn an. Da betete Simson ganz laut zu Gott: „Oh, Gott, ich bitte dich: Steh mir noch einmal bei. Gib mir meine Kraft zurück, damit ich Rache nehmen kann an den Philistern!"

Dann legte er seine Hände an die beiden Mittelsäulen, die das Gebäude trugen, und drückte mit aller Kraft dagegen, bis sie umfielen. Die Mauern stürzten ein und begruben Simson und seine Feinde unter sich.

So kam es, dass Simson erst, als er blind und geschwächt war, zum wahren Helden Israels wurde. Denn an diesem einzigen Tag brachte er mehr Philister zu Tode als in seinem ganzen Leben davor.

Rut bleibt bei Noomi

Rut 1

Zu der Zeit, als in Israel noch die Richter regierten, kam es zu einer schweren Hungersnot. Ein Mann mit Namen Elimelech wusste keinen anderen Ausweg, als seinen Heimatort Betlehem zu verlassen, um woanders Arbeit und Nahrung zu finden. Gemeinsam mit seiner Frau Noomi und ihren beiden Söhnen ließ er sich im Gebiet von Moab nieder.

Doch schon bald starb Elimelech. Noomi war sehr traurig, aber ihre Söhne gaben ihr Trost. Beide heirateten Frauen aus der Gegend, Orpa und Rut, und Noomi freute sich schon auf Enkelkinder. Aber es kamen keine, und dann geschah schon wieder ein Unglück: Beide Söhne wurden krank und starben. Plötzlich war Noomi ohne männlichen Schutz in einem fremden Land, und bitterarm noch dazu.

Orpa und Rut hatten ihre Schwiegermutter sehr lieb und taten alles, um sie zu trösten. Doch Noomi schüttelte nur den Kopf. Es kam ihr vor, als hätte Gott sie furchtbar gestraft. Immerzu weinte sie, saß allein da und blickte in die Ferne.

„Ich möchte nicht länger hier bleiben“, sagte Noomi eines Tages. „Ich gehe wieder zurück in meine Heimat Betlehem.“

Ihre Schwiegertöchter machten sich mit ihr auf den Weg. Da blieb Noomi stehen und sagte: „Geht zurück! Ich kann euch nicht zumuten, dass ihr mein bitteres Schicksal mit mir teilt. Ihr seid doch noch jung.“

Dann drehte sie sich um und ging weiter. Rut und Orpa aber fingen an zu weinen und liefen ihr nach.

„Nein, nein!“, drängte Noomi wieder. „Geht nach Hause! Ich bin zu alt, um noch einmal zu heiraten und euch neue Männer zu schenken!“

Da küsste Orpa Noomi zum Abschied und machte sich auf den Heimweg. Doch Rut ließ sich nicht abschütteln. „Deine Schwägerin geht zu ihrer Familie zurück“, sagte Noomi. „Geh doch mit ihr.“

„Niemals!“, rief Rut. Mit Tränen in den Augen sah sie Noomi an. „Ich werde dich niemals verlassen! Wo du hingehst, da gehe auch ich hin. Und wo du wohnst, will auch ich wohnen. Deine Heimat wird meine Heimat sein und dein Gott mein Gott. Nur der Tod wird mich jemals von dir trennen.“

Noomi sah ihre Schwiegertochter an. Ruts große Liebe und Treue erstaunten sie. Sie schüttelte den Kopf, denn sie wusste, dass sie ihr nichts anderes bieten konnte als Armut und Traurigkeit. Trotzdem ging Rut weiter neben ihr her.

Als Noomi Ruts Entschlossenheit erkannte, versuchte sie auch nicht mehr, sie zur Heimkehr zu bewegen. Und so gingen die beiden Frauen weiter nach Betlehem.

Rut in Betlehem

Rut 1.2

Endlich kamen Noomi und Rut in Betlehem an. Die Leute dort staunten: „Ist das wirklich Noomi, die mit ihrem Mann und ihren zwei Söhnen fortgegangen ist?“

Sie konnten kaum glauben, dass diese arme, gebrechliche Frau ihre frühere Nachbarin sein sollte. Und sie waren auch erstaunt, Noomis Schwiegertochter Rut zu sehen. Warum hatte sie denn ihre Heimat verlassen und war hierher gekommen?

Die beiden Frauen zogen in Noomis altes Haus ein. Es war zwar schmutzig und halb zusammengefallen, doch Rut machte gründlich sauber, und bald war es ganz gemütlich dort.

Die Ernte hatte gerade angefangen. Zu dieser Zeit durften die armen Leute von Betlehem den Erntearbeitern hinterherlaufen und alle Ähren aufheben, die auf den Boden fielen und von den Schnittern übersehen wurden. Deshalb ging auch Rut aufs Feld. An diesem Abend wollte sie von dem Korn, das sie aufgesammelt hatte, mit Noomi Brot backen.

Rut fand ein Feld und sammelte den ganzen Tag die liegen gebliebenen Ähren. Da fiel sie Boas auf, dem Mann, dem das Feld gehörte.

„Wer ist denn diese junge Frau dort?“, fragte er den Schnitter, der die Oberaufsicht über die Erntearbeit hatte. Boas merkte gleich, dass sie eine Fremde war.

„Das ist die Frau aus Moab“, erwiderte der Mann, „die Schwiegertochter von Noomi. Sie hat gefragt, ob sie auflesen darf, was die Schnitter zwischen den Garbenbündeln liegen lassen. Seit dem frühen Morgen ist sie schon auf den Beinen.“

„Noomi?“ Boas wurde neugierig. Er war mit Noomi verwandt und hatte schon gehört, wie sehr Rut ihre Schwiegermutter liebte.

Schließlich ging er auf Rut zu und sagte: „Du kannst gerne jeden Tag auf dieses Feld kommen.“ Und da er wusste, wie viel sie schon für Noomi getan hatte, fügte er noch hinzu: „Möge der Gott Israels, unter dessen Flügeln du Schutz gesucht hast, dich reich belohnen!“

„Oh, mein Herr“, sagte sie. „Du bist so gut zu mir. Dabei bin ich doch viel weniger wert als deine eigenen Dienstmädchen.“

Boas sorgte dafür, dass Rut viele Ähren fand, ja sogar mehr, als sie tragen konnte.

Als sie am Abend nach Hause kam, fragte Noomi erstaunt: „Wo hast du denn das alles her? Gesegnet sei der Mann, der es dir gegeben hat!“

„Ich habe auf dem Feld eines Mannes gearbeitet, der Boas heißt,“ antwortete Rut.

„Weißt du, wer das ist?“, fragte Noomi. „Er ist ein naher Verwandter von uns.“

Jetzt musste Noomi vor Freude weinen, denn Gott hatte Rut zu jemandem geführt, der ihnen in ihrer Not helfen konnte.

Rut und Boas

RUT 3.4

Noomi spürte, wie gut Boas Rut gefiel. Und ihr fiel auch auf, dass Boas Rut immer mehr Freundlichkeit zeigte. Eines Tages sagte sie zu Rut: „Es wird Zeit, dass du ein eigenes Heim gründest."

„Was meinst du damit?", wollte Rut wissen. Noomi lächelte und sagte: „Tu genau das, was ich dir jetzt sage. Heute Nacht werden die Erntearbeiter im Freien schlafen, damit niemand das Korn stiehlt. Wasch dich, mach dich schön und geh dann heimlich dorthin. Warte, bis Boas vom Essen kommt und sich unter den Sternen schlafen legt. Dann lege dich zu seinen Füßen nieder und warte, bis er aufwacht."

Das war schon eine seltsame Anweisung, aber Rut gehorchte Noomi aufs Wort. Sie wusste, dass es etwas mit einer alten Sitte zu tun hatte. Aber was passieren würde oder ob Boas wütend auf sie sein würde, das wusste sie nicht.

Und tatsächlich, Boas wachte mitten in der Nacht auf – und sah eine Frau zu seinen Füßen liegen!

„Wer ist da?", fragte er erschrocken.

„Ich bin's, Rut, mein Herr."

„Rut? Aber …"

„Du bist ein naher Verwandter von mir", erklärte sie. „Deshalb musst du für mich und meine Familie sorgen."

Das sagte Rut, weil sie ja jetzt nach den Gesetzen des Gottes Israels leben wollte. Und die besagten, dass, wenn ein Ehemann starb, der nächste Verwandte die Witwe heiraten sollte. Auf diese Weise wurde verhindert, dass eine Familie ausstarb.

Boas war erstaunt und auch tief beeindruckt von ihrem Mut und ihrer Liebe.

„Du hättest jeden anderen Mann haben können“, sagte er zu ihr, „aber weil du Noomi so sehr liebst, bist du zu mir gekommen.“

Es gab noch einen anderen nahen Verwandten, der ein Anrecht auf Rut gehabt hätte, doch Boas regelte die Angelegenheit so, dass der andere Mann verzichtete. Nun konnte Boas das Erbe von Noomis Mann antreten und Rut zur Frau nehmen.

Rut und Boas wurden ein glückliches Paar, und alle freuten sich mit ihnen.

Es dauerte nicht lange, da brachte Rut einen Sohn zur Welt. Den nannte sie Obed. Später bekam auch Obed einen Sohn, der hieß Isai. Und Isai wurde der Vater des großen Königs David.

Ein Baby für Hanna

1. SAMUEL 1

Es war noch zur Regierungszeit der Richter, als die Menschen in die Stadt Schilo pilgerten, um dort Gott anzubeten. Jedes Jahr machte sich auch Elkana, ein Mann aus Ramatajim, auf den Weg und brachte Gott ein Opfer dar. Seine beiden Frauen, Peninna und Hanna, begleiteten ihn.

Immer wieder machte sich Peninna über Hanna lustig, weil sie keine Kinder hatte. Das bedrückte Hanna sehr. Sie weinte oft und wollte schließlich nichts mehr essen.

„Warum weinst du denn, Hanna?“, fragte ihr Mann. „Und warum isst du nichts? Ist dir meine Liebe denn nicht mehr wert als zehn Söhne?“

Elkana liebte Hanna wirklich sehr, aber das konnte sie auch nicht trösten. Tag für Tag quälte sie sich mit ihrem Kummer. Besonders schlecht fühlte sie sich, wenn sie nach Schilo ging. An diesem heiligen Ort, an dem die Menschen Gott ihre Opfer darbrachten, fragte sie sich jedes Mal, ob Gott sie ganz vergessen hätte.

„Du wirst nie Kinder haben!“, spottete Peninna. „Vielleicht macht sich Gott ja nichts aus dir.“

Zu dieser Zeit galten Kinder als ein besonderes Geschenk Gottes. Deshalb fürchtete Hanna bei all den gehässigen Bemerkungen, dass Gott sie wirklich nicht liebte.

Als sie eines Tages wieder vor dem Heiligtum von Schilo stand und weinte, rief sie plötzlich laut aus: „O Gott, nimm mich doch wahr! Hab Mitleid mit mir und schau auf meinen Kummer!“

Dann betete sie still für sich weiter. Aber sie bewegte ihre Lippen dabei. Sie bemerkte gar nicht, dass der alte Priester Eli sie missbilligend ansah, sondern redete einfach weiter: „O mein Gott, schenk mir doch einen Sohn. Ich verspreche dir, dass er dir gehören soll; sein Haar soll niemals geschnitten werden.“

Eli stand auf. Wer war diese Frau nur? Sie verhielt sich sonderbar und sprach mit sich selbst. Bestimmt war sie betrunken.

„Wie kannst du dich hier nur so aufführen!“, schimpfte er schließlich. „Du bist wohl betrunken. Aber dies ist ein heiliger Ort!“

„O nein, Herr“, erwiderte sie. „Ich bin nicht betrunken.

Ich bin nur unglücklich und habe mein Herz bei Gott ausgeschüttet."

Da merkte Eli, dass er sich geirrt hatte, und er sagte freundlich zu Hanna: „Dann geh in Frieden. Möge der Gott Israels deine Gebete erhören."

Hanna wischte ihre Tränen ab, begann wieder zu essen und war froh, denn sie wusste, dass Gott ihre Gebete hörte.

Gott beruft Samuel

1. Samuel 1-3

Und Gott erfüllte Hannas sehnlichen Wunsch. Nach weniger als einem Jahr brachte sie einen Sohn zur Welt und nannte ihn Samuel.

Hanna hielt ihr Versprechen, das sie Gott gegeben hatte. Als Samuel alt genug war, nahm sie ihn mit zum Heiligtum nach Schilo. Dort sollte er bei Eli wohnen.

Der alte Priester wunderte sich, und Hanna erklärte ihm: „Ich bin die Frau, die einmal hier um einen Sohn gebetet hat. Gott hat mich erhört! Deshalb soll dieses Kind sein Leben lang Gott gehören."

Bevor sie fortging, dankte Hanna Gott noch einmal dafür, dass er ihr Samuel geschenkt hatte. Und sie lobte Gott für seine große Güte.

Jedes Jahr nähte Hanna einen neuen Mantel für Samuel und brachte Eli Geschenke. Der Priester betete zu Gott, dass er Hanna noch mehr Kinder schenken möge, weil sie so treu war. Und im Laufe der Jahre bekam sie tatsächlich noch drei Söhne und zwei Töchter.

Samuel wohnte beim Priester Eli, dem Hohepriester, im Heiligtum. Er diente ihm treu und half dem alten Mann bei allem, was er zu tun hatte.

Auch Elis eigene Söhne wohnten bei ihm im Heiligtum. Aber sie dienten Gott nicht mit ganzem Herzen. Sie stahlen sogar das Fleisch, das zum Opfern vorgesehen war. Auf diese Weise luden sie schwere Schuld auf sich.

Eines Nachts lag Samuel wie gewöhnlich in seinem Bett im Heiligtum und schlief. Da hörte er plötzlich eine Stimme.

„Samuel! Samuel!"

Samuel sprang auf und rannte hinüber zu Eli. „Hier bin ich", sagte er. „Du hast mich gerufen."

„Ich habe dich nicht gerufen", erwiderte Eli. „Geh wieder ins Bett." Samuel legte sich hin.

„Samuel! Samuel!", erklang die Stimme wieder. Und so stand Samuel noch einmal auf und lief zu Eli.

„Hier bin ich", sagte er.

„Ich habe dich nicht gerufen, mein Kind. Geh wieder schlafen."

Samuel gehorchte, aber er wusste genau, dass er nicht geträumt hatte.

Beim nächsten Mal war die Stimme noch lauter. „Samuel! Samuel!"

Der Junge stand auf und sah sich um. Die Tempelleuchte schien in den Raum, und Samuel konnte sehen, dass außer ihm niemand anwesend war. Wieder lief er zu Eli.

„Hier bin ich", sagte er. „Jetzt hast du mich aber wirklich gerufen!"

„Nein, nein", sagte Eli und begriff plötzlich, dass Gott

selbst zu Samuel gesprochen hatte. Und so riet er Samuel: „Geh wieder zurück, mein Kind. Und wenn du die Stimme noch einmal hörst, dann sage: ‚Rede, Herr, denn dein Diener hört zu.'"

Samuel legte sich ins Bett. Und die Stimme kam wieder. Ganz leise klang sie in seinem Ohr. „Samuel! Samuel!"

„Rede, Herr", erwiderte der Junge. „Ich bin dein Diener, und ich höre dir zu!"

Da erzählte Gott Samuel, dass er Eli und seine Familie vernichten werde, denn seine Söhne waren ungehorsam gewesen, und Eli hatte sie nicht zur Vernunft gebracht.

Am nächsten Morgen kam Eli zu Samuel und fragte ihn: „Was hat Gott gesagt?" Samuel traute sich nicht, es zu erzählen. Aber Eli wollte die Wahrheit wissen.

Also berichtete der Junge ihm alles. Der alte Mann nahm die Strafe Gottes an und sagte: „Der Herr weiß, was richtig ist." Ihm war klar, dass Gott Samuel ausgesucht hatte, um Israel zu führen. Samuel würde der nächste Richter sein, ein Priester und ein Prophet, durch den Gott zu den Menschen spricht.

Die Bundeslade ist fort

1. Samuel 4-6

Inzwischen war Eli schon achtundneunzig Jahre alt. Da machte er eines Tages einen schrecklichen Fehler. Schon sehr lange stand die Bundeslade im Heiligtum von Schilo. Sie war heilig und wertvoll. Denn die Zehn Gebote lagen darin, welche Gott seinem auserwählten Volk durch Mose gegeben hatte.

Die Israeliten führten wieder einmal Krieg gegen die Philister. Da erlaubte Eli den Soldaten, die Bundeslade mit in die Schlacht zu nehmen, ohne vorher Gott zu fragen. Seine Söhne standen neben der Lade und taten, als wären sie heilige Männer, denen Gott beistand. Das war aber nicht so, und die Philister fügten den Israeliten eine schwere Niederlage zu. Auch Elis Söhne kamen dabei um, und die Bundeslade fiel den Philistern in die Hände.

Ein Bote eilte zu Eli, um ihm zu berichten, was geschehen war. Er fand den blinden alten Mann vor dem Heiligtum sitzend. Er hatte die ganze Zeit angespannt die Straße hinuntergelauscht, weil er sich Sorgen um die Bundeslade machte. Als er den Boten kommen hörte, rief Eli: „Was ist los? Was ist passiert?"

„Wir haben die Schlacht ... verloren. Dreißigtausend Männer haben wir verloren! Deine beiden Söhne sind auch unter den Toten, und die Bundeslade ist verloren!"

Eli war so entsetzt darüber, dass er das Gleichgewicht verlor. Er fiel rückwärts von seinem Stuhl und brach sich das Genick. Nun war auch er tot.

Die Philister aber feierten fröhlich ihren großen Sieg. Sie tanzten um die Bundeslade herum und stellten sie neben die Statue ihres Gottes Dagon. Sie glaubten, sie hätten jetzt die Macht über den Gott Israels. Doch ihre Freude verwandelte sich bald in Entsetzen. Schon am nächsten Morgen fiel das Standbild Dagons um mit dem Gesicht zur Erde, genau vor die Bundeslade. Die Philister stellten das Standbild wieder zurück an seinen Platz. Aber am nächsten Morgen war es wieder umgefallen und lag zerschmettert auf dem Boden.

Die Philister versuchten, die Bundeslade an anderen Orten aufzubewahren. Aber wo sie auftauchte, brachen furchtbare Krankheiten aus und Hunderte Menschen starben.

Das machte ihnen schreckliche Angst, und sie wollten die Bundeslade unbedingt wieder loswerden. Sie packten sie auf einen Wagen, der von zwei Kühen gezogen wurde, und legten Geschenke aus Gold dazu. Dann ließen sie das Gespann ohne Führer und Begleitung ziehen.

Als die Israeliten sahen, dass die Bundeslade ganz allein zu ihnen zurückkam, freuten sie sich sehr. Sie waren sicher, dass Gott wieder bei ihnen war.

Das Volk Israel will einen König

1. Samuel 8

Samuel war der letzte große Richter in Israel. Denn seine beiden Söhne ließen sich bestechen und traten das Recht mit Füßen. Da kamen die Ältesten Israels zu Samuel und sagten: „Wir wollen einen König haben!"

„Einen König?" Samuel war entsetzt. Gott war der König von Israel!

„Deine Söhne sind nichts wert. Sie sind weder weise und ehrlich noch gerecht. Wir haben kein Vertrauen zu ihnen. Wir wollen einen mächtigen König, so wie andere Völker auch. Der soll uns anführen, wenn wir in den Krieg ziehen!"

Traurig ging Samuel fort und betete die ganze Nacht lang zu Gott. „Die Menschen haben sich gegen mich gestellt. Sie verlangen nur noch eins: Ich soll ihnen einen König geben."

„Sie haben nichts gegen dich“, erwiderte Gott. „Mich lehnen sie ab als ihren wahren König. Aber wenn sie unbedingt einen König wollen, dann sollen sie ihn eben haben!“

„Aber Herr“, wandte Samuel ein, „ein König wird sie doch ins Unglück stürzen.“

„Du musst sie warnen“, sprach Gott. „Erzähl ihnen, was es bedeutet, einen König zu haben.“

Also ging Samuel zum Volk und sagte: „Ein König wird eure Söhne und Töchter zu Sklaven machen. Er wird euch den zehnten Teil von allem, was euch gehört, wegnehmen. Er wird auch eure besten Rinder und Esel haben wollen und eure Diener. Wollt ihr das wirklich?“

„Wir wissen genau, was wir wollen“, riefen sie. „Wir wollen einen König! Einen König, der uns zu großen Siegen führt!“

Samuel seufzte. Er sah in ihre eigensinnigen Gesichter. Dann ging er fort, um zu beten.

„Erfüll ihnen ihren Wunsch“, sprach Gott. „Sie sollen ihren König haben.“

Gott erwählt Saul

1. Samuel 9.10

Samuel nahm die schwere Aufgabe, einen König zu suchen, nicht gern auf sich. Aber er gehorchte Gott.

„Ich werde dir den Richtigen schicken“, versprach Gott. „Er kommt vom Stamm Benjamin, und du wirst ihn zum König salben.“

Im Gebiet des Stammes Benjamin lebte ein junger Mann namens Saul. Er war groß, kräftig und schön. Eines Tages waren seinem Vater die Eselinnen davongelaufen. Saul sollte sie zusammen mit einem Knecht suchen gehen.

Mehrere Tage durchstreiften sie die Gegend, ohne etwas zu finden. Dabei legten sie einen weiten Weg zurück, bis sie an den Ort kamen, an dem Samuel lebte.

„Fragen wir doch den Gottesmann", schlug der Knecht vor. „Er ist sehr weise."

Als Samuel Saul kommen sah, sprach Gott zu ihm: „Das ist der Mann, von dem ich gesprochen habe!"

„Deine Eselinnen wurden gefunden", sagte Samuel zu Saul. „Aber du bist der Mann, nach dem ganz Israel sucht!"

„Wie kannst du so etwas sagen?", erwiderte Saul. „Ich gehöre zum Stamm Benjamin, dem kleinsten aller Stämme." Samuel lächelte und lud Saul mit seinem Knecht zum Essen ein.

Am nächsten Morgen nahm Samuel Saul heimlich beiseite. „Gott hat dich zum König bestimmt, damit du sein Volk beschützt. Er wird dir immer helfen!" Samuel nahm ein Fläschchen Öl und goss es Saul auf den Kopf. Damit hatte er Saul zum König gesalbt.

Aber Saul machte sich trotzdem noch große Sorgen. Er hatte solche Angst davor, König zu sein! Deshalb lief er fort und versteckte sich, als Samuel das Volk zusammenrief, um den König zu wählen.

Samuel sagte zu den Menschen: „Stellt euch zusammen mit dem Volksstamm auf, aus dem ihr kommt. Auch alle Familien sollen beieinander stehen."

Nun rief Samuel jeden Stamm einzeln auf. Als die Entscheidung schließlich für Saul gefallen war und man ihn nach vorne holen wollte, konnte man ihn nicht finden. Der Mann, der einen ganzen Kopf größer war als alle anderen, hatte sich aus dem Staub gemacht!

Gott sagte zu Samuel: „Er versteckt sich im Lager." Einige Männer holten Saul herbei, und Samuel verkündete: „Dies ist der Mann, den Gott für euch ausgesucht hat!"

Die Menschen riefen: „Lang lebe der König!"

Saul stand schweigend da. Er wusste: König zu sein und Gottes Volk anzuführen, war die schwierigste Aufgabe, die es auf der Welt zu tun gab.

Ein guter Anfang

1. Samuel 10.11

Die meisten Menschen in Israel freuten sich, dass Saul ihr neuer König war. Doch einige spotteten: „Für wen hält der sich? Warum soll er unser König sein? Er kommt doch aus keiner angesehenen Familie!"

Saul achtete nicht auf sie. Mit Gottes Hilfe zeigte er bald, dass er zu Recht König war: Der König der Ammoniter überfiel die Stadt Jabesch und belagerte sie. Da baten die Bewohner: „Lass uns am Leben. Dann wollen wir uns dir unterwerfen."

„Unter einer Bedingung", höhnte König Nahasch. „Ich werde jedem von euch das rechte Auge ausstechen. So bringe ich Schande über ganz Israel!"

Das war ein schreckliches Angebot, und die Stadt bat im ganzen Land um Hilfe. Als Saul von dieser Notlage hörte, befahl er allen Stämmen Israels, ihm Soldaten zu schicken.

Schon bald hatte er dreihundertdreißigtausend Mann zusammen. Mit denen eroberte er die Stadt Jabesch.

Die Einwohner von Jabesch jubelten. Viele Israeliten verlangten, dass diejenigen, die Saul nicht als König anerkannt hatten, getötet werden sollten.

„Nein!“, entschied Saul. „Niemand wird bestraft, denn heute hat Gott Israel gerettet!“

Saul handelt voreilig

1. Samuel 13.15

Nun war Saul sehr mächtig und konnte über das ganze Volk bestimmen. Aber bald gab es Schwierigkeiten, so wie Samuel es vorausgesehen hatte:

Die Israeliten standen wieder einmal kurz vor einer Schlacht gegen die Philister. Samuel hatte Saul gebeten, in Gilgal, wo sich seine Soldaten versammelt hatten, auf ihn zu warten, denn Samuel wollte Gott vor dem Kampf Opfer darbringen. Als Samuel zur verabredeten Zeit nicht erschien, liefen die Soldaten davon.

Saul schaute sich um. Wohin er auch blickte: Überall waren die Streitwagen und Reiter der Philister. Da wurde er unruhig.

„Warum soll ich denn auf Samuel warten?“, fragte er sich. „Ich bin der König, und ich kann entscheiden, wann es Zeit für das Opfer ist.“ Also brachte er selbst das Opfer dar. Gerade als er fertig war, kam Samuel.

„O Saul!“, rief er. „Wenn du nur auf Gott gehört hättest!

Dann hätte Gott dir und deiner Familie für alle Zeiten das Königtum über Israel zugesprochen."

„Ich dachte, dass die Philister angreifen, ohne dass ich zuvor Gott etwas geopfert hätte, damit er mir beisteht. Was hätte ich denn tun sollen?", erwiderte Saul. Samuel schaute ihn voller Verzweiflung an.

„Gott hat schon einen anderen gefunden, der König werden soll." Samuel schüttelte traurig den Kopf. „Ein Mann, wie er ihm gefällt, der ihm auch gehorchen wird."

Saul gewann noch viele Kriege. Aber er folgte mehr und mehr seinen eigenen Entscheidungen und hörte nicht auf das, was Samuel ihm über Gottes Wünsche sagte.

Bald besuchte Samuel König Saul kaum mehr. Nur ein Mal noch machte er sich auf den Weg, um Saul von Gott auszurichten, dass seine Zeit als König abgelaufen sei.

Saul sollte Krieg gegen die Amalekiter führen. Samuel hatte gesagt, Saul solle keine Gefangenen machen und keine Beute mitnehmen. Alles müsse zerstört werden. Doch Saul nahm den König der Amalekiter gefangen. Und die Israeliten verschonten auch die kräftigsten Tiere von den Ziegen, Schafen und Rindern, um sie für sich zu mästen.

Da wurde Samuel sehr böse. „Warum hast du das getan?", fragte er Saul. „Was ist das für ein Blöken und Muhen?"

„Ach das!", erwiderte Saul hastig. „Diese Schafe und Rinder will ich Gott opfern."

„Glaubst du, Gott will deine Opfergaben haben?", rief Samuel. „Er will, dass du ihm gehorchst und dass dein Herz bei ihm ist!"

Samuel wandte sich zum Gehen.

„Warte!", rief Saul ihm nach. „Ich weiß, dass ich Unrecht getan habe, aber bleib doch hier und bete mit mir zu Gott, damit es nicht auffällt und damit die Leute sehen, dass Gott mich immer noch als König anerkennt!"

Samuel blieb ein letztes Mal bei Saul, bis der seine Opfer gebracht hatte. Dann ging er schweren Herzens fort. Er wusste, dass Sauls Herrschaft über Israel bald vorüber sein würde. Und er sah Saul nie wieder.

Der Hirtenjunge David

1. Samuel 16

Samuel saß allein zu Hause im Dunkeln. Seit Tagen weinte er nur noch. Was würde jetzt nur aus Israel werden?

Da sprach Gott zu ihm: „Samuel, wie lange willst du denn noch um Saul trauern? Ich habe ihn als König verstoßen. Du musst jetzt nach Betlehem gehen."

„Betlehem?" Samuel wunderte sich. Das war doch ein kleines Dorf in den Bergen. Nur Schäfer und ihre Herden lebten dort.

„Nimm ein Fläschchen Öl und geh zum Haus von Isai. Von seinen Söhnen habe ich mir einen als König ausgesucht. Du musst ihn nur noch salben."

Samuel fürchtete zwar, dass Saul davon erfahren und böse werden könnte, aber er gehorchte sofort. Als er nach Betlehem kam, war Isai starr vor Staunen. Warum kam der große Samuel in sein Haus?

„Hab keine Angst", sagte Samuel. „Ich komme in Frieden. Ruf deine Söhne herbei."

Isai hatte acht Söhne. Zunächst rief er den Ältesten,

Elijab, herbei. Elijab war groß und stark, und er sah gut aus.

„Das muss er sein!“, dachte Samuel. Doch dann hörte er das leise Flüstern der Stimme Gottes in seinem Ohr: „Fall nicht auf das Äußere eines Menschen herein! Größe und gutes Aussehen haben für mich keine Bedeutung. Ich sehe in die Herzen!“

Da ließ Samuel Isais zweiten Sohn, Abinadab, holen. Auch der war schön und kräftig.

„Auch ihn habe ich nicht ausgewählt“, sprach Gott.

Und so brachte Isai nacheinander alle seine Söhne herein. Doch Gott wollte keinen von ihnen.

Samuel war verwirrt. „Waren das alle deine Söhne?“, fragte er Isai.

„Nun ja“, antwortete dieser verlegen. „Ich habe noch den Jüngsten. Aber der ist irgendwo in den Bergen und hütet die Schafe.“

„Hol ihn her“, sagte Samuel. „Ich werde nicht mit euch essen, bevor ich ihn nicht gesehen habe.“

Da schickte Isai einen Boten aus, um den Jungen zu holen. David war schön und kräftig, seine Augen leuchteten und seine Wangen glühten von der Sonne und vom Wind.

Samuel schaute ihn an, und sofort hörte er Gott sagen: „Das ist er!“

Da war Samuel sehr froh. Zur großen Überraschung des Jungen nahm er das Fläschchen mit Öl aus der Tasche und goss es ihm auf den Kopf. Damit hatte er David, den Hirtenjungen, vor den Augen seines Vaters und seiner Brüder zum künftigen König Israels gesalbt. Und Gottes Geist kam über David und verließ ihn nicht mehr.

David besiegt Goliat

1. Samuel 17

Bald nachdem Samuel David heimlich zum nächsten König gesalbt hatte, sammelten die Philister ihre Soldaten schon wieder zum Kampf gegen die Israeliten. Die beiden Armeen standen sich auf den beiden Seiten eines Tales gegenüber.

Am Morgen des ersten Tages versammelten sich die Israeliten gerade auf ihrer Seite des Tals. Plötzlich bemerkten sie, wie ein riesengroßer Krieger aus dem Lager der Philister hervortrat. Er war fast drei Meter groß und trug einen Helm und einen massiven Brustpanzer aus Bronze. In der Hand hielt er einen Speer, so lang wie ein Baumstamm.

Der Mann hieß Goliat, und er jagte den Israeliten schreckliche Angst ein. Quer über das Tal hinweg brüllte er ihnen zu: „Sucht unter euch einen Mann aus, der mit mir kämpft! Wenn er es schafft, mich zu töten, werden alle hier eure Sklaven. Aber wenn ich ihn zuerst töte, müsst ihr uns für immer dienen!“

Keiner traute sich, auch nur einen Finger zu bewegen. Alle starrten ihn an. Selbst König Saul, der größte Mann in Israel, wirkte neben diesem Riesen klein und schwach.

Mit großen Schritten kam Goliat ins Tal hinab, verspottete die Israeliten und forderte sie zum Kampf heraus. „Ich bin nur einer gegen die ganze israelitische Armee! Los, sucht einen aus, der mit mir kämpft!“

Doch niemand wagte es, gegen den Riesen anzutreten. Die Philister lachten die Israeliten aus, und Goliat ging in sein Lager zurück.

Vierzig Tage lang forderte Goliat die Israeliten jeden

Morgen und jeden Abend wieder heraus. Er spazierte ins Tal hinunter und stand höhnend in seiner glänzenden Rüstung da. Niemand sagte einen Ton oder wagte einen Schritt.

Inzwischen hütete David bei sich zu Hause die Schafe. Seine drei ältesten Brüder waren mit König Saul in den Krieg gezogen. Ihr Vater Isai machte sich allmählich Sorgen. Deshalb schickte er David los, um nachzusehen, wie es ihnen ging.

Als David im Lager eintraf, sah er, dass alle israelitischen Soldaten halb tot waren vor Angst. Und er bekam mit, wie Goliat durch das Tal marschierte und herumbrüllte. Dieser Anblick machte David wütend.

„Wer ist dieser ungehobelte Philister, der es wagt, sich über Gottes Volk lustig zu machen? Und was für eine Belohnung bekommt derjenige, der diesen Kerl tötet?", wollte er wissen.

Als Davids Bruder Elijab ihn so reden hörte, wurde er böse. „Warum bist du hergekommen? Geh zurück und kümmere dich um deine Schafe! Du machst dich doch nur wichtig!"

„Ist es denn ein Verbrechen, wenn ich meinen Mund aufmache?", erwiderte David. Er fragte die anderen Soldaten weiter über Goliat aus, bis jemand König Saul davon erzählte. Da ließ Saul David rufen.

Als er den Jungen auf sich zukommen sah, war Saul ganz erstaunt. Wie jung er war, und wie furchtlos er schaute!

„Warum haben denn bloß alle solche Angst vor diesem Philister?", fragte David. „Ich werde gegen ihn antreten."

„Du?", rief Saul. „Du bist doch noch ein Kind, und dieser Krieger hat schon sein ganzes Leben lang gekämpft!"

„Mein König", erwiderte David leise. „Ich kämpfe auch schon seit vielen Jahren. Mit meinen eigenen Händen habe ich Löwen und Bären getötet, die sich eins von meinen Schafen holen wollten. Der Gott, der mich vor dem Maul des Löwen und den Klauen des Bären gerettet hat, kann mich doch sicher auch vor dem Philister beschützen!"

„Dann geh", sagte Saul. „Möge Gott dir beistehen."

Saul wollte David seine eigene Rüstung geben. Doch sie war viel zu schwer für den Jungen, und David sagte: „Lass mich lieber gehen, wie ich bin."

David suchte sich am Bach fünf glatte Kieselsteine und steckte sie in seinen Beutel. Dann nahm er seine Schleuder in die Hand und ging ins Tal hinunter zu Goliat.

Als der Riese sah, dass endlich jemand seine Herausforderung annahm, trat er vor und hielt seinen Speer fest umklammert. Doch kaum hatte er bemerkt, dass nur ein Junge vor ihm stand, wurde er schrecklich wütend.

„Ihr behandelt mich ja wie einen Hund, dem man kleine Stöckchen nachwirft!", brüllte er. Und David überschüttete er mit Spott: „Komm her, Junge. Ich werde dich an die Vögel verfüttern!"

„Du kommst zu mir mit einem Schwert und einem Speer", rief David. „Aber ich komme zu dir, weil der Gott Israels mich schickt. Heute wird er mir helfen, dich zu besiegen. Unser Gott braucht keine Speere und Schwerter, um sein Volk zu retten!"

Während Goliat mit seinem Speer ausholte, legte David ganz ruhig einen Stein in seine Schleuder. Er schwang sie ein paarmal über seinem Kopf und schleuderte den Stein gegen Goliat. Er traf den Riesen mitten auf die Stirn.

Der große Kämpfer der Philister fiel einfach um, von einem einzigen Stein tödlich getroffen.

David lief zu ihm hinüber, packte Goliats Schwert und

schlug ihm damit den Kopf ab. Als die Philister sahen, dass ihr bester Krieger tot war, liefen sie in Panik davon. Und die israelitische Armee folgte ihnen.

An diesem Tag konnten sich die Israeliten über einen großen Sieg freuen. Und König Saul hatte sie angeführt. Doch alle in Israel sprachen jetzt nur noch vom mutigen Hirtenjungen David.

David und Saul

1. Samuel 17.18

Nach seinem Sieg wurde David zu König Saul gebracht. In der Hand hielt er Goliats Kopf.

Saul sah ihn voller Bewunderung an. Aber er war auch ein wenig misstrauisch. Für seinen Geschmack war der Junge zu mutig und viel zu schlau.

„Zu welcher Familie gehörst du?“, fragte Saul.

„Ich bin der Sohn deines Dieners Isai aus Betlehem“, erwiderte David.

„Du musst jetzt bei deinem König bleiben“, sagte Saul.

David verbeugte sich gehorsam. Er bemerkte nicht, dass Saul unruhig mit seinem Speer herumspielte.

Als Saul später mit seinen Soldaten nach Hause zurückkehrte, waren die Straßen voller Frauen, die Lieder vom Sieg sangen: „Tausend Feinde hat Saul erschlagen, doch zehntausend waren’s, die David erschlug!“

Das machte König Saul furchtbar wütend.

„Warum singen sie so etwas?“, dachte er bei sich. „Warum

sagen sie, David hätte viel mehr umgebracht? Fehlt nur noch, dass der Junge König wird!"

Saul hatte keine Ahnung, dass Gott David schon als nächsten König auserwählt hatte. Doch er wusste genau, dass er sehr gut auf David aufpassen musste.

Von da an half David den Israeliten in vielen Kämpfen. Die ganze Zeit über bedankte sich Saul bei ihm und lobte ihn. Insgeheim aber fürchtete Saul sich vor ihm. Jedes Mal, wenn David vorüberging, lächelte er ihm zu. Doch seine Hand hielt er immer in der Nähe des Speers.

Sauls Hass

1. Samuel 18

Mehr als alles andere ärgerte König Saul, dass sein eigener Sohn Jonatan sich gern in Davids Nähe aufhielt. Die beiden jungen Männer lachten miteinander, liefen durch die Felder, aßen zusammen oder saßen in der kühlen Abendluft nebeneinander. Sie waren sehr gute Freunde geworden.

David und Jonatan verstanden sich besser als Brüder und wollten für immer Freunde bleiben. Jonatan schenkte David einige seiner Kleider, sein Schwert und Pfeil und Bogen. Niemals hatten sich zwei Freunde so lieb wie diese beiden.

Saul musste zusehen, wie diese Freundschaft immer enger wurde. Und er hörte, dass die Menschen nur von David redeten. „David, der tapfere Krieger", „David, der Held" oder „David, der Bezwinger des Riesen". Ständig hieß es David, David, David!

Über Saul sprach niemand mehr. Niemand dichtete Lieder über Jonatan, der ein guter und tapferer Soldat war. Und außerdem war er ja der künftige König! Warum musste er denn unbedingt dauernd diesem David hinterherlaufen – so als wäre der schon König – in Israel?

Saul war eifersüchtig. Als er spürte, wie ihm die Macht aus der Hand glitt, wuchsen Verzweiflung und Zorn in ihm. Seine Wut wurde so schlimm, dass er versuchte, David zu töten.

Als er noch in den Bergen die Schafe hütete, hatte David oft eigene Lieder gedichtet. Er konnte auch wunderbar Harfe spielen. Saul bat ihn immer wieder, ihm etwas vorzuspielen. Die schöne Musik hörte sich an wie ein Bächlein, das über Steine plätschert.

Wenn David von Gottes Liebe sang, kam der König zur Ruhe, und seine schlechte Laune verflog.

Jetzt, wo sein treuer Freund Samuel ihm nicht mehr zur Seite stand, bekam Saul immer häufiger Wutanfälle. Die Leute erzählten sich schon, der König sei von einem bösen Geist besessen. Doch David konnte so sanft und schön spielen, dass Saul sich schnell wieder beruhigte.

Eines Abends tobte Saul wieder vor Wut. David begann wie gewöhnlich die Harfe zu spielen. Doch diesmal wirkte die Musik nicht. Ohne jede Warnung hob Saul seinen Speer, den er in der Hand hielt, und wollte David damit an die Wand spießen. David bemerkte es und wich aus. Dasselbe geschah noch einmal.

Da begann Saul sich vor David zu fürchten, denn er erkannte, dass Gott David das Leben gerettet hatte.

Jetzt galt Gottes Liebe David, so wie sie früher einmal Saul gegolten hatte.

David muss fliehen

1. Samuel 18.19

Saul dachte darüber nach, wie er David eine Falle stellen könnte. Er wusste, dass seine Tochter in David verliebt war. Und so bot er David an: „Wenn du hundert Philister tötest, dann gebe ich dir als Belohnung meine Tochter zur Frau!"

Saul war sich sicher, dass David im Kampf den Tod finden würde. Aber David tötete sogar zweihundert Philister. Nun musste Saul ihm seine Tochter zur Frau geben.

Saul erzählte seinem Sohn Jonatan und anderen von seinen Plänen, David zu töten. Da warnte Jonatan den Freund.

Zu seinem Vater sagte Jonatan: „Warum willst du einen unschuldigen Mann töten, der mitgeholfen hat, Israel zu retten? Was hat David dir getan – doch nur Gutes!" Als Saul hörte, wie sein eigener Sohn sich für David einsetzte, ließ er sich umstimmen. Und er versprach, ihm nie wieder etwas Böses anzutun. „Ich schwöre beim Gott Israels: David soll nicht sterben!"

Nicht lange danach führte David die Israeliten zu einem weiteren wichtigen Sieg. Und Saul wurde von neuer Eifersucht gepackt. Als David am Abend Harfe spielte, fing der König vor lauter Wut an zu zittern. Er schleuderte seinen Speer auf David, um ihn zu töten. Doch auch diesmal konnte David ausweichen – und der Speer bohrte sich in die Wand. David floh in sein Haus.

Noch in derselben Nacht schickte Saul Soldaten zu ihm, um ihn gefangen zu nehmen. Doch Davids Frau verhalf ihm zur Flucht. Sie legte eine Figur aus Holz in sein Bett und deckte sie mit Davids Mantel zu. Mit einem Ziegenfell täuschte sie die Kopfhaare vor. Und zu den Soldaten sagte sie: „Könnt ihr nicht sehen, dass er krank ist?“

Mit dieser Nachricht kehrten die Soldaten zu Saul zurück. Er aber sagte: „Bringt ihn mir mitsamt seinem Bett her. Ich will ihn selbst töten!“ Als die Soldaten herausfanden, dass David entkommen war, wurde Saul noch zorniger.

Für lange Zeit musste sich David in der Wüste versteckt halten. Er wusste, dass Saul alles tun würde, um ihn zu töten. Weil er so allein und verzweifelt war, fing David wieder an, Lieder zu dichten. Einige seiner schönsten Lieder – die sich unter den Psalmen finden – schrieb er, als es ihm sehr schlecht ging.

David verschont Saul

1. Samuel 22-24

David wurde überall wie ein Verbrecher gesucht. Doch seine Verwandten und Freunde ließen ihn nicht im Stich. Sie folgten ihm in sein Versteck und lebten bei ihm in der Wüste. Bald führte David vierhundert Mann an.

Obwohl Saul ihn töten wollte, blieb David ihm stets ein treuer Untertan. „Niemand darf dem König etwas tun“, befahl er. „Gott selbst hat ihn zum König eingesetzt.“

Eines Tages kam Sauls Sohn Jonatan in die Wüste, um seinen besten Freund zu besuchen. David weinte vor Freude, als er ihn sah. Sie umarmten sich innig.

„Hab keine Angst vor meinem Vater“, sagte Jonatan. „Er

wird dir nichts tun können, denn eines Tages wirst du der König von Israel sein."

Verwundert fragte David: „Woher weißt du denn das?"

„Das wissen doch alle. Sogar mein Vater."

„Und was wird aus dir?", fragte David.

Jonatan legte seine Hände auf Davids Schulter und sagte lächelnd: „Ich werde dein Stellvertreter sein!"

Bald darauf zog Saul mit dreitausend Soldaten los, um David zu fangen. Ohne es zu ahnen, schlugen sie ihr Lager ganz in der Nähe von Davids Versteck auf. Saul ging allein in die Höhle, in deren hinterstem Teil David sich verborgen hielt. Der König wollte an diesem geschützten Ort seine Notdurft verrichten. Davids Freunde sahen sofort, dass er nicht bewaffnet war.

„Jetzt kannst du ihn töten!", flüsterten sie. „Der König ist in deiner Hand. Nutz das aus!"

Im Schutz der Schatten kroch David los. Er bewegte sich so leise und vorsichtig, dass Saul nicht einmal bemerkte, wie David ein Stück seines Mantels abschnitt.

Kurz darauf verließ Saul die Höhle. Da rief David ihm hinterher: „Mein Herr und König!"

Erschrocken drehte sich Saul um. Die Stimme kannte er doch! David verbeugte sich tief.

„Warum glaubst du den bösen Menschen, die behaupten, ich wolle dir etwas tun? Eben hätte ich dich töten können. Aber ich hab's nicht getan!" David winkte mit dem Stoffstück, das er von Sauls Mantel abgeschnitten hatte.

„Bist du es wirklich?", rief Saul. „Mein Sohn David?" Er begann zu weinen und streckte seine Hand nach David aus.

„O David ... mein Sohn ... Du warst so gut zu mir, und ich habe dich so schlecht behandelt. Gott wird dich dafür belohnen. Denn es ist wahr: Eines Tages wirst du König sein."

David war überrascht. Voller Verzweiflung sprach Saul weiter: „Wenn ich einmal tot bin, dann räche dich nicht an meinen Kindern."

Als er König Saul so allein und elend stehen sah, versprach David ihm sofort, seine Familie immer zu beschützen. Dann sah er zu, wie der König in der Dämmerung verschwand. Doch er wusste, dass Saul ihn niemals in Ruhe lassen würde.

Mit Tränen in den Augen kehrte Saul wieder zu seinen Soldaten zurück. David und seine Männer aber flohen in die Berge. Saul und David sahen sich nie mehr wieder.

Saul besucht eine Totenbeschwörerin

1. Samuel 28

Der alte Samuel war gestorben. Die Menschen in Israel trauerten viele Tage um ihn, und sie begruben ihn in seiner Heimatstadt Rama. Der weise und heilige Mann hatte schon seit Jahren nicht mehr mit Saul gesprochen, obwohl dieser sich das sehr gewünscht hatte. Saul wollte unbedingt hören, dass Gott wieder auf seiner Seite war, doch Samuel hatte ihn nicht mehr besucht.

Voller Verzweiflung irrte Saul allein durch seinen Palast. Manchmal schleuderte er seinen Speer gegen die Wand, dann wieder tobte er und brüllte vor Wut. Manchmal saß er tagelang da, ohne ein Wort zu sagen.

Da berichtete man ihm, dass die Philister eine große Armee zusammengezogen hatten, um sein ganzes Königreich zu vernichten.

„Holt weise Männer her!“, schrie er. Aber es gab keine. „Holt Priester!“ Doch kein Priester konnte ihn beruhigen oder ihm Hoffnung geben, dass alles gut ausgehen würde.

Saul machte sich auf den Weg, um sich die Armee der Philister anzusehen. Sie war so gewaltig! Da überfiel ihn großes Entsetzen.

„Samuel ...“, murmelte er. „Wenn ich doch noch einmal mit dir sprechen könnte!“

„Samuel ist tot, Herr“, sagten seine Diener. Sie hatten Angst, ihr König würde den Verstand verlieren.

„Ich muss aber unbedingt mit ihm sprechen!“, schrie Saul. „Bringt mir jemanden, der die Geister der Toten beschwören kann!“

„Aber du hast doch selbst alle diese Leute aus Israel fortgejagt. Es ist gegen das Gesetz Gottes, sich mit Zauberei zu beschäftigen oder zu den Toten zu sprechen!“

Saul hielt sich die Ohren zu. „Ich will eine Totenbeschwörerin!“, schrie er. Und schließlich flüsterte ihm jemand zu, dass noch eine solche Frau in dem kleinen Dorf En-Dor lebte.

Saul verkleidete sich und reiste nach En-Dor. Dort fand er die Frau und bat sie, für ihn den Geist eines Toten zu beschwören.

„Um was bittest du mich da?“, fragte sie erschrocken. „Weißt du denn nicht, dass König Saul mich töten lässt, wenn ich das mache?“

„König Saul wird dir nichts tun. Dafür werde ich sorgen.“

„Also gut“, sagte sie. „Mit wem willst du sprechen?“

„Mit dem Propheten Samuel."

„Samuel …"

Die Frau war schon drauf und dran, Saul hereinzulegen und nur so zu tun, als würde sie den Geist Samuels heraufbeschwören. Doch da tauchte Samuels Geist plötzlich wirklich auf!

Entsetzt schrie die Frau auf: „Jetzt weiß ich's. Du bist König Saul!"

„Sag mir, was du siehst", rief Saul und packte sie am Arm.

„Einen alten Mann in einem Gewand …"

„Das ist Samuel … ja, er muss es sein!"

Samuel war böse über diese letzte schlimme Sünde Sauls. „Warum hast du meinen Frieden gestört?", wollte er wissen.

„Ich stecke in großen Schwierigkeiten", antwortete der König. „Gott erhört mich nicht mehr. Die Philister wollen Krieg gegen mich führen. Du musst mir sagen, was ich tun soll!"

„Du weißt doch schon lange, dass Gott sich gegen dich gestellt hat, weil du so ungehorsam warst! Er hat David zum König bestimmt. Morgen wird der Herr es so einrichten, dass deine Armee die Schlacht verliert. Du und deine Söhne, ihr werdet getötet."

Als Saul das hörte, schlug er der Länge nach zu Boden. So schwer hatte ihn diese Nachricht getroffen. Nun musste er der Wahrheit ins Gesicht sehen, die er so lange verdrängt hatte: Er und sein Königreich waren am Ende.

Sauls Ende

1. SAMUEL 31, 2. SAMUEL 1

Schon am nächsten Tag fiel die Armee der Philister über Israel her. Es lief sehr schlecht für die Israeliten. Tausende ihrer Soldaten wurden auf dem Gebirge von Gilboa getötet.

Die Philister verfolgten Saul und seine Söhne Jonatan, Abinadab und Malkischua. Alle drei kämpften tapfer. Doch dann wurde Jonatan getötet; wenig später auch seine beiden Brüder. Saul kämpfte unermüdlich weiter, bis ein Pfeil seine Rüstung durchbohrte.

Blutend lehnte er sich an einen Felsen. Er wusste, dass er sterben würde. Da sagte er zu seinem Waffenträger: „Töte mich mit meinem Schwert. Sonst werden die Philister es tun und auch noch ihren Spott mit mir treiben."

Doch der Waffenträger schüttelte den Kopf. Er wollte seinem Herrn auf keinen Fall etwas zuleide tun. Da nahm Saul selbst sein Schwert und stürzte sich hinein. Als der Waffenträger das sah, nahm auch er sich das Leben.

Als David hörte, dass Saul und Jonatan tot waren, brach er weinend zusammen. Niemand konnte ihn trösten. Lange trauerte er um den König und Jonatan, der sein bester Freund gewesen war. Er sang ein Klagelied für sie:

„Erschlagen liegen sie
auf deinen Bergen,
die Besten,
die du hattest, Israel,
dein Ruhm und Stolz, gefallen sind sie – tot.
Mein Bruder Jonatan,

mein bester Freund,
voll Schmerz und Trauer
weine ich um dich;
denn deine Freundschaft
hat mir mehr bedeutet,
als Frauenliebe je bedeuten kann."

David wird König

2. Samuel 5-7

Auch als König Saul tot war, kämpften seine Anhänger und die Freunde Davids noch über sieben Jahre gegeneinander. Schließlich sahen Sauls Männer ein, dass sie keine Chance mehr hatten. Da gingen sie zu David und sagten: „Du sollst König über Israel sein. Gott hat dich dafür ausgewählt!"

David regierte dreiunddreißig Jahre lang in Jerusalem als König über Israel und Juda. Das Volk liebte ihn und tat alles, was er sagte, denn er war gerecht und freundlich.

Nachdem er König geworden war, wollte David unbedingt die Stadt Jerusalem zu seiner Hauptstadt machen. Aber dort wohnte schon ein anderes Volk. Dessen Leute machten sich über David lustig und sagten: „Jerusalem wirst du nie einnehmen. Das steht so hoch auf einem Felsen, dass selbst Blinde und Lahme die Stadt verteidigen könnten!" Doch David griff die Stadt dort an, wo die Einwohner es am wenigsten erwarteten: Aus Jerusalem heraus führte ein Tunnel, der auf der anderen Seite der Stadtmauer mit einer Quelle verbunden war. Durch diesen Tunnel schickte David seine

Soldaten. In einem Überraschungsangriff nahmen sie die Stadt ein.

David machte aus der Festung seinen Königspalast. Und er baute Jerusalem zu einer großen Stadt aus. Später nannte man sie deshalb auch die Stadt Davids.

David ließ die Bundeslade mit den Zehn Geboten holen. Als er die Lade sah, freute er sich so, dass er seine Kleider auszog und ausgelassen umhertanzte. Alle Leute taten dasselbe, und es wurde ein großes Fest.

„Öffnet euch, ihr Tore!", rief David. „Lasst den König der Herrlichkeit hereinkommen!"

„Wer ist der König der Herrlichkeit?", sangen die Menschen.

„Der starke und mächtige Gott!", rief David.

Da sangen sie alle miteinander: „Der Herr ist stark im Kampf!"

„Der Herr, der König der Herrlichkeit!"

Davids Frau schämte sich dafür, dass ihr Mann da so ausgelassen mit den Leuten tanzte. „Der König hat sich heute zum Narren gemacht!", schimpfte sie.

„Es macht mir nichts aus, dass ich dir albern vorkomme", erwiderte David. „Was zählt, ist nur Gott allein, der mich zum König gemacht hat."

David war so froh, dass die Bundeslade jetzt in Jerusalem war. Und er dachte sich: „Warum soll ich in einem Palast wohnen, und die Lade hat nur ein Zelt?"

David überlegte, ob er nicht einen großen Tempel in Jerusalem bauen sollte. Doch da schickte Gott erst einmal den Propheten Natan zu ihm.

Der sagte: „Gott hat bestimmt, dass dein Königreich für immer bestehen wird. Und deine Nachkommen werden für immer regieren. Das Volk wird unter deinem Schutz sicher leben können. Aber erst dein Sohn wird Gott eines Tages einen Tempel, ein Haus nur für ihn, bauen."

Als David Natan so reden hörte, war er außer sich vor Freude und Dankbarkeit. Er betete zu Gott: „O guter Gott, wie wunderbar bist du! Ich bin unwürdig, aber trotzdem hast du mich ausgesucht. Und auch das Volk Israel hast du für immer zu deinem eigenen Volk gemacht!"

David zeigt seine Güte

2. Samuel 9

David war nun schon viele Jahre König. Aber er hatte seinen Freund Jonatan nicht vergessen und auch nicht sein Versprechen, dass er für Sauls Familie sorgen würde.

Eines Tages rief er seine Berater und fragte sie: „Ist noch jemand von Sauls Familie am Leben, dem ich etwas Gutes tun könnte – Jonatan zuliebe?"

Da brachte man Ziba, einen alten Diener Sauls, zu ihm. Der erzählte David: „Jonatan hat einen Sohn ..."

„Ist der denn noch am Leben?"

„Ja, Herr. Er heißt Merib-Baal und ist an beiden Füßen gelähmt."

David traten Tränen in die Augen.

„Jonatans Sohn ...", sagte er. „Bringt ihn sofort zu mir!"

Ziba holte Merib-Baal. Der Sohn Jonatans und Enkel Sauls fürchtete sich, vor den mächtigen David zu treten. Mühsam humpelte er auf ihn zu und verbeugte sich tief bis zur Erde.

„Merib-Baal!“, sagte David leise.

„Ich bin dein Diener“, antwortete der Junge.

David nahm seine Hand. „Hab keine Angst. Vor mir brauchst du dich niemals zu fürchten! Weil dein Vater Jonatan mein bester Freund war, werde ich dir alles Land, das einmal Saul gehört hat, zurückgeben. Du wirst bei mir im Palast so willkommen sein wie mein eigener Sohn!“

„Wie kannst du mir so viel Ehre erweisen?“, erwiderte Merib-Baal. „Das habe ich nicht verdient!“ Wieder verbeugte er sich vor dem König. David half ihm auf die Beine. All die Liebe, die er für Jonatan empfunden hatte, stieg wieder in ihm auf.

Von diesem Tag an gehörte Merib-Baal zu Davids Hof, und alles Land, das Saul besessen hatte, wurde seiner Familie zurückgegeben.

David und Batseba

2. Samuel 11

An einem Frühlingsabend stieg David auf das Dach seines Palastes. Die Sonne ging gerade unter. David schaute über Jersusalem, während er in der kühlen Luft auf und ab ging.

Die meisten Männer waren in den Krieg gezogen. Deshalb konnte David auch nur alte Männer sehen, die vor ihren Häusern saßen, und Dienstmädchen, die Wasser holten.

Doch dann fiel sein Blick auf eine einzelne Frau, die nicht weit vom Palast entfernt im Innenhof ihres Hauses ein Bad nahm.

David wusste, dass er da nicht hinsehen durfte, aber er konnte nicht anders. Er starrte die Frau an, denn sie war sehr schön.

„Wer ist das?“, fragte er einen Diener.

„Das ist Batseba“, antwortete der Mann. „Ihr Mann Urija ist für dich im Krieg.“

„Er ist fort?“, sagte David. Dann sah er sich die Frau noch einmal an. Gab es in ganz Israel überhaupt jemanden, der schöner war?

„Hol sie her!“, befahl David.

Der Diener gehorchte, und Batseba wurde in den Palast gebracht. Niemand wagte, sich den Wünschen eines so großen Königs zu widersetzen. Auch Batseba tat, was David verlangte. Sie blieb bei ihm im Palast, während ihr Mann Urija tapfer in Davids Armee für ihn kämpfte.

David wusste, dass er Unrecht getan hatte. Aber das durfte auf keinen Fall bekannt werden. Doch schon bald sagte ihm Batseba, dass sie ein Kind erwarte. David lief im Garten seines Palastes auf und ab und überlegte, wie er sich da herauswinden konnte.

„Ich muss Urija zurückholen“, dachte er bei sich. „Wenn ich ihn überreden kann, ein paar Wochen Urlaub zu nehmen, dann bleibt er erst mal bei seiner Frau. Er wird glauben, dass das Kind von ihm ist. Dann wird nie jemand erfahren, was ich getan habe.“

Also ließ David seinem Hauptmann eine Nachricht bringen, in der er ihn bat, Urija nach Hause zu schicken. Urija kam auch gleich und ging geradewegs in den Palast.

„Erzähl mir, wie der Krieg steht“, sagte David. „Kämpfen meine Soldaten gut?“

Urija hatte noch keinen Verdacht geschöpft, aber er wollte trotzdem nicht nach Hause gehen. Stattdessen schlief er auf den Stufen zum Palast.

„Geh heim“, sagte David. „Du hast eine lange Reise hinter dir. Du musst dich ausruhen!“

„Wie soll ich mich ausruhen“, erwiderte Urija, „wo doch meine Kameraden noch immer im offenen Feld kampieren und dem Feind ausgeliefert sind? Wie kann ich da nach Hause zu meiner Frau gehen? Das werde ich niemals tun.“

Am folgenden Abend lud David Urija zu einem Festessen ein und machte ihn absichtlich betrunken. Doch immer noch wollte er nicht nach Hause gehen, sondern legte sich bei der Palastwache schlafen.

Schließlich schickte David Urija zurück in den Kampf. Seinem Hauptmann ließ er Folgendes ausrichten: „Lass Urija da kämpfen, wo es am gefährlichsten ist. Lass ihn dort stehen, bis er getötet wird!“

Der Hauptmann tat, was der König von ihm verlangte. Er schickte Urija genau vor die Stadtmauer der Feinde. Dort wurde er von einem Pfeil getroffen.

Als Batseba die schlimme Nachricht hörte, trauerte sie um ihren toten Mann. Davids Plan aber schien aufzugehen. Nach einer Weile wurde die junge Witwe nämlich Davids Frau und brachte sein Kind zur Welt. Niemand wusste, was David getan hatte – niemand, außer Gott.

David wird entlarvt

2. Samuel 12

Gott gefiel es nicht, dass David Urija betrogen und getötet hatte. Und das alles, damit sein Ehebruch mit Batseba nicht herauskam. Gott schickte den Propheten Natan in den Palast.

Natan stellte sich vor König David und erzählte ihm eine Geschichte: „Es lebten einmal zwei Männer. Der eine war reich, der andere sehr arm. Der Reiche hatte viele Schafe und Rinder, der Arme aber besaß nur ein kleines Lamm. Der arme Mann fütterte sein Lamm mit der Hand und liebte es sehr. Es wuchs bei ihm und seinen Kindern auf, trank aus seiner Tasse und schlief sogar in seinen Armen. Es war wie ein Kind für ihn.

Eines Tages hatte der reiche Mann Besuch. ‚Ich bereite uns ein schönes Essen', sagte er. Aber er nahm kein Tier aus seiner eigenen Herde. Nein, er ging hin und stahl das Lamm des armen Mannes. Das schlachtete er und servierte es zum Festmahl."

Als David das hörte, wurde er sehr zornig. „Welcher böse Mensch hat das getan?", rief er. „Er hat den Tod verdient. Und er muss dem armen Mann vier neue Lämmer geben!"

„Du bist der Mann!", sagte Natan und sah David direkt in die Augen. „Und jetzt höre zu, was Gott dir sagen lässt: ‚Ich habe dir alles gegeben. Ich habe dich zum König über Israel gemacht, dir eine Familie geschenkt und Land. War dir das nicht genug? Doch jetzt, wo du Urija so viel Gewalt angetan hast, wird in deiner Familie noch viel mehr Gewalt geschehen. In deinem eigenen Haus wird es Blutvergießen und Verzweiflung geben.'"

Da weinte David. Zu Natan sagte er: „Ich habe gegen Gott gesündigt."

„Weil du das einsiehst, hat Gott dir vergeben", sagte Natan. „Du musst nicht sterben. Aber weil du durch diese Tat Gott beleidigt hast, wird dein Sohn, den Batseba dir geboren hat, sterben."

David bereute, was er getan hatte. Er wollte noch einmal ganz von vorn anfangen.

Davids Familie

2. Samuel 13-15

Wie Natan es angekündigt hatte, starb der kleine Sohn von David und Batseba. Darüber waren sie sehr traurig. Doch nach einiger Zeit schenkte Gott ihnen noch einmal einen Sohn. Den nannten sie Salomo. Natan verkündete ihnen, dass Gott den Jungen besonders lieb hatte und dass er eines Tages König werden würde.

Als Salomo noch klein war, stritten sich die anderen Söhne Davids. Abschalom, der Älteste, war groß, hatte langes, dichtes Haar und sah sehr gut aus. Er war fest entschlossen, eines Tages König zu werden. Ständig heckte er etwas gegen seine Brüder aus. Selbst sein Vater David blieb nicht von seiner Hinterhältigkeit verschont.

Der Prophet Natan hatte David gewarnt, dass es in seiner Familie Blutvergießen und Trauer geben würde, weil er gegen Gott ungehorsam gewesen war.

Abschalom hasste seinen Bruder Amnon. Eines Tages gab

er vor, ihm eine besondere Freundlichkeit erweisen zu wollen. Er lud ihn zu einem Fest ein und machte ihn betrunken. Dann gab er seinen Leuten ein Zeichen, und sie töteten Amnon. Abschalom floh sofort nach der Tat. Viele Jahre lang sprach David kein Wort mehr mit ihm. Aber eigentlich hatte David Abschalom sehr lieb, und er vermisste ihn. Davids Zorn legte sich allmählich, und er erlaubte Abschalom schließlich, nach Jerusalem zurückzukehren.

Obwohl sein Vater sich so großmütig gezeigt hatte, suchte Abschalom heimlich Verbündete, um David zu töten und dann in Israel König zu werden. David war inzwischen schon alt geworden, und viele Leute meinten, dass Abschalom einen besseren König abgeben würde, denn er war jung und schön, und er sah aus, als könnte er gut kämpfen.

Eines Tages kam Abschalom zu David und sagte: „Ich will in die Stadt Hebron gehen und Gott ein Dankopfer dafür bringen, dass ich wieder nach Jerusalem zurückkehren durfte. Gib mir bitte deine Erlaubnis."

„Ein guter Entschluss", erwiderte David. „Geh in Frieden." Er ahnte nicht, was Abschalom vorhatte, obwohl sein Sohn genau in die Stadt ziehen wollte, in der David König wurde. Frieden war das Letzte, was Abschalom im Sinn hatte, denn er schickte seinen Freunden folgende Nachricht: „Sobald ihr die Trompeten hört, ruft laut aus: ‚Abschalom ist der neue König von Hebron!'"

Aufstand gegen David

2. Samuel 15.17-19

Tausende von Menschen unterstützten Abschalom bei seinem Aufstand gegen seinen Vater David.

Als der hörte, dass Abschalom sich selbst zum König ausgerufen hatte, floh David aus Jerusalem. Mit seinen Soldaten und seinen treuesten Freunden versteckte er sich in den Bergen. Sogar Davids engster Berater Ahitofel war auf Abschaloms Seite gewechselt. Es sah ganz so aus, als würde David nicht mehr lange König sein.

Doch David schleuste den Arkiter Haschai als Spion in Abschaloms Lager. Und der verriet ihm alles, was Abschalom plante.

Am folgenden Tag zogen die Soldaten von Vater und Sohn gegeneinander in den Kampf.

Doch obwohl Abschalom David töten und seinen Platz einnehmen wollte, liebte David ihn noch immer. Vor der Schlacht sagte er deshalb zu seinen Leuten: „Wenn ihr meinen Sohn Abschalom gefangen nehmt, dann krümmt ihm kein Haar!"

Das versprachen alle seine Soldaten.

Es gab einen harten Kampf, und zwanzigtausend Männer starben. Abschaloms Armee verlor haushoch. Deshalb musste der Prinz fliehen. Auf seinem Esel ritt er durch einen Wald. Plötzlich verfingen sich Abschaloms lange Haare in einem Baum. Der Esel lief unter ihm weg, und Abschalom hing in der Luft.

Einer von Davids Männern erzählte seinem Hauptmann Joab davon. Der schrie ihn vorwurfsvoll an: „Warum hast du ihn nicht getötet?"

„Wie sollte ich das tun", erwiderte der Mann, „wo doch der König selbst uns befohlen hat, seinen Sohn zu verschonen ..."

„Ich kann nicht warten, bis du endlich so weit bist!", rief Joab und rannte schon in Richtung Wald, wo er Abschalom mit dem Speer in die Brust stieß. Zehn Waffenträger Joabs schlugen Abschalom endgültig tot.

Als man David mitteilte, dass die Schlacht gewonnen war, wollte er nur eines wissen: „Ist mein Sohn Abschalom in Sicherheit?"

Da erwiderte ihm ein Bote: „Wenn nur alle Feinde des Königs dasselbe Schicksal erleiden würden wie dieser junge Mann!"

Schluchzend stürzte David davon. Er ging in die Wachstube über dem Stadttor von Jerusalem und rief: „O Abschalom! Mein Junge, mein Sohn Abschalom! Wenn ich doch nur an deiner Stelle gestorben wäre, mein Sohn, mein Sohn ..."

Niemand konnte David trösten, obwohl es doch ein Tag des Sieges über den Feind war. Er warf sich auf den Boden und weinte. „Mein Junge, mein Junge ... O Abschalom, mein Junge!"

Als Joab eintraf und sah, wie sehr David um seinen abtrünnigen und gefährlichen Sohn trauerte, wurde er zornig.

„Hunderte von Soldaten haben ihr Leben für dich aufs Spiel gesetzt!", schimpfte er verärgert. „Wäre es dir lieber, wenn wir alle tot wären und nur Abschalom noch am Leben? Du musst jetzt vor deine Armee treten und deinen Soldaten danken, sonst laufen dir noch in dieser Nacht alle davon. Steh auf und reiß dich zusammen!"

David trocknete seine Tränen und tat, was Joab verlangte. Aber um seinen geliebten Sohn Abschalom trauerte er noch lange.

Die Psalmen

In Davids Leben gab es große Freude, aber auch tiefe Traurigkeit. Oft musste er Gott um Kraft dafür bitten, Schwierigkeiten zu bewältigen. David schrieb viele Gedichte und Lieder, die seine Gefühle, seine Wünsche, seine Gebete und seine Sorgen in Worte fassen. In den Psalmen sind diese Lieder und Gebete überliefert – neben den Texten, die andere Menschen mit ähnlichen Erfahrungen gedichtet haben.

Einige Beispiele sind hier zusammengefasst. Sie geben einen ersten Einblick in die Vielfalt der Empfindungen, die in den insgesamt einhundertfünfzig Psalmen der Bibel niedergeschrieben sind.

Aus Psalm 8

Das Wunder der Schöpfung

O Herr, unser Gott,
deine Macht und Größe erfüllen die ganze Welt!
Deine Herrlichkeit überstrahlt den Himmel.

Ich schaue hinauf zum Himmel,
den du gemacht hast,
und sehe auf alles, was du erschaffen hast.
Ich sehe den Mond und die Sterne
auf ihren Bahnen.
Und ich frage mich,
warum du dich überhaupt mit uns abgibst.
Warum sorgst du dich um die Menschen?

Und doch hast du uns
zur Krone deiner Schöpfung gemacht.
Du hast uns an die höchste Stelle gesetzt
und uns die Verantwortung für deine Welt übertragen.

Du vertraust darauf,
dass wir gut für alles sorgen,
für die Schafe und Rinder,
die wilden Tiere und die Vögel am Himmel,
für die Fische im Meer
und für alle Tiere,
die durch den Ozean schwimmen.

O Herr, unser Gott,
deine Macht und Größe erfüllen die ganze Welt!

Psalm 23
Gott sorgt liebevoll für uns

Gott ist wie ein Hirte für mich,
er gibt mir alles, was ich brauche.
Auf saftigen Weiden lässt er mich ausruhen,
und er führt mich ans frische Wasser.
Er gibt meinem Herzen neue Kraft.

Auf sicheren Wegen leitest du mich.
Selbst wenn ich durch schlimme Zeiten gehen muss
und Schmerzen und Tod mich bedrängen,
bist du immer noch bei mir.

Du umgibst mich mit deinem Trost,
du schützt mich und führst mich, das macht mir Mut.

Vor den Augen meiner Feinde
hast du ein frohes Festmahl für mich zubereitet.
Du salbst meinen Kopf mit kostbarem Öl
und füllst mir den Becher randvoll.

Mein ganzes Leben lang werden mich
deine Freundlichkeit und deine Güte begleiten.
In deinem Haus darf ich nun bleiben
mein Leben lang.

Aus Psalm 51
Bitte um Vergebung

Erbarme dich über mich, o Gott,
deine Liebe hört niemals auf.
Nimm meine ganze Schuld von mir
und wasche mich wieder rein.

Denn ich habe Unrecht getan.
Meine Fehler stehen mir immer vor Augen.
Ich habe gegen dich gesündigt, o Gott,
und deine Gesetze gebrochen.

Schaffe in mir ein reines Herz, o Gott,
und gib mir neues Leben und neue Kraft.
Schicke mich nicht fort von dir.
Entzieh mir nicht deinen göttlichen Geist.

Mach mich doch wieder froh
und gib mir ein gehorsames Herz!

Alle, die dir nicht gehorchen,
will ich an deine Gebote erinnern,
damit sie umkehren und tun,
was dir gefällt.

O Gott, rette mich.
Dann werde ich laut von deiner Güte singen.
O Herr, öffne meine Lippen,
und ich werde dich loben!

Aus Psalm 116
Dank für die Rettung vom Tod

Ich liebe den Herrn,
denn er hört mich,
wenn ich zu ihm um Hilfe schreie.
Weil er ein offenes Ohr für mich hat,
will ich mein Leben lang zu ihm beten.
Ich war gefangen in den Fesseln des Todes
und hatte schreckliche Angst.
Doch da rief ich laut zu Gott:
„O Herr, rette mich!“

Gott ist freundlich und voller Güte.
Er ist voll Liebe und hält sein Versprechen.
Er sorgt für seine Kinder.
Er hat mich aus der Gefahr gerettet.

Nun kann ich wieder zur Ruhe kommen,
denn der Herr ist gut zu mir gewesen.

Du hast mich vor dem Tod bewahrt, Herr.
Du hast meine Tränen getrocknet
und dafür gesorgt, dass ich gerettet wurde.
Herr, ich gehöre dir
mit Leib und Leben;
darum hast du mich
vom Tod befreit.
Ich werde dir danken
und dich immer loben.

Aus Psalm 119
Leben, wie Gott es will

O Herr, ich tu so gern, was dir Freude macht.
Ich denke über deine Gebote nach,
damit ich deinen Weg für mich erkenne.

Ich bin weiser als meine Lehrer,
denn ich habe deine Gebote ergründet.
Ich besitze mehr Einsicht als ältere Menschen,
weil ich deine Anweisungen befolge.

Ich habe mich von bösen Dingen fern gehalten,
damit ich deinen Willen tun kann.
Ich habe mich nicht von deiner Weisheit entfernt,
weil du selbst sie mich gelehrt hast.

Alle deine Worte sind köstlich für mich,
sie sind süßer als Honig!
Jedes einzelne Wort von dir ist wie eine Lampe,
die meinen Weg in der Dunkelheit erleuchtet.

Psalm 131
Geborgen in Gott

Ich bin nicht stolz, o Gott.
Auf keinen schaue ich herab.

Ich frage nicht nach weit gesteckten Zielen,
die unerreichbar für mich wären.

Nein, still und ruhig ist mein Herz.

Ich will dir vertrauen wie ein kleines Kind,
das in den Armen seiner Mutter schläft.

O du Volk Gottes,vertrau auf den Herrn,
von jetzt an und für alle Zeiten!

Aus Psalm 139
Gott kennt mich

Herr, du kennst alle Geheimnisse
in meinem Herzen.
Du weißt, wann ich mich hinsetze
und wann ich aufstehe.

Du kennst alle meine Gedanken.
Noch bevor ich den Mund aufmache,
weißt du schon, was ich sagen will.
Denn du hast mich geformt,
als ich noch im Bauch meiner Mutter war.

Ich danke dir dafür, dass du mich so wunderbar
und einzigartig gemacht hast.
Noch bevor ich geboren wurde,
wusstest du schon alles über mein Leben.

Wie rätselhaft sind mir deine Gedanken,
und wie unermesslich ist ihre Fülle!
Sie sind zahlreicher als der Sand am Meer.

Nächtelang denke ich über dich nach
und komme an kein Ende.
Decke alle meine Geheimnisse auf, o Gott,
und bringe meine Ängste ans Licht.

Sieh zu, dass ich nicht in Gefahr komme,
mich von dir zu entfernen,
und leite mich zurück auf den Weg zu dir.

Aus Psalm 148
Alle sollen Gott loben!

Preist den Herrn, alle Geschöpfe!
Preist ihn dort in der Höhe!
Alle Engel sollen Gott loben
und alle, die im Himmel wohnen.

Die Sonne, der Mond und die Sterne sollen Gott loben!
Alles auf der Welt soll ihn loben,
denn er hat alles geschaffen, was lebt.
Auf seine Worte hin ist das Weltall entstanden.
Alles auf der Erde soll ihn loben:
alle Tiere des Meeres
und die Ungetüme aus der Tiefe.
Lobt ihn, Schnee, Hagel,
Nebel, Blitze und Stürme!
Lobt ihn, ihr Berge und Hügel,
ihr Obstbäume und Wälder!
Lobt ihn, wilde und zahme Tiere,
Vögel, Reptilien und Insekten.

Alle Könige und Herrscher der Welt sollen Gott loben!
Jungen und Mädchen, Alte und Junge:
Alle sollen den Herrn loben.

Denn Gott ist mächtiger als alles, was er gemacht hat,
und seine Herrlichkeit umfasst die ganze Welt.
Er gibt seinem Volk Kraft und Mut.
Darum bleibt ihm treu und preist ihn!

Aus Psalm 150
Ein Loblied

Halleluja, preist den Herrn!
Lobt Gott in seinem Heiligtum!

Lobt ihn, den Mächtigen im Himmel!

Lobt ihn, denn er tut Wunder,
seine Macht kennt keine Grenzen!

Lobt ihn mit Trompetenschall,
lobt ihn mit Harfe und Laute.

Lobt ihn mit Trommel und Freudentanz,
lobt ihn mit Flöten und Saitenspiel.

Lobt ihn mit klingenden Zimbeln,
lobt ihn mit schallenden Becken!

Alles, was atmet, soll den Herrn loben!
Halleluja!

Ein weiser König

1. Könige 2.3

Als David spürte, dass er bald sterben würde, bestimmte er seinen Sohn Salomo zu seinem Nachfolger und neuen König.

David lag in seinem Bett. Er war schon sehr hinfällig, müde und schwach. Doch er flüsterte seinem Sohn zu: „Sei stark! Sei so, wie Gott dich haben möchte."

Salomo war klar, dass sein Vater nicht meinte, er solle ein großer Soldat werden, sondern ein treuer Diener Gottes.

„Gehorche Gott in allem", sagte David. „Gehorche allen seinen Geboten, allen seinen Anweisungen. Dann wird Gott auch das Versprechen halten, das er mir gegeben hat: ‚Stets wird einer aus deiner Familie König von Israel sein, solange deine Nachkommen mir treu dienen.'"

David hatte vierzig Jahre lang regiert. Gott hatte ihm beigestanden und seinem Königreich Stärke, Wohlstand und Frieden geschenkt. Jetzt war Salomo an der Reihe.

David starb, und als er begraben wurde, herrschte große Trauer.

Nun war Salomo König. Als er nach Gibeon, zur bekanntesten Opferstätte des Landes ging, hatte er dort nachts einen Traum.

Gott erschien und sagte: „Du kannst mich um alles bitten, was du willst."

In seinem Traum antwortete Salomo: „O, Gott, du warst so gut zu meinem Vater. Jetzt bin ich an seiner Stelle König von Israel. Hilf auch mir, denn ich bin noch so jung, und die Verantwortung für dein Volk ist groß. Darum schenke mir ein Herz, das auf deine Weisungen hört. Schenke mir Weisheit. Hilf mir, zwischen Richtig und Falsch zu unterscheiden, und lehre mich, dein Volk klug und gerecht zu regieren."

Gott war froh, dass Salomo ihn um Weisheit gebeten hatte, und er sagte: „Weil du nicht um Reichtum, ein langes Leben oder um den Sieg über deine Feinde gebeten hast, will ich dir deinen Wunsch erfüllen. Ich werde dir so viel Weisheit schenken, dass jeder dich dafür rühmen wird. Niemand zuvor war so weise, und niemand wird es jemals sein. Und weil du nur um Weisheit gebeten hast, will ich dir dazu auch noch Reichtum, Ehre und Macht geben. Kein König wird dir gleichkommen, wenn du meine Gebote einhältst!"

Da wachte Salomo auf und merkte, dass Gott im Traum zu ihm gesprochen hatte. Und der Traum wurde wahr.

Heute kennt man Salomo nicht nur als großen König, sondern vor allem als weisen und verständnisvollen Herrscher.

Wer ist die Mutter?

1. Könige 3

Die Leute kamen von nah und fern, um sich beim weisen König Salomo Rat zu holen. Eines Tages gingen zwei Frauen mit einem kniffligen Problem zu ihm.

Die Frauen stritten bitterlich um ein Baby. Die eine sagte, es sei ihres, die andere behauptete, das stimme nicht. Dann schrien sie zur gleichen Zeit: „Das ist mein Kind!"

Salomo hob die Hand. „Erzählt mir eure Geschichte“, befahl er.

Die erste Frau fing an: „Als wir noch im selben Haus wohnten, bekamen wir beide ein Baby. Eines Nachts waren wir allein. Da wälzte sich die Frau da im Schlaf auf ihr Kind und tötete es!“

„Das ist nicht wahr“, fuhr die andere Frau dazwischen.

„Doch!“, erwiderte die erste und wandte sich wieder an den König. „Diese Frau hat mein Baby aus meinem Bett genommen und ihr eigenes, totes Kind an seine Stelle gelegt. Als ich wach wurde, fand ich das tote Baby, wusste aber gleich, dass es nicht meins war.“

„Das da ist mein Kind!“, schrie die zweite Frau und zeigte auf den Säugling.

Niemand am Hof hatte eine Ahnung, wie man herausbekommen sollte, wer denn nun die richtige Mutter war.

Schließlich kehrte wieder Ruhe ein. „Bringt mir ein Schwert“, befahl Salomo, und seine Diener brachten ihm eins. „Die einzig gerechte Lösung ist, das Kind in zwei Teile zu teilen. Dann kann jede von euch die Hälfte haben.“

Da brach die erste Frau in Tränen aus. „Nein, nein, die andere soll das Kind haben“, schluchzte sie. „Lieber das, als dass es stirbt!“

Die zweite Frau aber nickte Salomo zu und sagte: „Was du gesagt hast, ist gerecht. Das Baby soll keinem von uns gehören. Teil es entzwei!“

„Gebt das Kind der ersten Frau“, entschied Salomo. „Sie ist die richtige Mutter, denn sie liebt es und möchte, dass es lebt.“

Und so erfuhren alle in Israel, dass Salomo ein wirklich weiser König war.

Der Tempel Gottes

1. Könige 5-8

Das Größte, was Salomo in seinem Leben schuf, war der Bau des Tempels, eines Hauses nur für Gott.

„Mein Vater musste sein ganzes Leben lang Kriege führen", erklärte er seinem Volk. „Aber mir hat Gott Frieden geschenkt. Jetzt ist es meine Aufgabe, zu seiner Ehre einen Tempel zu bauen."

Sieben Jahre lang waren Tausende von Menschen an der Arbeit, und so entstand allmählich an der höchsten Stelle in Jerusalem ein wunderschönes Gotteshaus. Die Außenseite bildeten gewaltige Steinblöcke, und von innen waren die Wände mit Zedernholz getäfelt, das herrlich duftete und mit kunstvollen Schnitzereien versehen war. Tief im Inneren des Tempels lag ein ganz besonderer Raum, den man das Allerheiligste nannte. Seine zehn Meter hohen Wände waren mit reinem Gold bedeckt. Hier ließ Salomo zwei riesengroße Figuren aus Olivenholz aufstellen. Sie hießen Kerubim, und sie sollten den Ort bewachen, an dem die Bundeslade stand, das Zeichen dafür, dass Gott immer bei den Menschen war. Mit ihren Flügeln bildeten die Kerubim ein Gewölbe, unter dem der heiligste, wertvollste Gegenstand in Israel sicher stehen konnte.

Als der Tempel fertig war, rief Salomo alle wichtigen Männer in Israel zusammen. Die Leute sangen und jubelten, während die Priester die Bundeslade aufnahmen, in das Allerheiligste trugen und sie dort unter die ausgebreiteten Flügel der Kerubim stellten, in deren Schatten sie von nun an stehen sollte.

Als die Priester das Allerheiligste wieder verließen, erfüllte eine Wolke das ganze Heiligtum. Die Priester konnten ihren Dienst nicht fortsetzen, denn Gottes Gegenwart erfüllte den Tempel. Da betete Salomo zu Gott: „Herr, du hast gesagt: ‚Ich wohne im Wolkendunkel.' Darum habe ich dir diesen Tempel gebaut, in dem du immer wohnen kannst."

Weise Worte aus dem Buch der Sprichwörter

Salomo war für seine Weisheit berühmt. Einige seiner klugen Aussagen sind im Buch der Sprichwörter zusammengefasst.

Wenn du weise sein willst, achte Gott und höre auf ihn.
1,7

Vergiss nie, was Gott dir beigebracht hat, und denke immer an seine Gebote. Dann wirst du lange leben, und es wird dir gut gehen.
3,1.2

Vertraue von ganzem Herzen auf Gott. Verlasse dich nicht auf das, was du zu wissen glaubst. Wenn du in allen Lebenslagen auf Gott vertraust, dann wird er dir den richtigen Weg zeigen.
3,5.6

Halte dich nicht für schlauer, als du bist. Nimm Gott ernst und tue nichts Unrechtes. Das ist eine Medizin, die dich gesund erhält und deinen Körper erfrischt.
3,7.8

Eine versöhnliche Antwort vertreibt den Zorn, aber ein verletzendes Wort macht alles nur noch schlimmer.
15,1

Wenn du freundlich mit den Menschen redest, schenkst du ihnen Freude am Leben. Aber Lügen und verletzende Bemerkungen zerstören die Gemeinschaft.
15,4

Ohne Brennstoff geht ein Feuer aus. Ohne übles Gerede verfliegen alle Streitigkeiten.
26,20

Verbring deine Zeit nicht mit einem Jähzornigen, der sich nicht beherrschen kann. Sonst wirst du von ihm angesteckt und gerätst ins Unglück.
22,24.25

Hilf denen, die in Not sind. Sag ihnen nicht, sie sollen morgen wiederkommen, wenn du ihnen genauso gut heute helfen kannst.
3,27.28

Überheblichkeit führt zu Streitigkeiten. Kluge Menschen nehmen einen guten Rat an.
13,10

Hochmut kommt vor dem Fall.
16,18

Wenn du dich mit klugen Menschen anfreundest, wirst auch du klug. Wenn du dich mit Dummköpfen anfreundest, bist du am Ende selbst der Dumme.
13,20

Für einen Dummkopf ist es unwichtig, ob er von einer Sache etwas versteht. Er will nur überall seine Meinung sagen.
18,2

Salomos Ruhm

1. Könige 10

In einem fernen Land hörte die Königin von Saba von Salomos großem Reichtum. Man erzählte ihr von seinem Thron aus Elfenbein und Gold, seinem prächtigen Palast, den Tausenden von Streitwagen und Pferden und von den mit Gold und funkelnden Edelsteinen gefüllten Schatzkammern. Es gab niemanden, der reicher war als König Salomo, und keiner auf der ganzen Welt war weiser.

Die Königin von Saba herrschte über ihr eigenes mächtiges Königreich, aber sie hatte niemanden, der ihre dringendsten Fragen beantworten konnte. Niemand war da, der ihr die Tür öffnete zu den großen Geheimnissen des Himmels und der Erde. Deshalb machte sie sich auf den Weg zum weisen Salomo. Hunderte von Dienern hatte sie dabei und viele kostbare Geschenke: mit Gewürzen beladene Kamele, seltene Edelsteine, glänzende Goldschalen und Säcke voller Wertgegenstände.

„Ich muss mir selbst ein Bild machen von der Weisheit Salomos und seines Gottes“, entschied sie.

Niemand kann sagen, was genau die Königin auf dem Herzen hatte, welche Fragen sie so sehr beschäftigten. Doch als sie in Jerusalem war, verbrachte sie viele Tage allein mit Salomo und ging mit ihm in den wohlduftenden Gärten des Palastes spazieren. Dabei fragte sie ihn gründlich aus und erforschte all sein Wissen.

Am Ende sagte sie: „Gelobt sei dein Gott. Er hat dich zum König von Israel gemacht. Jetzt habe ich mich selbst von deiner Gerechtigkeit und deiner Weisheit überzeugt. Ich wusste nicht, ob ich all den Berichten meiner Diener über dich glauben sollte. Aber sie haben mir nicht einmal die Hälfte erzählt. Mir stockt der Atem vor Staunen! Dein Gott hat seinem Volk viel Liebe zuteil werden lassen, indem er dir so viel Weisheit geschenkt hat. So kannst du gerecht über sie herrschen.“

Salomo gab der Königin von Saba viele Geschenke aus seiner Schatzkammer mit auf den Heimweg. Die wertvollsten Geschenke aber, die er ihr machen konnte, waren seine Gedanken.

Ein trauriges Ende

1. Könige 11

Obwohl Gott ihn so reich mit Weisheit, Reichtum und Macht beschenkt hatte, nahm Salomo kein gutes Ende.

Er diente Gott nicht so treu, wie sein Vater David es getan hatte. Stattdessen legte er sich einen großen Harem aus Ehefrauen und Nebenfrauen zu. Um nichts auf der Welt wollte er sie aufgeben. Viele Frauen gewannen großen Einfluss auf Salomo. Es dauerte nicht lange, da fragte er sie bei jeder Entscheidung nach ihrer Meinung. Er tat alles, um sie zufrieden zu stellen. Das war ihm wichtiger, als Gottes Gebote einzuhalten.

In Salomos Harem lebten Prinzessinnen und Frauen aus vornehmen Familien. Sie stammten aus fremden Völkern und hatten ihren eigenen Götterglauben mitgebracht. „Wir haben alles verlassen, um bei dir zu leben“, sagten sie zu Salomo. „Nur unsere Götter sind uns geblieben. Gib uns unsere eigenen Tempel und Orte, an denen wir sie anbeten können!“

Salomo wollte ihnen jeden Gefallen tun. Außerdem hatte er Angst, er könnte die Herrscher der Länder, aus denen sie kamen, verärgern, sodass sie ihre Handelsverträge mit ihm brechen würden. Daher ließ er immer mehr andere Götter zu und erlaubte, dass Tempel und Altäre für sie gebaut wurden.

Obwohl er doch so weise war wie kein anderer auf der Welt, verhielt sich Salomo jetzt sehr dumm. Er verärgerte seinen Gott, den Gott Israels. Er ließ Altäre für alle möglichen heidnischen Götter errichten und sah zu, wie die

Menschen sie verehrten. Salomo gestattete sogar, dass ihnen grausame Opfer dargebracht wurden.

Gott hatte sich Salomo im Traum zu erkennen gegeben, aber dennoch brach der König die Abmachung mit ihm. Er hielt sich nicht an das Versprechen, dass das Volk Israel nur den wahren Gott allein anbeten sollte.

Gott warnte Salomo, seine Familie werde nach seinem Tod einen großen Teil seines Königreiches verlieren. Er sprach zu Salomo: „Du hast meinen Bund gebrochen und meine Weisungen nicht befolgt. Weil ich es David versprochen habe, wird dein Sohn von Jerusalem aus König über Juda sein. Aber die anderen Volksstämme, die von Jakobs Söhnen abstammen, werden sich auflehnen und ein neues Königreich gründen, Israel."

Gegen Ende der Regierungszeit Salomos hatte einer seiner Beamten, Jerobeam, viele Freunde im Volk.

Als er eines Tages allein über die Felder ging, kam ein Prophet auf ihn zu. Jerobeam war erstaunt, als der Gottesmann seinen Mantel auszog und ihn in zwölf Stücke riss.

„Hier", sagte er zu Jerobeam. „Nimm dir zehn Stücke! Denn das lässt Gott dir ausrichten: ‚Ich werde Salomo sein Königreich entreißen und zehn Stämme an dich übergeben. Wenn du so lebst, wie es mir gefällt, und meine Gesetze befolgst, dann will ich deine Familie so mächtig machen wie die Davids. Und du wirst König über Israel sein!'"

Als Salomo herausfand, dass Jerobeam seinem Königreich gefährlich werden könnte, versuchte er, ihn umzubringen. Doch Jerobeam floh nach Ägypten.

Dann starb Salomo, nachdem er das Königreich vierzig Jahre lang regiert hatte.

Schlechter Rat

1. Könige 12

Nach Salomos Tod sollte sein Sohn Rehabeam ihm auf den Thron folgen. Die Stämme Israels kamen in der Stadt Sichem zusammen, um ihn zum König zu wählen.

Das Volk hatte während der Regierungszeit Salomos unter harter Arbeit und hohen Steuern zu leiden gehabt. Daher baten sie den jungen Prinzen, es ihnen etwas leichter zu machen.

„Was soll ich den Leuten antworten?“, fragte Rehabeam seine altgedienten Ratgeber.

„Sei freundlich zu ihnen“, erwiderten sie. „Erfülle ihnen ihre Wünsche, dann werden sie dir für alle Zeiten treu dienen.“

Doch Rehabeam war ein unbesonnener, stolzer junger Mann. „Warum soll ich nachgeben?“, dachte er bei sich. „Dann wird mich das Volk für zu weich halten und nicht ernst nehmen.“ Also wies er den Rat der älteren Männer zurück und wandte sich an seine Freunde.

„Behandele sie streng!“, rieten sie ihm. „Zeige ihnen, dass du ein mächtiger Mann bist!“

Rehabeam lächelte. Das gefiel ihm. Er wollte seinem Volk befehlen, ihm zu gehorchen, wie es sich bei einem richtigen König gehörte.

Seine Freunde klopften ihm auf die Schulter und schlugen ihm vor: „Sag diesen Jammerlappen: ‚Mein kleiner Finger ist dicker als der Bauchumfang meines Vaters. Salomo hat euch nur mit Peitschen angetrieben. Ich dagegen werde euch mit Skorpionen auf den richtigen Weg bringen!‘“

Rehabeam war überzeugt, dass er die Menschen dazu zwingen könne, ihn als König ernst zu nehmen. Doch als sie seine harten Worte hörten, stiegen Zorn und Verachtung in ihnen auf.

„Jeder ist sich selbst der Nächste“, riefen sie. „Wir wollen nichts mehr mit Davids Familie zu tun haben!“

So verlor Rehabeam alle Stämme Israels, mit Ausnahme von Juda. Das Land wurde in zwei getrennte Königreiche mit zwei Herrschern aufgeteilt.

Inzwischen hatte im fernen Ägypten Jerobeam von dem Aufstand des Volkes erfahren. Er kehrte nach Hause zurück, und die aufständischen Stämme machten ihn zum König von Israel, genau so, wie der Prophet es vorausgesagt hatte.

Das Königreich wird geteilt

1. Könige 12-15

Als Jerobeam zum König von Israel gekrönt wurde, fielen ihm die Worte des Propheten wieder ein: „Gott sagt: ‚Wenn du so lebst, wie es mir gefällt, und meine Gesetze befolgst, dann wirst du König von Israel sein.‘“ Doch schon bald beachtete Jerobeam den Rat des Propheten nicht mehr. Ihm lag eher daran, sein neues Reich zu festigen, als den Gott Israels zu verehren.

Jerobeam hatte ein Problem: Er war der König des nördlichen Landesteils, Rehabeam regierte den südlichen Teil als König von Juda. Jerusalem war die Hauptstadt von Juda.

„Wenn ich meine Leute zum Tempel nach Jerusalem

gehen lasse“, dachte Jerobeam bei sich, „werden sie zu Rehabeam überlaufen und mich töten!“

Also ließ Jerobeam zwei goldene Kälber anfertigen und sie in besonderen Heiligtümern aufstellen. Eins stand hoch im Norden in der Stadt Dan, das andere in Bet-El im Süden.

„Hier sind eure Götter!“, sagte er zu den Israeliten. „Das sind die Götter, die euch aus der Sklaverei in Ägypten befreit haben. Sie sollt ihr anbeten!“

Und so wandten sich die Menschen von ihrem Glauben an den einzig wahren Gott ab. Jerobeams Herrschaft erwies sich als schlimmer Fehlschlag.

In Juda war es nicht besser. Auch Rehabeam erlaubte seinem Volk, falsche Götter zu verehren. Er ließ Heiligtümer bauen und stellte Altäre auf. Er schuf Plätze, an denen die Menschen an gottlosen Handlungen teilnehmen und heidnische Götzen anbeten konnten. Es war genauso, wie es früher gewesen war, bevor Gott die Israeliten in sein Gelobtes Land geführt hatte.

Gottes Strafe ereilte Rehabeam, als der König von Ägypten Jerusalem überfiel und alle Schätze aus dem königlichen Palast und aus Gottes Tempel stahl.

Im nördlichen Königreich wurde Jerobeams Familie vom Unglück heimgesucht. Einer seiner Söhne starb früh. Ein anderer, der seinem Vater als König folgte, wurde gewaltsam getötet und mit ihm seine ganze Familie. Jerobeams Königsherrschaft fand ein schreckliches Ende.

Viele Jahre lang kamen und gingen in den beiden Königreichen die Herrscher, und Gott wurde oft vergessen und seine Gebote wurden missachtet. Nur eine Hand voll Menschen blieb Gott treu und war mutig genug, den bösen Herrschern die Meinung zu sagen. Dazu gehörten vor allem die Propheten.

Ahab und Isebel

1. Könige 16.18

Ahab war noch viel schlimmer als alle anderen Könige vor ihm. Er wandte sich vom lebendigen Gott Israels ab und verehrte den Heidengott Baal. Was er tat, stellte König Jerobeams Verhalten weit in den Schatten.

Das Volk der Kanaaniter glaubte, der Gott Baal bringe den Regen und beschütze die Ernte. Baal war der wichtigste ihrer vielen Götter, und in den Städten standen viele Baals-Statuen. Die Kanaaniter flehten ihren Gott an, er möge das Land mit Regen segnen. Dabei sangen sie Lieder wie: „O Donnergott des Himmels, bring der Erde Regen!“ und „O Leben spendender Gott, o Baal! Du König der Schöpfung!“

Ahab war ganz beeindruckt von dieser Götterwelt. Die riesengroßen Götterbilder in ihren großen, goldenen Tempeln gefielen ihm sehr. Am liebsten hätte er das alles für sich selbst gehabt. Er träumte auch von solcher ungeheuren Macht. Deshalb dachte er bei sich: „Vielleicht wird der Gott Baal mich auch segnen, wenn ich ihn dafür anbete. Vielleicht kann ich der bedeutendste König aller Zeiten werden, wenn mir nicht nur der Gott Israels, sondern auch noch dieser fremde Gott zur Seite steht!“

Und so nahm er Isebel zur Frau, die Tochter des obersten Baal-Priesters. Schon bald übte Isebel große Macht aus auf Ahab und sein Königreich Israel.

Ahab tat alles, um Isebel Freude zu machen. Mitten in Samaria, seiner Hauptstadt, ließ er einen prächtigen Tempel aus Elfenbein und Gold bauen. Dort hinein stellte er einen Altar für Baal.

Doch Ahabs übles Verhalten erzürnte Gott. Der König brachte die Menschen in Israel vom rechten Weg ab. Viele von ihnen folgten schon seinem Beispiel und beteten Baal an statt den einzig wahren Gott.

Es dauerte nicht lange, da fing Isebel an, die Menschen, die den Gott Israels verehrten, zu verfolgen. Sie hetzte ihre Soldaten auf die Propheten, die Boten Gottes, und ließ viele von ihnen töten.

Aber einen fand sie nicht. Das war der Prophet Elija.

Der Prophet Elija

1. Könige 17

Eines Tages saß König Ahab in seinem Palast bei einem großen Festmahl, als plötzlich die Vorhänge auseinander flogen. Er spürte einen Windstoß, und die kalte Nachtluft drang ins warme Zimmer. Erschrocken schaute Ahab sich um.

Da stand ein Mann. Niemand wusste, wer er war. Niemand wusste, woher er kam.

Der Mann sagte: „Der Gott Israels, dessen Diener ich bin, hat Folgendes entschieden …“ – er blickte Ahab direkt in die Augen – „… In den kommenden Jahren wird es weder Tau noch Regen geben, bis ich es sage!“

Dann war er wieder fort.

Dieser Mann hieß Elija. Er stammte aus Gilead, das am anderen Ufer des Flusses Jordan lag. Elija war ein Prophet. Er hörte genau auf das, was Gott zu sagen hatte.

König Ahab war furchtbar wütend, dass sein schönes

Essen von diesem sonderbaren Menschen gestört worden war.

„Sucht ihn", befahl er seinen Soldaten, „und bringt ihn mir her!"

Da sprach Gott zu Elija: „Verstecke dich in der Schlucht, die östlich vom Jordan liegt. Du kannst dort das Wasser aus dem Bach Kerit trinken, und ich werde dir Raben schicken, die dir zu essen bringen."

Also versteckte sich Elija bei dem Bach. Jeden Morgen und jeden Abend kamen Raben und brachten ihm Brot und Fleisch.

Währenddessen kam die Trockenheit, die Gott angekündigt hatte, über das Land. Schließlich versiegte auch die Quelle des Baches Kerit, und Elija sah bekümmert zu, wie die letzten Wassertropfen in der rissigen Erde verschwanden.

Elija hilft einer armen Witwe

1. Könige 17

Und wieder sprach Gott zu Elija: „Geh in die Stadt Sarepta!"

Das war eine eigenartige Aufforderung. Sarepta lag gar nicht mehr in Israel, sondern in einer Gegend, wo die Menschen schon immer den Heidengott Baal verehrt hatten. Doch Elija gehorchte.

„Dort wirst du auf eine arme Frau treffen, eine Witwe, die Holz sammelt", erklärte Gott. „Ich habe ihr gesagt, sie soll dir so viel zu essen geben, wie du brauchst."

Und wirklich: Als Elija durch das Stadttor kam, sah er die

Frau, die sich gerade tief bückte und Holz sammelte. Er rief zu ihr hinüber. Da blickte sie auf, voller Staunen über den großen Fremden, der vor ihr stand.

„Bring mir doch bitte etwas Wasser zum Trinken", bat er, „und auch ein Stück Brot."

„O Herr", erwiderte sie, „so wahr der Gott lebt, an den du glaubst, ich habe kein Brot. Nur eine Hand voll Mehl und ein wenig Öl im Krug. Das ist alles, was mir geblieben ist, denn die schlimme Trockenheit hat unsere ganze Ernte zunichte gemacht. Ich habe gerade diese Holzstücke aufgelesen, damit ich ein Feuer machen und für mich und meinen Sohn eine letzte Mahlzeit zubereiten kann. Danach werden wir wohl vor Hunger sterben."

Elija sah sie an und sagte: „Mach dir keine Sorgen. Backe zuerst einen kleinen Kuchen für mich, dann einen für dich und deinen Sohn. Denn der Gott Israels sagt: ‚Der Topf mit Mehl wird nicht leer werden und der Ölkrug nicht versiegen, bis ich es wieder regnen lasse!'"

Da lief die Frau nach Hause. Dort backte und kochte sie. Sie streute Mehl aus und mischte das Öl darunter, und das nicht nur einmal, nein, viele Male. Es stimmte: Das Mehl ging nicht aus, und das Öl wurde nicht weniger!

Der Gott Israels hielt sein Versprechen. Tag für Tag sorgte die Witwe für Elija. Sie gab ihm sogar ein Zimmer, in dem er wohnen konnte. Und sie hatte immer genug zu essen für Eilja, ihren Sohn und sich selbst.

Doch eines Tages wurde der Junge plötzlich krank. Sein Zustand verschlimmerte sich schnell. Die Witwe wusste sich keinen Rat. Es gab nichts, was sie tun konnte.

„Was ist denn los, mein Sohn?", flüsterte sie. Doch der Junge sagte nichts mehr. Er hatte aufgehört zu atmen.

Elija kam aus seinem Zimmer gestürzt, als er ihr Weinen hörte.

„Warum bist du nur zu mir gekommen, du Gottesmann?", schluchzte sie. „Durch dich habe ich jetzt die Strafe für alle meine Sünden bekommen!"

„Gib mir den Jungen", verlangte Elija. Er trug das Kind auf seinen Armen hinauf in sein Zimmer. Dann fiel er auf die Knie und rief zu Gott: „Oh, mein Gott, warum hast du es zugelassen, dass dieser guten Frau etwas so Furchtbares passiert? Herr, ich bitte dich, lass den Jungen wieder leben!"

Dann legte sich Elija dreimal auf das Kind, und Gott erhörte sein Gebet.

Auf einmal tat der Junge einen Atemzug. Und noch einen. Dann atmete er regelmäßig, lächelte und schlug die Augen auf. Und schon war er aus dem Bett geklettert.

Als die Witwe ihren Sohn gesund auf sich zulaufen sah, drückte sie ihn an sich und weinte. Zu Elija sagte sie: „Jetzt weiß ich, dass du ein Prophet bist. Was du sagst, kommt wirklich von Gott."

Der wahre Gott

1. Könige 18

Elija wusste, dass Gott seine Gebete erhörte. Und er freute sich darüber, dass Gott ihm die Kraft gab, Wunder zu tun – wie bei der armen Witwe und ihrem Sohn. So gestärkt war er bereit, nach Israel zurückzukehren. Dort herrschte eine große Hungersnot, denn es hatte seit drei Jahren nicht mehr geregnet. König Ahab war furchtbar wütend auf Elija. Er hatte Suchtrupps nach ihm ausgeschickt, doch nun suchte Elija selbst Ahabs Nähe.

Als Ahab Elija vor sich sah, rief er: „Ach, du bist es, der Verderber Israels."

„Nicht ich habe Israel ins Unglück gestürzt, sondern du", erwiderte Elija. „Du und deine Familie. Denn ihr habt euch von unserem Gott abgewandt und seid dem Heidengott Baal nachgelaufen!"

Elija trat ganz nah vor den König hin und sah ihm direkt in die Augen. „Lass das Volk Israel auf dem Berg Karmel zusammenkommen und auch alle Propheten des Heidengottes Baal. Dann werden wir herausfinden, wer der wahre Gott Israels ist!"

Ahab versammelte das Volk und die vierhundertfünfzig Baals-Propheten auf dem Berg. Elija stellte sich oben auf den Felsen und rief ihnen zu: „Wie lange wollt ihr noch zwischen verschiedenen Göttern hin und her schwanken? Jetzt müsst ihr euch entscheiden. Wenn unser Herr der wahre Gott ist, dann dient ihm. Wenn es Baal ist, dann folgt ihm nach."

Es war mucksmäuschenstill.

„Also …?", fragte Elija und wartete. Niemand wagte auch nur einen Schritt. Da sagte Elija zum Volk: „Wir machen einen Wettstreit! Ihr errichtet einen Altar für Baal und ich einen für unseren Gott. Dann nehmen wir zwei Stiere, bereiten sie zum Opfer vor und legen sie auf das Brennholz der Altäre."

Er streckte seine Arme nach oben zum Himmel aus. „Ruft ihr euren Gott an, und ich werde meinen anrufen. Der Gott, der mit Feuer antwortet und das Opfer zum Brennen bringt, der ist der wahre Gott!"

Also bereiteten die Propheten Baals ihr Opfer zu. Dann riefen sie von morgens bis mittags immer wieder ihren Gott Baal an. Dabei tanzten sie schwankend um den Altar.

„Ihr müsst lauter rufen“, spottete Elija. „Vielleicht schläft euer Gott, oder er ist in Gedanken versunken. Oder ist er am Ende gar verreist?“

Die Propheten tanzten und schrien. Sie ritzten sich nach ihrem Brauch die Haut mit Schwertern, sodass das Blut herabfloss. Dabei riefen sie: „Baal, erhöre uns! Schick uns Feuer herab!“ Sie führten sich wie Wahnsinnige auf. Aber kein Echo kam, keine Antwort.

Da baute Elija seinen Altar auf. Dazu nahm er zwölf Steine, einen für jeden der Stämme Israels, die Nachkommen der zwölf Söhne Jakobs. Er ließ die Leute einen tiefen Graben um den Altar herum ziehen. Dann sollten sie vier Eimer Wasser holen und damit den Stier begießen. Nichts auf der Welt hätte dieses Opfer zum Brennen bringen können.

Anschließend betete Elija: „O Herr, du Gott Israels, alle sollen heute erkennen, dass du der wahre Gott bist und ich dein Diener. Gib mir ein Zeichen, damit dieses Volk hier sieht, dass du der Herr bist und dass du sie wieder auf den richtigen Weg bringen willst.“

Sofort fiel Feuer vom Himmel herab. Ein riesiges Flammenmeer fegte über den Altar. Es verschlang alles: den Stier, das Holz, die Steine. Und selbst im Graben blieb kein einziger Wassertropfen übrig.

Als die Israeliten das sahen, warfen sie sich nieder und riefen: „Der Herr ist der wahre Gott!“

Dann befahl Elija: „Haltet die falschen Propheten Baals und tötet sie!“

Nicht ein einziger Baals-Prophet konnte entkommen:

Elija ließ sie alle zum Bach Kischon hinabführen und töten. Dann bestieg er wieder den Berg und betete für Regen.

Endlich erschien eine kleine Wolke am Himmel. Sie wurde größer, bis sie zu einem gewaltigen Gewittersturm anschwoll. Die ersten Regentropfen fielen auf den trockenen Boden.

Elija auf der Flucht

1. Könige 19

Als Isebel hörte, dass alle ihre Propheten auf Befehl Elijas getötet worden waren, wurde sie unbeschreiblich wütend. Sie schickte einen Boten zu Elija und ließ ihm sagen: „Die Götter sollen mich strafen, wenn ich dich morgen nicht ebenso umbringen lasse, wie du meine Propheten umgebracht hast!"

Da packte Elija die Angst, und er lief davon. Er lief und lief um sein Leben, bis er weit genug von Samaria weg war. Nachdem er einen ganzen Tag lang in die Steppe nach Süden gewandert war, setzte er sich unter einen Ginsterstrauch und betete zu Gott: „Lass mich sterben! Ich habe genug vom Leben."

Elija dachte daran, wie sich die Israeliten in den zurückliegenden Jahrhunderten immer wieder von Gott abgekehrt hatten. Sie hörten nicht auf die Propheten.

Es kam Elija so vor, als ob niemand außer ihm Gott wirklich liebte. Er fühlte sich sehr einsam. Und nun wurde er auch noch von Isebel verfolgt!

Die Gedanken wirbelten in seinem Kopf wie der Wüstensand, wenn der trockene Wind über ihn hinwegfegte. Endlich schlief Elija ein. Da lag er nun: erschöpft von Hitze, Anstrengung und dem großen Wettstreit auf dem Berg Karmel. Er schlief tief und fest.

Plötzlich spürte er, dass jemand ihn an der Schulter berührte. Elija wachte auf.

„Steh auf und iss!", sagte ein Engel zu ihm.

Als Elija sich umschaute, war niemand mehr zu sehen. Doch neben der Stelle, wo sein Kopf gelegen hatte, fand er frisches Brot und einen Krug Wasser. Elija aß und trank und legte sich wieder schlafen.

„Steh auf und iss!", erklang die Stimme wieder. „Du hast einen weiten Weg vor dir!"

Verwundert stand Elija auf. Er schaute sich um und fand auch dieses Mal Brot und einen Krug, der mit frischem Wasser gefüllt war.

Elija aß und trank. Er war nun so gestärkt, dass er vierzig Tage und Nächte ununterbrochen durch die Wüste wanderte, bis er endlich zum Berg Sinai kam. Nun hatte Elija das Ziel seines langen Weges, von dem der Engel gesprochen hatte, erreicht: auf dem Berg Sinai hatte Mose mit Gott gesprochen. Dort hatte Gott die Zehn Gebote aufgeschrieben. Dort sollte nun auch Elija Gott treffen.

Gott spricht mit Elija

1. Könige 19

Im schwachen Abendlicht bestieg Elija den Berg Sinai. Dort fand er eine Höhle, in der er sich schlafen legte. Plötzlich hörte er eine Stimme aus der Dunkelheit, die fragte: „Was tust du hier, Elija?“

„Herr, ich habe mich mit aller Kraft für dich, den Gott Israels und den Herrn der ganzen Welt, eingesetzt“, antwortete Elija. „Ich habe alles für dich gegeben. Doch die Israeliten haben den Bund mit dir gebrochen. Sie haben deine Altäre zerstört und deine Propheten getötet. Ich allein bin übrig geblieben, und nun wollen sie auch mich umbringen!“

„Verlass die Höhle und steig auf den Gipfel des Berges, denn ich will dir begegnen!“, befahl die Stimme.

In dem Moment kam ein heftiger Sturm auf. Doch Gott war nicht in diesem Sturm. Dann gab es ein schweres Erdbeben, aber auch im Erdbeben war Gott nicht. Danach kam Feuer, das lichterloh brannte, alle Dornbüsche verzehrte und den ganzen Berg Sinai in ein tiefrotes Licht tauchte. Doch Gott war auch nicht in dem Feuer.

Zuletzt hörte Elija einen ganz sanften Hauch, der ihn umhüllte. Es war eine zarte, leise Stimme. Elija trat vor die Höhle und verhüllte sein Gesicht, denn er wusste, dass er Gott begegnen würde

„Elija!“ Sanft rief die Stimme den Propheten. „Elija, was tust du hier?“

Und wieder erzählte Elija von seiner Sorge und Verzweiflung, weil er alles für Gott gegeben hatte, aber letztlich doch einen einsamen Kampf kämpfte.

„Du bist nicht der Einzige in Israel, der mich liebt und mir dient", sprach Gott. „Siebentausend Israeliten haben ihre Knie nicht vor Baal gebeugt und seine Statue nicht geküsst. Ich werde dafür sorgen, dass ihnen nichts geschieht."

Elija schämte sich, denn er erkannte, dass er nicht alles wusste – im Gegensatz zu Gott. Nur der kannte die Vergangenheit, die Gegenwart und sogar die Zukunft.

„Geh den Weg zurück, den du gekommen bist", flüsterte die Stimme, die Elija tiefer traf als das Grollen des Erdbebens den Berg erschüttert hatte.

„Geh und salbe Hasaël zum König über Aram und Jehu zum neuen König über Israel. Und berufe Elischa, den Sohn Schafats, zu deinem Nachfolger."

Elischa wird von Elija berufen

1. Könige 19

Elija stieg langsam den Berg hinab. Er dachte darüber nach, wie sanft Gott ihm seine Kraft gezeigt hatte. Und Elija begriff, dass er die Zukunft nicht selbst in der Hand hatte, sondern ganz allein Gott. Alle Verzweiflung und Mutlosigkeit fielen von Elija ab. Nicht einmal vor der Rache Isebels fürchtete er sich mehr.

Es dauerte lang, bevor Elija den Jordan erreichte. Dort sah er einen Bauern, der mit zwölf Ochsengespannen pflügte. Es war Elischa.

Elija ging auf ihn zu und warf dem jungen Mann seinen Mantel über die Schulter.

In dem Augenblick wusste Elischa, dass er von Elija berufen war, um Gott zu dienen und selbst ein Prophet zu werden.

„Lass mich noch von meinen Eltern Abschied nehmen“, sagte Elischa.

„Geh doch“, erwiderte Elija. „Was hindert dich?“ Er wusste, was es für Elischa bedeutete, ihm zu folgen: Sein Land, seinen Besitz und seine Familie musste er zurücklassen – und ganz allein auf Gott vertrauen.

Elischa nahm das Ochsengespann, das er selbst geführt hatte, und schlachtete die beiden Tiere. Mit dem Holz des Jochs machte er ein Feuer, kochte das Fleisch und gab es seinen Leuten zum Abschied. Dann ging er mit Elija und wurde sein Diener.

Nabots Weinberg

1. Könige 21

König Ahab lebte weiter, als ob es Elija gar nicht gäbe. Er war froh, dass der Prophet plötzlich und auf ungewöhnliche Art verschwunden war. Von ganzem Herzen hoffte er, Elija sei tot.

Ahab hatte in der Stadt Jesreël einen Palast, in dem er sich im Sommer aufhielt. Gleich neben seinem Grundstück lag ein wunderschöner Weinberg mit vielen Reben, die voller Trauben hingen. Ahab wollte gern einen schönen Gemüsegarten aus diesem Weinberg machen. Also ging er zu Nabot, dem Besitzer, um ihm das Land abzukaufen.

„Ich kann doch nicht mein Erbe hergeben!“, sagte Nabot. (Damals galt es als etwas sehr Schlimmes, wenn man Land verkaufte, das schon immer im Besitz der Familie gewesen war.) „Es hat meinen Vorfahren gehört. Und es wird auch noch meinen Nachkommen gehören!“

Wütend stürmte Ahab davon. Er rannte in sein Schlafzimmer, warf sich aufs Bett und drehte das Gesicht zur Wand. Da kam seine Frau Isebel und setzte sich neben ihn.

„Was hat dich denn so verärgert, dass du nichts essen willst?“, fragte sie.

„Nabots Weinberg“, brummte Ahab. „Er will ihn mir nicht verkaufen.“

„Du bist mir ein schöner König! Nicht einmal einen kleinen Weinberg kannst du dir beschaffen!“

Ahab setzte sich auf. Er konnte Isebel ansehen, dass sie schon einen Plan hatte.

„Wasch dich jetzt und geh zum Essen“, flüsterte sie ihm ins Ohr. „Ich werde dir den Weinberg schon besorgen.“

Dann schrieb Isebel Briefe an den Bürgermeister und die Stadträte von Jesreël und versah sie mit Ahabs königlichem Siegel. Darin stand, sie sollten Nabot vor Gericht bringen. „Sucht euch zwei Verbrecher, die ihn beschuldigen, Gott und den König beleidigt zu haben. Dann führt ihn aus der Stadt hinaus und steinigt ihn.“

Die Stadträte fürchteten Isebel und taten alles, was sie verlangte. Als das Volk hörte, was die beiden falschen Zeugen gegen Nabot vorbrachten, trieben sie ihn aus der Stadt und bewarfen ihn mit Steinen, bis er tot war.

König Ahab stirbt

1. Könige 21

Sobald er hörte, dass Nabot tot war, nahm sich Ahab den Weinberg. Er freute sich schon darauf, an warmen Sommerabenden unter dem Weinlaub spazieren zu gehen und später den Garten anzulegen.

Da sprach Gott zu Elija: „Geh zu Ahab in Nabots Weinberg und nenne ihm meine Strafe für den Mord, den er begangen hat."

Ahab streckte die Hand aus und pflückte sich ein paar reife Trauben ab. Die stopfte er sich in den Mund. Alles war so schön still in seinem neuen Weinberg. Er lächelte zufrieden.

Plötzlich trat eine Gestalt aus dem Schatten. Ahab ließ die Trauben fallen und sprang auf. Er ahnte schon, wer es war, aber er konnte sich nirgendwo verstecken.

„Hast du mich also gefunden, mein alter Feind!", sagte er.

„Ich komme zu dir", sagte Elija, „weil du ganz und gar böse geworden bist. Hör zu, was Gott dir zu sagen hat: ‚Ich werde dich und deine ganze Familie für alle Zeiten vernichten. So wie du das Blut von Nabot vergossen hast, so wird auch dein Blut vergossen. Und vor der Stadtmauer werden wilde Hunde Isebel in Stücke reißen.'"

Noch bevor Ahab um Gnade betteln konnte, war Elija wieder in der Dunkelheit verschwunden. Da erkannte Ahab, welche Macht Gott hatte. Als Zeichen der Reue fastete er und zerriss seine Kleider.

Weil Ahab endlich Gottes Macht anerkannte, wollte Gott seine angekündigte Strafe erst nach dem Tod des Königs vollstrecken.

Drei Jahre später zog Ahab gegen Syrien in den Krieg. Er war ein Feigling und wollte nicht, dass ihm etwas passierte. Deshalb verkleidete er sich als einfacher Soldat. Ein feindlicher Angreifer schoss aufs Geratewohl einen Pfeil in seine Richtung. Er traf den König an einer ungeschützten Stelle und tötete ihn. So hatte Ahabs Regierungszeit tatsächlich damit geendet, dass sein Blut vergossen wurde.

Gott nimmt Elija zu sich

2. Könige 2

Es wurde Zeit, dass ein neuer Prophet kam, um Elijas Nachfolge anzutreten, denn Elijas Leben neigte sich dem Ende zu.

Elija und sein Diener Elischa gingen schweigend nebeneinander durch die Felder. Sie wussten, dass dies ihr letzter gemeinsamer Tag war, der Tag, an dem Elija in den Himmel aufgenommen werden sollte.

„Bleib du hier", sagte Elija. „Gott hat gesagt, ich soll nach Bet-El gehen."

„Ich werde dich niemals allein lassen!", erwiderte Elischa.

Also gingen sie gemeinsam weiter, bis sie nach Bet-El kamen. Das war der Ort, an dem viele Jahre vorher Jakob von Engeln geträumt hatte, die über eine lange Treppe in den Himmel stiegen. Ganz still und in Gedanken versunken stand Elija da.

„Bleib hier, Elischa", sagte er leise. „Gott schickt mich nach Jericho."

Aber Elischa nahm ihn beim Arm. „Ich werde dich niemals verlassen!“

Als er sah, dass Elischa unbedingt mitkommen wollte, nahm Elija ihn mit nach Jericho. Dort hatte Josua vor langer Zeit den Oberbefehlshaber von Gottes Armee getroffen und dann die Stadt erobert. Elija stand schweigend da.

Elischa konnte sehen, wie er mit aller Kraft auf etwas hörte und nach etwas Ausschau hielt.

„Bleib hier, Elischa“, befahl Elija. „Denn Gott schickt mich an den Fluss Jordan.“

Elischa schüttelte den Kopf. „Nein, Herr, ich werde mich nie von dir trennen!“

Elija schaute seinen jungen Diener liebevoll und erfreut an.

So gingen sie weiter bis zum Jordan. An der Stelle, wo das Volk Israel das Gelobte Land betreten hatte, blieben sie stehen.

Elija wartete, seine Augen in die Ferne gerichtet. Da plötzlich riss er seinen Mantel herunter, rollte ihn zusammen und schlug damit auf das Wasser. Sofort teilte sich der Fluss, und die beiden Männer konnten ohne nass zu werden ans andere Ufer hinübergehen.

Dort blieb Elija stehen und fragte: „Was kann ich noch für dich tun, bevor ich von der Erde genommen werde?“

Elischa sah ihn an und erinnerte sich daran, wie der große Prophet ihn von seiner Familie weggeholt hatte. An diesem Tag hatte er sein altes Leben und sein Erbe hinter sich gelassen.

„Ich möchte wie ein Sohn für dich sein“, sagte Elischa. „Aber du sollst mir kein Land oder Geld hinterlassen. Gib mir einen so starken Glauben, wie du ihn hast. Bitte Gott, dass er mich doppelt segnet.“

„Du verlangst mehr, als in meiner Macht steht“, sagte Elija. Er wusste, dass nur Gott eine so ungewöhnliche Bitte erfüllen konnte. Nun legte er seine Hand auf die Schulter des jungen Mannes.

„Elischa, wenn du sehen kannst, wie Gott mich von hier fortholt, wird dies das Zeichen sein, dass er dir deinen Wunsch erfüllen wird.“

Die beiden gingen weiter und unterhielten sich. Da kam plötzlich ein Streitwagen aus Feuer auf sie zu und trennte sie. Auf dem Wagen saßen brennende Reiter. Elija wurde von einem Feuersturm in den Himmel getragen.

Elischa wich zurück und schrie: „Mein Vater! Mein Vater! Du Streitwagen Israels und sein Lenker!“

Aber der Himmel hatte sich schon geöffnet, und Elija war verschwunden.

Elischa stand da und starrte ins Leere. Die Tränen liefen ihm über das Gesicht, denn sein Herr und Meister war für immer von ihm gegangen. Elischa zerriss seine Kleider.

Da sah er vor seinen Füßen den Mantel, der Elija von der Schulter gefallen war. Langsam hob er ihn auf und ging damit zum Ufer des Jordan. Dort schlug er mit dem Mantel auf das Wasser und rief: „Wo ist Elijas Gott?“

Vor ihm teilte sich das Wasser nach rechts und nach links.

Elischa ging ans andere Ufer, ohne nass zu werden. Vor ihm lag das ganze Land Israel. Die Hilferufe der Menschen richteten sich auf ihn, ihre Hoffnungen und Wünsche. Auch die böse Königin Isebel wartete auf ihn. Aber Elischa fürchtete sich nicht. Er zog Elijas Mantel an und schritt mutig voran, denn die Kraft und Vollmacht des Gottes Israels und Elijas waren mit ihm.

Elischa, der Gottesmann

2. Könige 4

In einem kleinen Dorf lebte einmal eine reiche Frau, die Elischa etwas Gutes tun wollte. Gemeinsam mit ihrem Mann beschloss sie, Elischa ein Zimmer in ihrem Haus zu geben. Dort konnte er wohnen, wann immer er wollte. Elischa war ihr sehr dankbar und fragte, ob er etwas für sie tun könne. Doch die Frau wollte nichts annehmen.

Elischas Diener Gehasi wusste jedoch von einem Problem, unter dem die Frau litt.

„Sie hat keinen Sohn", erzählt er dem Propheten. „Und ihr Mann wird langsam zu alt, um einen zu zeugen."

„Hol sie mal her", sagte Elischa.

Die Frau kam die Treppe zu Elischas Zimmer hinauf.

Voller Mitgefühl schaute Elischa sie an. „Nächstes Jahr um diese Zeit wirst du einen Sohn auf dem Arm halten."

„Nein, nein, Herr", gab sie zur Antwort und fing an zu weinen. „Mach mir nichts vor, du bist doch ein Mann Gottes!"

Doch wirklich: Wenige Wochen später wurde sie schwanger und brachte einen Sohn zur Welt. Jedes Mal, wenn Elischa die Familie besuchte, kam sie stolz mit dem Kind zu ihm. Und er nahm es auf den Arm und segnete es.

Der Junge wuchs heran. Eines Tages besuchte er seinen Vater auf dem Feld. Plötzlich rief das Kind: „Mein Kopf! Mein Kopf!" Da ließ der Vater ihn ins Haus zu seiner Mutter bringen. Sie hielt ihn noch einige Stunden im Arm, dann starb er.

Ganz außer sich vor Kummer legte die Frau das Kind auf das Bett in Elischas Zimmer. Dann schloss sie die Tür und machte sich auf den Weg zum Berg Karmel, um nach Elischa zu suchen.

Der Prophet sah sie schon von weitem und fragte sich, warum sie es wohl so eilig hatte. Bitterlich weinend warf sie sich ihm vor die Füße. „Hab ich dir nicht gesagt, du sollst mir keine falschen Hoffnungen machen?"

Da lief Elischa ganz schnell zum Haus der Frau. Er schloss sich in seinem Zimmer ein und legte sich auf das Kind. Dann betete er zu Gott um Kraft.

Elischa legte sich noch einmal auf das Kind, sodass seine Hände die Hände des Jungen berührten. Plötzlich ertönte ein Niesen. Und noch eins und noch eins. Siebenmal nieste der Junge.

Da rief Elischas Diener die Mutter herbei. Sie rannte die Treppe hinauf und fand ihr Kind auf dem Bett sitzend vor.

Als die Frau an diesem Tag zusah, wie Elischa wieder fortging, wusste sie: Ein neuer großer Prophet war nach Israel gekommen.

Naaman wird geheilt

2. Könige 5

Naaman war der Oberbefehlshaber der syrischen Armee und ein mutiger, mächtiger Mann. Mit ihm an der Spitze hatten die syrischen Soldaten schon viele Kriege gewonnen. Er hatte alles: Einfluss, Reichtum, ein schönes Zuhause. Und er hatte eine schreckliche unheilbare Krankheit, die man „Aussatz" nannte.

Eines Tages sprach Naamans Frau mit ihren Dienerinnen über die Krankheit ihres Mannes. Ein junges Sklavenmädchen, das zugehört hatte, sagte: „Warum geht er nicht zu dem Propheten, der in Samaria lebt? Der würde ihn von seiner Krankheit heilen."

Das Mädchen stammte aus Israel. Naamans Soldaten hatten es auf einem ihrer Streifzüge gefangen genommen.

„Wenn mein Herr doch nur nach Israel fahren würde, zum Propheten Elischa!", seufzte das Mädchen noch einmal.

Naaman erzählte seinem König von diesem Propheten. Und der König ließ Naaman nach Israel gehen.

„Ich muss viele Geschenke mitnehmen", dachte sich Naaman. Und so machte er sich mit seinen Dienern und einer Karawane von Kamelen, die mit Gold und Silber beladen waren, auf den Weg. Ein prächtiger Anblick! Die Leute in den Dörfern kamen aus ihren Häusern gelaufen, um den berühmten Hauptmann vorbeireiten zu sehen. Seine Krankheit, von der sein Körper entstellt war, versteckte Naaman unter seiner strahlenden Rüstung.

Vor Elischas Haus hielten Naaman und seine Begleiter an und warteten. Da schickte Elischa einen Boten hinaus, der sagte: „Mein Herr lässt dir ausrichten, du sollst dich siebenmal im Fluss Jordan waschen. Dann bist du wieder gesund."

Empört rief Naaman aus: „Was, in dieser schmutzigen Brühe soll ich mich waschen?" Dann drehte er sich um und wollte schon wieder nach Hause reiten.

Er fühlte sich beleidigt. Schließlich war er gekommen, um den großen Propheten zu sehen. Und der ließ ihn von einem Boten abfertigen!

Doch da traten Naamans Diener mutig vor ihn hin: „Herr, wenn der Prophet dir gesagt hätte, du solltest etwas sehr Schwieriges tun, hättest du es bestimmt sofort gemacht. Solltest du dann etwas Leichtes nicht erst recht tun?"

Naaman wusste, dass sie Recht hatten. Er ging ans Ufer des Flusses und zog sich die Sandalen aus. Seine Füße versanken im Schlamm. Da zog er auch seine Rüstung aus und ging mitten in den Fluss hinein.

Er tauchte einmal ganz ins Wasser ein, dann kam er wieder heraus. Er sah an sich herunter, aber sein Aussatz war immer noch da. Der Prophet hatte „siebenmal" gesagt. Also hielt Naaman noch einmal die Luft an und tauchte unter. Das schlammige Wasser zog sich über seinem Kopf zusammen.

Endlich tauchte er zum siebten Mal wieder auf. Er sah sich seine Hände an. Die Haut war glatt und rein. Dann schaute er auf seine Arme und Beine. Auch sie waren so glatt wie die Haut eines kleinen Kindes. Der Aussatz war wie weggeblasen.

Naamans Diener staunten, als der große Hauptmann aus dem Fluss stieg und sich niederkniete. Er lobte und dankte dem Gott Israels.

Naaman zog sich wieder an und ritt sofort zurück zu Elischa. „Jetzt weiß ich, dass es auf der ganzen Welt keinen anderen Gott gibt!", rief er aus.

Elischa sah ihn freundlich an, doch als Naaman ihm seine Geschenke geben wollte, lehnte er sie ab. „Ich bin der Diener Gottes, und ich nehme keine Bezahlung."

Naaman redete ihm gut zu, aber Elischa wollte nicht einmal eine einzige Münze annehmen.

Als Naaman nach Hause zurückkam, wurde er freudig begrüßt. Das Sklavenmädchen war besonders froh. Auch wenn sie nur eine Dienerin war und weit entfernt von ihrer Heimat lebte, hatte sie doch ihrer Herrin in Syrien von Elischa und der Macht des lebendigen Gottes Israels erzählt.

Eine himmlische Armee

2. Könige 6

Syrien führte Krieg gegen Israel. Doch immer, wenn der syrische König Soldaten auf einen Raubzug losschickte, warnte Elischa vorher den König Israels. „Geh da nicht hin!“, sagte er, oder: „Diesen Ort solltest du meiden, da liegen die Syrer im Hinterhalt!“

Der syrische König stand vor einem Rätsel. „Unter uns muss ein Verräter sein“, sagte er zu seinen Heerführern. „Wo steckt der Spion?“

„Es gibt keine Spione“, antworteten die Männer. „Der Prophet Elischa ist es: Er flüstert dem König von Israel jedes Wort zu, das du gesagt hast. Selbst wenn es in deinem Schlafzimmer war!“

„Sucht diesen Elischa und nehmt ihn sofort gefangen!“, befahl der König von Syrien.

Die Syrer fanden bald heraus, dass Elischa sich in Dotan aufhielt. Da schickte der König eine Armee, die in der Nacht die Stadt umstellte. Früh am nächsten Morgen sah Elischas Diener aus dem Fenster. So weit sein Auge reichte, standen nur Soldaten, Pferde und Streitwagen. „O Herr, was sollen wir nur tun?“ Der junge Mann zitterte vor Furcht. „Wir werden alle sterben!“

„Hab keine Angst“, erwiderte Elischa. „Wir haben viel

mehr Soldaten auf unserer Seite als sie." Dann betete er zu Gott: „Lieber Gott, öffne ihm die Augen, damit er richtig sieht."

Mit einem Mal sah der Diener am Himmel eine riesengroße Armee. Der ganze Berg, auf dem die Stadt lag, war rings um Elischa bedeckt mit Pferden und Streitwagen aus Feuer.

Die Feinde rückten vor. Da betete Elischa noch einmal: „Gott, mach die Soldaten blind." Und schon bald stolperten die syrischen Soldaten umher wie in tiefster Nacht.

Elischa ging zu ihnen hinaus und sagte: „Ihr seid hier falsch. Ich werde euch zu dem Mann führen, den ihr sucht." Dann führte er sie bis nach Samaria, der Hauptstadt des israelitischen Nordreiches. Sobald sie sicher hinter der Stadtmauer waren, bat Elischa Gott, ihnen ihr Augenlicht zurückzugeben. Da sahen die Soldaten, dass sie in der Falle saßen.

„Soll ich sie töten lassen?", fragte der König von Israel.

„Nein", erwiderte Elischa. „Man tötet doch keine Kriegsgefangenen. Gib ihnen zu essen und schick sie wieder nach Hause."

Also ließ der König von Israel ein großes Festessen für seine Gefangenen bereiten. Sie aßen und tranken und durften dann gehen. Beschämt und voller Furcht kehrten die Syrer nach Hause zurück. Dies war das letzte Mal, dass sie versuchten, Gottes Propheten gefangen zu nehmen.

König Joschafat vertraut auf Gott

2. Chronik 20

Das Land, das Gott seinem Volk geschenkt hatte, war immer noch in zwei Königreiche aufgeteilt, Israel und Juda. Da wurde Joschafat König von Juda. Er war einer der wenigen Herrscher, die Gott liebten und auf ihn vertrauten.

Eines Tages eilten Boten zu ihm in den Palast nach Jerusalem und sagten: „Eine riesige Armee kommt von der anderen Seite des Toten Meeres auf euch zu. Es sind alles Feinde Gottes und seines Volkes."

Joschafat bekam einen großen Schreck und ließ im ganzen Land verkünden: „Kommt mit mir zum Tempel von Jerusalem. Dort wollen wir Gott um Hilfe bitten."

Die Menschen versammelten sich im Hof des Tempels. Joschafat betete laut: „O Gott, du herrschst über die ganze Welt. Keiner ist so mächtig wie du. Mit deiner Hilfe haben wir dieses Land erobert. Aber jetzt sind wir wehrlos gegen diese große Armee. Willst du wirklich, dass die Feinde uns das Land wegnehmen, das du uns geschenkt hast? Wir wissen nicht, was wir tun sollen. Hilf uns!"

Da wurde Jahasiël, ein Prophet, vom Geist Gottes erfüllt und rief: „König Joschafat und alle Einwohner von Juda! Hört zu, was Gott euch sagen will: ‚Habt keine Angst und verliert nicht den Mut. Ihr braucht diesen Krieg nicht zu führen. Ich werde es für euch tun. Zieht morgen ins Tal hinunter, den Feinden entgegen. Dann passt auf, wie ich euch retten werde!'"

Am nächsten Morgen machte sich König Joschafat mit seinen Leuten auf den Weg. Er ermutigte alle noch einmal, fest auf Gott zu vertrauen. Die Tempelsänger stellte er an die Spitze des Heeres, und sie zogen los. Aus vollem Herzen lobten sie Gott.

Als ihre Stimmen von den Bergen widerhallten, gerieten die Feinde in Verwirrung, sodass sie sich gegenseitig vernichteten. Das hatte Gott so gefügt.

König Joschafat kehrte mit seinen Leuten zum Tempel von Jerusalem zurück. Dort sangen sie Loblieder auf Gott, der sie gerettet und dem Königreich Juda Frieden geschenkt hatte. In der Folgezeit konnte Joschafat ungestört regieren, denn Gott sorgte dafür, dass es keinen Krieg mehr gab.

Jehu nimmt Rache

2. Könige 9

In Israel kam nach dem Tod des bösen Königs Ahab dessen Sohn an die Macht. Sein Name war Joram.

Der Prophet Elischa wusste, was Gott einmal seinem Lehrer Elija gesagt hatte: Eines Tages würde ein Mann namens Jehu König von Israel werden und für alle Zeiten die Familie Ahabs auslöschen. Jehu war der Befehlshaber der israelitischen Armee und diente Joram, dem Sohn Ahabs.

Eines Tages schickte Elischa heimlich einen Boten zu Jehu, der ihm sagte: „Das lässt dir der Gott Israels ausrichten: ‚Ich mache dich zum König über mein Volk. Dazu musst du aber alle umbringen, die noch von Ahabs Familie übrig sind. Das ist die Strafe dafür, dass sie meine Leute getötet haben.'"

Sofort spannte Jehu seinen Wagen an und ritt zur Stadt

Jesreël. Der Wächter von König Jorams Palast sah ihn schon von weitem kommen. Er rannte von seinem Wachtturm herunter und rief: „Eine Armee ist im Anmarsch!"

„Wer ist es?", fragte Joram und sprang auf. Seine Diener suchten den Horizont ab.

„Es sieht aus, als wäre es Jehu", antwortete der Wächter. „Er fährt wie ein Verrückter!"

„Spannt sofort meinen Wagen an", befahl König Joram. Dann ritt er seinem Befehlshaber entgegen. Er fragte ihn: „Kommst du in friedlicher Absicht, Jehu?"

„Friedlich?", rief Jehu verächtlich. „Wie kann es denn friedlich zugehen, wenn deine Mutter Isebel immer noch fremden Göttern nachläuft und sich mit Zauberei abgibt!"

Sofort drehte Joram seinen Wagen herum und schrie: „Verrat! Verrat!" Aber es war zu spät. Jehus Pfeil traf den König zwischen die Schulterblätter, und er fiel tot in den Sand.

Jehu ritt weiter, bis er in die Stadt Jesreël kam. Isebel, Jorams Mutter, lebte in ihrem Palast. Obwohl ihr Mann Ahab tot war, hielt sie sich immer noch für die mächtige Königin Israels. Sie schminkte sich die Augen und frisierte sich die Haare. Dann lehnte sie sich aus dem Fenster und sah verächtlich auf Jehu hinunter.

Sie hasste alle Leute, die an Gott glaubten, und hatte schon viele von ihnen umbringen lassen. Jetzt machte sie sich über Jehu lustig und lachte darüber, dass er König von Israel werden wollte.

„Wie lang wirst du wohl König sein?", spottete sie. „Sieben Tage?"

„Wer ist auf meiner Seite?", rief Jehu laut. „Irgendjemand da im Schloss?"

Drei von Isebels Dienern sahen aus dem Fenster.

„Werft sie herunter!“, rief Jehu. Da warfen sie die Frau aus dem Fenster hinaus. Dort wurde sie von Jehus Pferd totgetrampelt. Und noch bevor sie begraben werden konnte, fielen Hunde über ihren Leichnam her – so wie Elija es angekündigt hatte.

Ein neuer Prophet

2. KÖNIGE 13, AMOS 1-9

Elischa, der Gottesmann, starb und wurde beerdigt. Das Volk trauerte tief um ihn, denn er hatte ihnen Gottes große Macht gezeigt und die Menschen gelehrt, was Güte und Gerechtigkeit bedeuten.

Über die Jahre wurde noch viel von Elija und Elischa gesprochen. Trotzdem waren die Israeliten auch weiterhin ungehorsam gegen Gott und achteten nicht auf seine Gebote.

Nach Elischas Tod schickte Gott andere Propheten. Die schrieben Gottes Botschaften auf Schriftrollen aus Pergament, damit man sie auch später noch lesen konnte.

Einer von ihnen war Amos, ein einfacher Bauer. Er hütete seine Schafe in den Bergen und arbeitete in seinem Wald aus Feigenbäumen.

Obwohl Amos im Land Juda lebte, ließ Gott ihn für sich zum Volk Israel sprechen.

In Samaria, der Hauptstadt von Israel, lebten viele reiche und mächtige Leute. Doch sie waren voller Gier und Boshaftigkeit. Sie nahmen keine Rücksicht auf arme Menschen, sondern beuteten sie erbarmungslos aus.

Die Kaufleute, die Beamten des Königshauses und all die anderen mächtigen Leute von Samaria waren entsetzt, wenn Amos, dieser ungehobelte Mann, der immer sagte, was er dachte, durch die Straßen kam.

„Ihr behandelt die armen Leute wie Dreck!“, schrie Amos ihnen zu. „Unschuldige Menschen verkauft ihr als Sklaven! Glaubt ihr denn, Gott sieht eure Verbrechen nicht? Wisst ihr nicht, dass er schon bald ganz Israel bestrafen wird und dass ihr dann selbst zu Sklaven werdet?“

Gott hatte Amos in die Zukunft schauen lassen. Eines Tages würde ein schreckliches Unglück über das ganze Land kommen. Gottes Volk würde gefangen genommen und in ein fernes Land gebracht werden.

Gott wusste, dass die Menschen sich nur für sich selbst und ihren Besitz interessierten. Da mochten sie noch so oft in den Tempel gehen, zu ihm beten und besonders fromm tun.

„Das sagt euch euer Gott“, donnerte Amos’ Stimme vor den Toren zum Palast und vor der Tür des Hohepriesters:

„Was scheren mich all eure Lieder. Vor der Musik eurer Harfen halte ich mir die Ohren zu. Nein! Gerechtigkeit soll herrschen. Güte und Freundlichkeit sollen fließen wie eine Quelle, die nie versiegt.“

Niemand nahm ernst, was Amos sagte. Im Gegenteil: Die Menschen waren böse auf ihn und änderten sich kein bisschen. Sie behandelten die Armen nicht besser, und sie hörten auch nicht damit auf, sich immer neue Boshaftigkeiten auszudenken.

Als Amos nach Juda zurückging, muss er das Gefühl gehabt haben, alles falsch gemacht zu haben.

Eines Tages aber, als das Volk Gottes vom König von

Babylon gefangen genommen wurde und die Israeliten in einem fremden Land als Sklaven leben mussten, da fiel ihnen alles wieder ein, was Amos gesagt hatte.

Gott liebt sein Volk

Hosea 1-14

Der Prophet Hosea lebte hoch oben im Norden von Israel zu einer Zeit, als das Volk Gottes wieder einmal untreu geworden war. Es betete nicht mehr seinen Gott an, sondern den heidnischen Gott Baal und andere Götzen.

Gott sagte zu Hosea: „Heirate eine Frau, die dir nicht treu ist. Sie wird dich wegen anderer Männer verlassen und dir schrecklichen Kummer machen. Dann wirst du meinen Schmerz nachvollziehen können, wenn du den treulosen Israeliten ihre Strafe verkündest."

Hosea tat, was Gott von ihm verlangte, und heiratete eine Frau namens Gomer. Er hatte sie sehr lieb, und sie bekamen zwei Söhne und eine Tochter. Doch bald betrog sie ihren Mann und lief ihm davon.

Hosea hatte zwar vorher gewusst, dass Gomer ihm nicht treu sein würde. Aber das machte seinen Schmerz nicht kleiner. Er schluchzte und tobte, und als er den Menschen Gottes Botschaft verkündete, liefen ihm Tränen über das Gesicht. „Gott sagt: ‚Was soll ich nur mit dir machen, mein Volk? Deine Liebe ist wie der Nebel am frühen Morgen. Sie verfliegt so schnell! Wie schnell seid ihr mir untreu geworden! Wie schnell habt ihr all eure Versprechen gebrochen!'"

Eines Tages sprach Gott zu Hosea: „Hol dir deine Frau zurück, auch wenn sie untreu ist. Ich möchte, dass du sie liebst, wie ich mein Volk liebe."

Endlich fand Hosea Gomer. Sie war eine einfache Sklavin geworden. Hosea bezahlte viel Geld, um sie zurückzubekommen. Dann nahm er sie mit nach Hause. Von diesem Tag an sorgte er liebevoll für sie.

Dann sprach Gott durch Hosea zu den Menschen: „Kommt zu mir zurück, meine Kinder. Ihr habt zwar schlimme Dinge getan, aber ich will euch von ganzem Herzen lieben. Und eure Treulosigkeit will ich euch vergeben."

Daran zeigt sich, wie Gott ist: voller Mitleid mit seinem treulosen Volk.

Jesaja sieht die Heiligkeit Gottes

Jesaja 1.6

Jesaja lebte in Jerusalem, jener schönen Stadt hoch auf den Hügeln Judas, wo König David sein Volk zum Lob Gottes geführt hatte. Jerusalem war Gottes heilige Stadt. Doch alles, was Jesaja nun vor sich sah, war die Selbstsucht der Menschen, die einmal das Volk gewesen waren, das Gott erwählt hatte.

„Hört doch auf das, was Gott euch sagt!", rief Jesaja von den Tempelstufen hinunter. „Gott sagt: ‚Der Ochse kennt seinen Besitzer, und der Esel weiß, wer ihn füttert. Mein eigenes Volk aber hat mich vergessen!'"

Die Menschen hörten gar nicht zu. Sie führten weiter ein gottloses Leben und dachten nur an sich und an ihr Geld.

Jesaja hoffte, dass König Usija alles besser machen und die Menschen zurück zu Gott führen würde. Usija war nämlich ein guter Mensch. Doch eines Tages starb der König, und Jesaja machte sich große Sorgen um die Zukunft Israels.

Als er einmal allein im Tempel war, sah Jesaja ein helles Licht. Es brannte rings um das Allerheiligste und stieg bis zum Himmel. Da stand ihm plötzlich etwas so Strahlendes vor Augen, dass er zurückwich. Er sah Gott als mächtigen, großen König auf einem Thron sitzen. Engel umgaben ihn. Jeder von ihnen hatte sechs Flügel, zwei davon bedeckten das Gesicht, zwei den Körper, und mit den anderen beiden konnten sie fliegen. Als die Engel durch die Luft flogen, riefen sie einander mit lauter Stimme zu: „Heilig, heilig, heilig ist Gott. Die ganze Erde zeigt seine Herrlichkeit!"

Beim Klang ihrer Stimmen erbebte der Tempel, und Rauch erfüllte das Gebäude. Jesaja rief laut: „Es gibt keine Hoffnung für mich. Ich bin verloren! Ich bin ein Sünder und wohne bei Sündern. Und jetzt habe ich den allmächtigen Gott gesehen!"

Da nahm einer der Engel mit einer Zange eine glühende Kohle vom Altar. Damit flog er zu Jesaja hinüber. Er berührte Jesajas Lippen mit der Kohle. „Sieh nur", flüsterte der Engel. „Das Feuer hat dich rein gemacht. Deine Sünden sind jetzt fort."

Jesaja fiel auf die Knie. Und plötzlich ertönte Gottes Stimme aus dem Himmel: „Wen kann ich zu meinem Volk schicken?"

Jesaja antwortete: „Schick mich!"

Da gab Gott Jesaja den Auftrag, in seinem Namen zu sprechen. Seine Worte sollten den Menschen Warnung und Strafe sein. „Du musst zu ihnen sprechen, auch wenn sie nicht zuhören wollen."

„Für wie lange?“, fragte der Prophet.

„Bis das ganze Land zerstört ist“, erwiderte Gott. „Aber selbst dann wird es noch Hoffnung geben für mein Volk.“

Jesajas Botschaft an die Menschen

Jesaja 2.3

Wie schon viele andere Propheten vor ihm hatte Jesaja eine schwere Aufgabe zu erfüllen. Gott schickte ihn, um die Menschen zu warnen: Wenn sie sich nicht besserten und zu Gott zurückkehrten, würde es ihnen schlecht ergehen.

Und das sagte Jesaja:

„Ja, Jerusalem stürzt ins Chaos,
und Juda bricht zusammen;
denn mit Wort und Tat beleidigen sie den Herrn,
sie widersetzen sich öffentlich dem mächtigen Gott.
Als Richter sind sie nicht unparteiisch,
dadurch werden sie zu Angeklagten.
Das Unglück, das sie nun trifft,
haben sie sich selber zuzuschreiben.“

Doch Jesaja machte den Menschen auch Hoffnung: Gottes Strafe sollte nicht für immer dauern. Eines Tages würde er Frieden für alle bringen: zwischen den Staaten, zwischen den Menschen, auf der ganzen Welt.

„Am Ende der Zeit
werden die Menschen auf der ganzen Welt sagen:
‚Wir wollen zum Berg gehen, wo der Tempel steht,
zum Haus Gottes.
Dort wird er uns zeigen, was richtig ist.
Was er sagt, wollen wir tun.'
Gott wird seine Anweisungen
von Jerusalem aus geben.
Er wird Gericht halten über die Nationen,
und Streit schlichten zwischen den Völkern.
Sie werden ihre Schwerter zu Pflügen umarbeiten
und ihre Speerspitzen zu Winzermessern.
Die Nationen werden nicht mehr
gegeneinander Krieg führen.
Die Wölfe werden bei den Schafen wohnen
und die Leoparden bei den Ziegen.
Das Kalb und der Löwe werden friedlich
aus demselben Topf essen,
und ein kleines Kind kann sie hüten.
Es wird überhaupt nichts Schädliches mehr geben
auf meinem heiligen Berg.
Denn die ganze Welt wird
so genau wissen, was Gott recht ist,
dass niemand dagegen verstoßen wird."

Israel geht unter

2. Könige 17

Obwohl Gott viele Propheten nach Israel schickte, hörten die Menschen nicht mehr auf ihn. Ein König nach dem anderen ließ Tempel für heidnische Götter bauen und ermunterte sein Volk, dort zu beten. Auf fast jedem Hügel und unter nahezu jedem Baum gab es eine solche Kultstätte. Einige Könige verbrannten sogar ihre eigenen Kinder als Opfergaben, und das Volk machte es ihnen nach. Das ganze Land wandte sich ab von Gott und hielt sich nicht mehr an seine Gebote. Zauberer, Geisterbeschwörer und ähnliche Leute machten überall gute Geschäfte, sodass sich die Menschen immer weiter von ihrem wahren Gott entfernten.

Das alles machte Gott zornig, und seine Geduld mit seinem ungehorsamen Volk hatte ein Ende. Gott ließ es zu, dass das Land von der Armee der Assyrer erobert wurde.

Der König von Assyrien umzingelte Samaria, die Hauptstadt Israels, und belagerte sie drei Jahre lang. König Hoschea wurde gefangen genommen und in ein dunkles Verlies geworfen. Am Ende gaben die hungernden Einwohner Samarias auf. Die Israeliten wurden zu Hunderttausenden in die Gefangenschaft nach Assyrien verschleppt. Jetzt gab es kein Königreich Israel mehr.

Seit der Zeit, als König Jerobeam zwei goldene Kälber in Bet-El und in Dan hatte aufstellen lassen, damit die Menschen sie anbeteten, hatte sich das Volk immer weiter von Gott entfernt. Nun musste es mit den Folgen und der Strafe Gottes leben.

Der König von Juda hält zu Gott

2. Könige 18.19

Das Königreich Israel war jetzt zwar zerstört, doch der König von Juda hielt weiterhin treu zu Gott. Sein Name war Hiskija, und er schaffte es, der assyrischen Armee zu widerstehen. So konnte er sein Königreich vor dem Untergang retten.

Hiskija ließ alle Altäre für die heidnischen Götter in Stücke schlagen, die sein Vater Ahas erbaut hatte. Und er machte auch den Tempel in Jerusalem wieder zugänglich, damit die Menschen dort beten konnten.

Hiskija weigerte sich, dem König von Assyrien Steuern zu zahlen. Stattdessen vertraute er darauf, dass Gott ihm helfen würde.

Aber schon bald marschierte der neue assyrische König Sanherib auf Juda zu. Er hatte eine gewaltige Armee, und die Menschen in Jerusalem bekamen schreckliche Angst. Sie wussten, dass die Assyrer das Land Israel, das nördlich von ihnen lag, einfach überrannt hatten.

Als Hiskija davon hörte, zerriss er zum Zeichen seiner Trauer seine Kleider. Er ging in den Tempel und betete zu Gott um Hilfe.

Da schickte Sanherib Hiskija einen Brief. Darin stand: „Verlass dich nicht zu sehr auf deinen Gott. Du weißt doch, was die Könige Assyriens mit den anderen Ländern gemacht haben. Sie haben alles vernichtet. Und da willst ausgerechnet du mir entrinnen?"

Hiskija aber betete: „O Gott, bitte erhöre mein Gebet und hilf meinem Volk! Höre doch, wie dieser Sanherib dich, den lebendigen Gott, verhöhnt. Es stimmt, er hat all die anderen

Völker mit ihren Götzen vernichtet. Aber du bist doch ein lebendiger Gott. Rette uns und zeige allen auf der Welt, wer der einzig wahre Gott ist!"

Da schickte der Prophet Jesaja König Hiskija eine Nachricht: „Das lässt Gott dem Sanherib ausrichten: ‚Du hast den heiligen Gott Israels verspottet. Dafür werde ich dir einen Ring durch die Nase ziehen und dich daran zurück nach Assyrien schleifen!'"

Noch in derselben Nacht traf Gottes Strafe das Lager der Assyrer. Einhundertfünfundachtzigtausend Männer starben. Sanherib war gezwungen, in seine Hauptstadt Ninive zurückzukehren. Nicht lange danach ermordeten ihn seine eigenen Söhne, als er gerade am Altar seines heidnischen Gottes betete.

Weil Hiskija auf Gott und nicht auf seine Soldaten vertraut hatte, wurde das Königreich Juda gerettet.

Ein verborgener Schatz

2. Könige 21-25

Manasse war zwölf Jahre alt, als er nach seinem Vater Hiskija König wurde. Es dauerte nicht lange, da hatte er all das Gute, das sein Vater getan hatte, wieder zunichte gemacht. Der Tempel in Jerusalem stand voll mit Altären für fremde Götter, und Manasse brachte sogar seinen eigenen Sohn zum Opfer dar. Er fragte Zauberer und Geisterbeschwörer um Rat und nicht mehr die Propheten Gottes. Jeden, der ihm widersprach, ließ er sofort töten.

Manasses Sohn Amon war kein bisschen besser. Aber gegen ihn wehrten sich die Menschen und brachten ihn um. Sie machten seinen kleinen Sohn Joschija zum König, als er erst acht Jahre alt war. Von dem Augenblick an, als er auf den Thron kam, war es, als sei nach langer Dunkelheit im Land endlich wieder die Sonne aufgegangen.

Joschija hatte Gott sehr lieb und betete oft zu ihm. Nach und nach führte er auch sein Volk zurück zu Gott. Gerne gaben die Leute ihm Geld, damit er den baufälligen Tempel reparieren konnte. Tischler, Maurer und Priester: Alle arbeiteten sie mit daran, dass der Tempel wieder so schön wurde, wie er einmal gewesen war.

Eines Tages kam der Hohepriester Hilkija in den Hof des Tempels gelaufen. Er hielt eine große Schriftrolle umklammert, die ganz staubig war. „Seht mal her!", rief er. „Das habe ich hinten im Tempel gefunden."

Der Sekretär des Königs, ein Mann namens Schafan, lief zu ihm, und der Priester blies den Staub weg. Dann entrollte er langsam die Schriftrolle.

„Das ist das Buch Gottes … ein Gesetzbuch", flüsterte er.

Sofort brachte Schafan die uralte Rolle zum König und las ihm daraus vor.

Sobald Joschija die Worte hörte, war ihm klar, dass sie das Gesetzbuch Gottes gefunden hatten, das schon seit vielen Jahren verschwunden war.

Vor lauter Verzweiflung zerriss er seine Kleider und rief: „Gott muss sehr böse auf uns sein, weil wir seine Gebote und Gesetze nicht mehr befolgt haben. Ruft alle Leute zusammen. Sie sollen hören, was in dem wiedergefundenen Buch steht!"

Da kamen alle Menschen aus Juda zusammen, und Joschija selbst las ihnen aus dem heiligen Buch vor.

„Wir müssen fest versprechen, dass wir Gottes Gebote von jetzt an wieder befolgen werden. Wir wollen immer tun, was er von uns verlangt."

Das Volk versprach es. Dann befahl Joschija ihnen, sie sollten die Bilder und Altäre der falschen Götter zerstören. Auch alle Zauberer und Geisterbeschwörer warf er aus dem Land.

Joschija konnte zwar dafür sorgen, dass sich die Menschen eine Zeit lang besser benahmen. Doch er schaffte es nicht, dass ihre Herzen zu Gott zurückkehrten. Die Könige, die ihm auf dem Thron folgten, brachten die Menschen wieder vom rechten Weg ab – so lange, bis Gott endgültig genug hatte und seine Strafe Jerusalem mit voller Härte traf.

Prophet wider Willen

Jeremia 1-40.52

Jeremia lebte zu der Zeit, als Joschija König von Juda war. Als er noch sehr jung war, wollte Gott, dass Jeremia Prophet würde.

„Ich bin viel zu jung, um dein Prophet zu sein", wehrte Jeremia ab. „Das ist viel zu schwierig für mich."

„Ich habe dich schon ausgesucht, bevor du geboren wurdest", sprach Gott. „Ich habe dich dazu bestimmt. Ich gebe dir Mut und Kraft, und ich werde dir eingeben, was du sagen sollst."

Jeremia spürte Gottes Liebe. Deshalb ging er hin und redete zu den Einwohnern von Jerusalem: „Hört zu, was Gott euch sagen will: ‚Ändert euer Leben. Dann lasse ich euch vielleicht in Jerusalem bleiben. Aber wenn ihr weiterhin Witwen bestehlt, Waisenkinder betrügt, Fremde unfreundlich behandelt und euch auch sonst schlecht benehmt, dann kommt mir bloß nicht mehr unter die Augen! Und glaubt nicht, dass ihr im Tempel sicher seid!‘"

Kein Wunder, dass die Leute Jeremia nicht leiden konnten und nicht auf ihn hören wollten. Schlechte Nachrichten hört niemand gern. Sie wollten ihn zum Schweigen bringen, ihn ins Gefängnis werfen oder ihn töten.

Manchmal sagte Gott zu Jeremia, er solle in Bildern zu den Menschen sprechen. Vielleicht würden sie dann besser begreifen, was er ihnen zu sagen hatte.

So erzählte Jeremia zum Beispiel: „Wie ein Töpfer einen Krug in Stücke haut, wenn er nicht gelungen ist, so wird Gott sein Volk zerstören, wenn es ungehorsam ist."

Doch die Leute hörten trotzdem nicht auf ihren Propheten.

Da rief Jeremia laut zu Gott: „Warum hast du mir eine so unmögliche Aufgabe gegeben? Warum hast du mich zu den Leuten geschickt, wenn doch keiner zuhört? Und trotzdem brennt dein Wort immer noch in meinem Herzen, und ich muss es einfach weitersagen."

Also machte Jeremia weiter. Fünf Könige kamen und gingen, doch Joschija war der Einzige, der zuhörte. Alle anderen beachteten Jeremia gar nicht.

In der Zwischenzeit war das Babylonische Reich an die Stelle der Assyrer getreten. Deshalb warnte Jeremia die Menschen in Juda: „Die Babylonier sind im Anmarsch. Sie bringen die Strafe Gottes mit sich. Ihr könnt ihnen nicht entkommen."

„Verräter!“, riefen die Leute. „Willst du vielleicht, dass wir uns so einfach dem König Nebukadnezzar von Babylon ergeben?“

Mehr als einmal landete Jeremia im Gefängnis, und man verbrannte alles, was er aufgeschrieben hatte. Aber egal, was die Leute sagten oder taten, er verkündete weiter Gottes Wort – jedem Menschen, dem er begegnete. Gott hatte ihn nämlich sehr mutig gemacht.

Dann kam der Tag, an dem die Babylonier Jerusalem eroberten und den jungen König Jojakim mit allen seinen Anhängern fortbrachten. Sie setzten einen anderen König ein, Zidkija. Von dem wussten sie, dass er alles tun würde, was sie verlangten. Aber immer noch wollten die Menschen nicht auf Jeremia hören. Stattdessen folgten sie falschen Propheten, die sagten: „Wir werden nur für kurze Zeit von hier fort müssen. In zwei Jahren sind alle wieder zu Hause.“

„Das stimmt nicht!“, erwiderte Jeremia. „Es wird siebzig Jahre dauern, bevor Gottes Strafgericht endet. Erst dann wird er euch wieder seine Liebe zeigen.“

„Liebe?“ Die Menschen und die Priester hielten Jeremia für verrückt, wenn er von Gottes Liebe sprach und zur gleichen Zeit ihren Untergang voraussagte.

„Das lässt Gott euch sagen!“, rief Jeremia ihnen unter Tränen zu. „‚Ich weiß schon genau, wie ich euch helfen werde. Ich werde euch Hoffnung geben und eine neue Zukunft. Wenn es euch am schlimmsten geht, werdet ihr mich von ganzem Herzen wieder neu suchen. Und dann werde ich euch zurückführen ins Land Juda.‘“

Das machte König Zidkija sehr wütend. Er ließ Jeremia ins Gefängnis werfen, aber nur für kurze Zeit. Dann warfen Jeremias Feinde ihn in einen leeren Brunnen, wo er tief im

Schlamm versank. Als Zidkija davon hörte, bekam er ein schlechtes Gewissen und schickte seine Soldaten los, um Jeremia zu befreien. Aber auf Jeremias Warnungen hörte er trotzdem nicht.

Kurze Zeit später kam König Nebukadnezzar von Babylon mit einer großen Armee nach Jerusalem. Zidkija wurde gefangen genommen. Man stach ihm die Augen aus und verschleppte ihn ins weit entfernte Babylon, zusammen mit vielen anderen Gefangenen. Und schon bald war ganz Jerusalem vom Feuer zerstört, so wie Jeremia es vorausgesagt hatte.

Gott hatte den Menschen, die nicht auf ihn hören wollten, ihre gerechte Strafe gegeben. Aber einige von den Gefangenen liebten Gott von ganzem Herzen. Jetzt war für sie die Zeit gekommen, tapfer zu sein und zu beweisen, dass Jeremia Recht gehabt hatte. Denn sie wussten, dass Gott sein Volk auch im fremden Land beschützen und es eines Tages von seinen Feinden befreien würde.

Daniel und seine Freunde

Daniel 1.2

Weit entfernt in Babylon hatten einige der Gefangenen aus Jerusalem, junge Männer aus vornehmen Familien, die Aufmerksamkeit von König Nebukadnezzar erregt.

„Ich wünsche, dass diese Männer für den Dienst in meinem Palast ausgebildet werden", befahl der König. „Gebt ihnen besondere Speisen zu essen und bereitet sie gut auf das vor, was sie später einmal tun müssen."

Einer dieser jungen Männer hieß Daniel. Er hatte drei Freunde: Schadrach, Meschach und Abed-Nego. Als der oberste Hofbeamte Aschpenas ihnen den Befehl des Königs mitteilte, waren alle vier sehr beunruhigt.

„Ihr dürft mit am Tisch des Königs sitzen, seinen Wein trinken und seine Speisen essen. Wenn ihr dem König von Babylon dienen wollt, dann ist das Beste gerade gut genug für euch", sagte Aschpenas.

„Nein!", rief Daniel. „Wir glauben an den Gott Israels. Da können wir die unreinen Speisen nicht zu uns nehmen. Wir dürfen nichts essen, was vorher den babylonischen Göttern geopfert worden ist."

Das bereitete Aschpenas Kopfzerbrechen. Er mochte Daniel gern und spürte, dass auch seine Freunde gute Menschen waren. „Aber was ist, wenn der König sieht, wie ihr immer dünner werdet? Dann schlägt er mir den Kopf ab!"

„Nein", versicherte Daniel ihm. „Hab keine Angst. Gib uns zehn Tage lang nur Gemüse und Wasser. Dann vergleiche unser Aussehen mit dem der jungen Leute, die die Speisen des Königs essen. Entscheide dann, was weiter geschehen soll."

„Gemüse und Wasser?", wiederholte Aschpenas. „Meinst du das wirklich ernst?"

„Zehn Tage", sagte Daniel.

Nach zehn Tagen bei Gemüse und Wasser sahen die vier jungen Männer tatsächlich viel gesünder aus als die anderen Gefangenen, die am Tisch des Königs mitgegessen hatten. So durften Daniel und seine Freunde ihre Ernährungsgewohnheiten beibehalten. Im Laufe der Zeit wurden sie am Hof berühmt für ihre Weisheit und Klugheit.

Daniel konnte Träume deuten. Mehr als einmal half er so

König Nebukadnezzar, nachdem dessen weise Berater versagt hatten.

Auf Daniel und sein Volk kamen aber noch viele Schwierigkeiten zu, die sie überwinden mussten.

Im Feuerofen

Daniel 3

König Nebukadnezzar von Babylon ließ ein riesiges Götterbild aus Gold anfertigen. Das war die größte Statue der Welt.

„Alle müssen jetzt meinen Gott anbeten", befahl er. „Und sie werden wissen, dass ich der mächtigste König auf der ganzen Welt bin."

Überall ließ der König durch Herolde verkünden: „Das ist der Befehl des Königs Nebukadnezzar: Alle Völker auf der Erde sollen sich vor dem Bild verbeugen und es anbeten. Sobald ihr Flöten, Trommeln und die anderen Instrumente hört, müsst ihr euch sofort vor dem goldenen Götterbild niederwerfen. Wer sich weigert, wird in den Feuerofen geworfen!"

Alle Leute im Königreich folgten diesem Befehl. Alle, außer Schadrach, Meschach und Abed-Nego, die Fremden im Land.

„Wir werden uns niemals vor dem Götterbild verbeugen", sagten sie. „Denn wir verehren nur den Gott Israels."

Als Nebukadnezzar das hörte, wurde er sehr ärgerlich. „Bringt diese Verräter sofort zu mir!", brüllte er.

Er war sehr erstaunt, als er sah, wie ruhig und gelassen die drei auf ihn zukamen.

„Stimmt es, dass ihr euch nicht vor meinen Göttern verbeugen wollt? Eine Chance gebe ich euch noch. Betet vor dem goldenen Standbild! Wenn nicht, ..." Sein Gesicht verzog sich gefährlich, und in seinen Augen blitzte Hass auf. „... dann werdet ihr in den Feuerofen geworfen. Welcher Gott kann euch da noch helfen?"

„Unser Gott kann das", erwiderten die drei Freunde. „Und wir brauchen uns auch nicht bei dir zu entschuldigen, König Nebukadnezzar! Gott kann uns aus dem Feuerofen retten, wenn er das will! Und selbst wenn nicht, dann beten wir trotzdem nicht deine Götter an oder verbeugen uns vor dem goldenen Standbild."

Da schrie Nebukadnezzar: „Macht den Ofen noch siebenmal heißer. Dann werft diese Männer hier hinein!"

Mit einem grausamen Lächeln auf den Lippen sah Nebukadnezzar zu, wie die jungen Männer, an Händen und Füßen gefesselt, in den lodernden Flammen verschwanden.

Doch plötzlich sprang der König entsetzt auf.

„Was ist los?", fragten seine Berater.

„Ich sehe vier Männer im Feuer!", erwiderte der König.

„Vier, Majestät?"

„Habe ich nicht gerade drei hineinwerfen lassen? Wer ist dann der Vierte, der mitten im Ofen steht?"

Und wirklich: Schadrach, Meschach und Abed-Nego standen unversehrt in dem brennenden Ofen. Und bei ihnen war ein Engel.

Entsetzt rief Nebukadnezzar den Männern zu: „O, ihr Diener des höchsten Gottes, kommt heraus aus dem Feuer!"

Die Freunde stiegen heraus, und alle konnten sehen, dass

ihnen kein Haar gekrümmt worden war. Ja, sie rochen nicht einmal nach Rauch.

„Ich lobe den Gott von Schadrach, Meschach und Abed-Nego, der seinen Engel geschickt hat, um seine Diener zu retten!“, rief Nebukadnezzar laut. „Sie haben auf ihn vertraut und waren ungehorsam gegen mich. Sie waren bereit, ihr Leben hinzugeben für ihren Gott!“

Da befahl der König allen im Land, den Gott der Israeliten anzubeten. Die drei Freunde aber ernannte er zu den höchsten Beamten in ganz Babylon.

Belschazzars Fest

Daniel 5

Die Jahre vergingen, und ein neuer König kam auf den Thron von Babylon. Er hieß Belschazzar. Er war ein stolzer, rücksichtsloser Mann, der sein eigenes Land zu Grunde richtete. Doch eines Nachts kam seine Herrschaft zu einem plötzlichen Ende.

Belschazzar feierte mit tausend der vornehmsten Männer seines Landes ein rauschendes Fest. Er trank viel Wein, lachte laut und prahlte mit den vielen Eroberungen, die Babylon schon gemacht hatte. Auf einmal hob er die Hand und rief: „Holt alle heiligen Gefäße aus Gold und Silber her, die mein Vater aus dem Tempel in Jerusalem mitgebracht hat! Sie sind in meiner Schatzkammer.“

Seine Diener holten die wunderschönen Sachen, die die Babylonier einfach gestohlen hatten, als sie Jerusalem zerstörten. Unbeholfen, weil er schon so betrunken war, schüttete Belschazzar Wein in einen der Becher.

„Los kommt!“, rief er. „Trinken wir auf alle Götter Babylons!“ Doch während die Männer noch tranken, tauchte an der Palastwand eine unheimliche Hand auf. Sie schrieb seltsame Worte an die Wand: Mene mene tekel u-parsin.

Da fing Belschazzar vor Schreck an zu zittern. „Wer diese Botschaft deuten kann“, stammelte er, „den werde ich reich belohnen. Ich mache ihn zu meinem Stellvertreter!“

Doch keiner seiner Zauberer und Wahrsager verstand auch nur ein Wort. Da erinnerte die Königin ihren Mann an etwas: „Als dein Vater König Nebukadnezzar noch lebte, gab es einen Mann mit Namen Daniel. Der war weise und konnte Träume deuten. Lass ihn holen!“

Daniel wurde zum König gebracht.

„Ich werde dich reich belohnen, wenn du mir die Botschaft da an der Wand erklären kannst“, sagte der König.

„Deine Belohung kannst du behalten!“, erwiderte Daniel. „Ich werde dir auch so sagen, was der Herr des Himmels mit diesen Worten gemeint hat. Ihr habt aus den Bechern aus seinem Tempel getrunken und dabei heidnische Götter gepriesen und den wahren Gott verspottet, der euch das Leben geschenkt hat. Deshalb sagt er euch Folgendes: ‚Mene‘ bedeutet ‚gezählt‘. Gott hat die Tage deiner Herrschaft gezählt und setzt ihnen ein Ende. ‚Tekel‘ bedeutet ‚gewogen‘. Gott hat dich gewogen und für zu leicht befunden. ‚Peres‘ heißt ‚geteilt‘. Dein Königreich wird zwischen den Medern und Persern aufgeteilt.“

Noch in derselben Nacht wurde Belschazzar umgebracht. Sein Königreich fiel an den Meder Darius.

Daniel bei den Löwen

Daniel 6

Daniel freundete sich mit König Darius an und wurde sein engster Berater.

Die übrigen Beamten im Land wurden neidisch. Als sie dann auch noch hören mussten, dass der König Daniel zum wichtigsten Mann im ganzen Königreich machen wollte, schmiedeten sie einen Plan, um Daniel zu vernichten. Sie wussten, dass er immer ein Jude geblieben war und sich nie den babylonischen Sitten angepasst hatte. Er hielt sich nach wie vor an die Gebote seines Gottes.

Die führenden Beamten gingen zum König und sagten: „Du bist ein so weiser Herrscher. Erlass doch ein Gesetz, nach dem das ganze Volk dreißig Tage nur dich anbeten darf – und keinen anderen Gott."

Dieser Vorschlag überraschte König Darius zwar, aber er gefiel ihm auch. Seine Beamten verbeugten sich tief und sagten dann noch: „Jeden, der einen anderen Gott anbetet, sollen die Löwen fressen."

Also schrieb Darius selbst das Gesetz auf und setzte vor ihren Augen das königliche Siegel darunter. Da freuten sich Daniels Feinde, dass alles so gut geklappt hatte. Sie verbeugten sich noch einmal und lächelten schadenfroh. Denn sie wussten, dass dieses Gesetz nach den Regeln der Meder und Perser unabänderlich war.

Auch Daniel erfuhr von dem neuen Gesetz. So wie gewohnt betete er aber weiterhin dreimal am Tag in einem Zimmer, dessen Fenster in Richtung Jerusalem blickten.

Bald berichtete man König Darius: „Daniel weigert

sich, dich anzubeten, und spricht nur mit seinem eigenen Gott.“

Da wurde Darius ganz blass. Tief bekümmert schlug er die Hände vors Gesicht, denn er hatte Daniel sehr gern und vertraute ihm.

„Denk daran, dass deine Gesetze nicht geändert werden können“, sagten seine Beamten hinterlistig.

„Ja, ich weiß!“, rief der König und stürmte davon. Verzweifelt dachte er darüber nach, wie er seinen Freund Daniel doch noch retten könnte. Aber es gab keinen Ausweg. Er hatte das Gesetz eigenhändig unterzeichnet. Also war er gezwungen, Daniel festnehmen und in die Löwengrube werfen zu lassen.

Als das geschehen war, rief er in die Grube hinunter: „Daniel, möge der Gott, an den du so fest glaubst, dich jetzt retten!“

Die riesige Grube wurde mit einem Stein verschlossen. König Darius ging traurig davon. In dieser Nacht konnte er nichts essen und auch nicht schlafen. Bei Sonnenaufgang rannte er den Weg vom Palast zur Löwengrube. Am Eingang blieb er stehen und lauschte. Er konnte keinen Laut hören. Verzweifelt lehnte er sich gegen den Stein und rief: „Daniel, Daniel, du Diener des lebendigen Gottes, konnte dein Gott dich vor den Löwen retten?“

Da hörte er aus der Dunkelheit eine Stimme widerhallen: „Lang lebe der König!“

„Daniel … bist du es? … Lebst du noch?“

„Ja, ich lebe, mein König. Ich habe nicht einmal einen Kratzer, denn mein Gott hat mir einen Engel geschickt. Der hat den Löwen das Maul verschlossen!“

„Rollt den Stein weg“, befahl der König seinen Soldaten.

Da sah er Daniel dort unten sitzen. Die Soldaten zogen ihn wieder ans Tageslicht.

Der König aber ließ seine hinterhältigen Beamten in die Löwengrube werfen. Noch bevor sie unten angekommen waren, hatten die Löwen sie auch schon angesprungen und getötet.

„Jetzt erlasse ich ein neues Gesetz“, verkündete König Darius. „Und das muss auf jeden Fall befolgt werden: Alle im Land sollen Daniels Gott anbeten. Denn der hat seinen Diener aus den Tatzen der Löwen gerettet. Er ist der lebendige Gott!“

Königin Ester

Ester 1.2

Xerxes war ein mächtiger König. Er herrschte über das große Land Persien, zu dem jetzt auch Babylon gehörte, und lebte in einem riesigen Palast. Er hatte alles, was er nur wollte.

Zur Feier seines dritten Jahres als König gab er ein großes Fest, auf dem nur die besten Weine und die feinsten Speisen serviert wurden.

Während der König mit seinen Gästen feierte, gab Königin Waschti, seine Frau, ein eigenes Fest für die Frauen im Palast.

Am siebten Tag war König Xerxes schon ganz übermütig vom vielen Trinken. „Holt die Königin her“, befahl er seinen Dienern. „Sie soll allen meinen Gästen zeigen, wie schön sie ist!“

Davon wollte die Königin aber nichts wissen. Deshalb ließ sie dem König bestellen, dass sie seine Einladung nicht annehmen werde.

Als Xerxes das hörte, schlug er mit der Faust auf den Tisch. Dann fragte er seine Berater: „Was ist zu tun, wenn die Königin dem König nicht gehorcht, dessen Wort doch für alle Gesetz ist?"

„Verstoße sie für alle Zeiten", gaben sie zur Antwort. „Dann lass bekannt werden, dass der König eine neue Frau sucht. Eine, die aufs Wort gehorcht und allen Frauen in Persien ein gutes Beispiel gibt."

Das ließ der König auch überall verkünden. Viele junge Frauen meldeten sich und wurden in den Palast gebracht, damit er sich eine neue Königin aussuchen konnte.

In der Stadt Susa lebte eine junge Frau mit Namen Ester. Ihre Schönheit war überall berühmt. Als die Diener des Königs davon hörten, holten sie auch sie in den Palast. Und schon bald bekam sie unter allen Frauen einen Ehrenplatz.

Esters Familie stammte von den Gefangenen ab, die König Nebukadnezzar aus Jerusalem verschleppt hatte. Seit dem Tod ihrer Eltern lebte sie allein bei ihrem Vetter Mordechai.

„Sag niemandem, dass du Jüdin bist", schärfte er ihr ein. „Sei bloß vorsichtig! Ich werde jeden Tag am Tor des Palastes stehen und darauf achten, wie es dir geht."

Nachdem man sie zwölf Monate lang mit Schönheitsmitteln behandelt und ihr die edelsten Speisen zu essen gegeben hatte, durfte Ester endlich vor den König treten.

Xerxes verliebte sich auf den ersten Blick in sie und zog sie allen anderen Frauen in seinem Palast vor. Und schließlich ließ er sie zur Königin über das persische Reich ausrufen.

Ester beweist Mut

Ester 2-9

Mordechai hatte einen Posten am Tor des königlichen Palastes. So wusste er stets, wie es seiner Kusine Ester, der neuen Königin, ging.

Zu dieser Zeit machte Xerxes einen Mann namens Haman zum höchsten Beamten im Land. Haman war sehr stolz, denn er kam aus einer vornehmen Familie. Alle anderen am Hof verbeugten sich tief, wenn er vorüberging. Doch eines Tages bemerkte er, dass Mordechai sich nicht verbeugte.

„Wer ist dieser Mann?“, zischte er den Torwächtern zu.

„Mordechai, Herr.“

„Warum beleidigt er mich?“

„Er ist ein Jude, Herr, und die dürfen sich nur vor ihrem Gott verbeugen.“

Von diesem Augenblick an konnte Haman Mordechai und alle anderen Juden nicht leiden. Er fing an, den König gegen sie aufzuhetzen. Am Ende hatte er erreicht, was er wollte: Xerxes erließ einen Befehl, nach dem alle Juden getötet und ihr Besitz weggenommen werden durften.

Mordechai schickte Ester eine Abschrift des Befehls. „Du musst unbedingt beim König für dein Volk um Gnade bitten!“, sagte er.

Ester war ganz außer sich vor Kummer, als sie den Befehl las. Doch sie wusste auch, wie gefährlich es für sie war, den König darauf anzusprechen.

Niemand durfte in die Nähe des Königs kommen, ohne dass er von Xerxes gerufen worden war. Wer dieses Gesetz missachtete, wurde zum Tode verurteilt.

Mordechai sagte zu Ester: „Wenn du jetzt schweigst, bekommen wir anderswoher Hilfe. Aber du und deine Familie, ihr werdet sterben. Wer weiß, ob du nicht gerade deshalb Königin geworden bist, um dein Volk zu retten."

„Ich will den König aufsuchen", erwiderte Ester. „Und wenn ich dafür sterben muss."

Nachdem sie drei Tage lang gebetet und gefastet hatte, zog Ester ihr schönstes Kleid an und ging in den Innenhof des Palastes. Sie schritt durch alle Türen und blieb vor dem König stehen. Als er sie erblickte, wurde er zornig. Sein Gesicht sah so Furcht erregend aus, dass Ester vor Angst in Ohnmacht fiel. Da sprang der König vom Thron und nahm sie in die Arme, bis sie wieder zu sich kam.

„Was ist mit dir, meine Königin?", murmelte er. „Du kannst haben, was du willst. Ich gebe dir alles, um das du mich bittest, sogar die Hälfte meines Königreichs."

„Wenn es dir recht ist, mein König", erwiderte sie, „dann komm doch heute Abend mit Haman zu einem Festessen, das ich für dich zubereiten lasse."

Als Haman hörte, dass er beim König und der Königin essen sollte, war er überglücklich. Doch die gute Laune verging ihm sofort, als er Mordechai begegnete und dieser sich wieder nicht vor ihm verbeugte.

Deshalb befahl Haman seinen Dienern, einen zwanzig Meter hohen Galgen aufzustellen. Nach dem Essen wollte er den König bitten, Mordechai wegen seines Ungehorsams daran aufhängen zu lassen.

Beim Abendessen fragte der König Ester, was sie sich denn nun wünsche. „Schenk mir mein Leben", antwortete sie.

„Dein Leben?"

„Mein Leben und das Leben meines Volkes."

„Was meinst du denn? Was bedeutet das?“, wollte der König wissen.

„Mein Herr“, sagte Ester, „es gibt einen Befehl, nach dem mein ganzes Volk sein Leben und seinen Besitz verlieren soll.“

„Welcher Unmensch hat sich denn das ausgedacht?“, fragte der König.

„Der da neben dir!“, rief Ester. „Haman ist der Unmensch, der uns vernichten will!“

Da befahl der König, dass man Haman hinrichten sollte. Und er wurde genau an dem Galgen aufgehängt, den er für Mordechai hatte bauen lassen.

Von diesem Tag an waren die Juden in Sicherheit. Der König gab ihnen sogar das Recht, sich gegen alle ihre Feinde zu verteidigen.

Mordechai bekam das höchste Amt im Königreich. Und Ester wurde verehrt als eine Frau, die nicht nur schön, sondern auch sehr mutig war.

Das jüdische Volk richtete einen besonderen Feiertag ein, das so genannte „Purimfest“, um die Rettung der Juden vor dem sicheren Tod für alle Zeiten in Erinnerung zu behalten.

Glückliche Heimkehr

Esra 1-6

Seit der babylonische König Nebukadnezzar es gefangen genommen hatte, sehnte sich Gottes Volk danach, nach Jerusalem zurückzukehren.

Jeden Tag beteten die Menschen dreimal in Richtung Jerusalem. Jeden Tag weinten sie über die Zerstörung der heiligen Stadt. Sie träumten von ihrem Tempel, der einmal so schön gewesen war und jetzt in Trümmern lag und von Unkraut überwuchert wurde. Sie konnten es kaum erwarten heimzukommen, ihre Hauptstadt wieder aufzubauen und Gott an diesem heiligen Ort anzubeten.

Viele, viele Jahre vergingen, und manchmal schien es, als hätte Gott sich ganz zurückgezogen. Doch er hatte sein geliebtes Volk keineswegs vergessen, sondern bereitete alles vor für den Tag, an dem es nach Jerusalem zurückkehren sollte.

Es geschahen erstaunliche Dinge: Kyrus, der neue König von Persien, ließ überall verkünden: „Der Herr des Himmels hat mir den Auftrag gegeben, ihm in Jerusalem einen Tempel zu bauen!"

Der große König, der eigentlich an viele verschiedene Götter glaubte, war sich ganz sicher, dass der Gott Israels zu ihm gesprochen hatte.

Und so gab er vielen jüdischen Familien die Erlaubnis, sich auf den Heimweg nach Juda zu machen. Dort sollten sie Jerusalem und seinen Tempel wieder aufbauen.

Die Männer, Frauen und Kinder, die aus der Fremde zurückkehrten, sangen Loblieder auf Gott:

„Als Gott die Gefangenen nach Jerusalem zurückbrachte,
da war es wie im Traum.
Wir lachten vor Staunen
und sangen vor Freude.
Und alle anderen Völker sagten:
‚Seht nur, wie viel Gutes ihr Gott ihnen getan hat!'
Der gute Gott hat so viel für uns getan,
und wir schäumen über vor Freude."

Jerusalem wird wieder aufgebaut

Nehemia 1-7

So kehrte Gottes Volk aus Babylon zurück. Die Israeliten wollten unbedingt den Tempel wieder aufbauen. Aber das war gar nicht so einfach. Um Jerusalem herum lebten viele Menschen, die sie daran hindern wollten. Viele Jahre ging das so. Inzwischen war schon der Enkel von König Kyrus, der dem Volk die Rückkehr ermöglicht hatte, an der Regierung. Da schien es endgültig so, als müssten die Israeliten ihren Traum vom Tempel aufgeben.

Nehemia hörte von der Not der Menschen in Jerusalem. Er war der Mundschenk des Königs von Persien. Nehemia erfuhr, dass die Stadtmauern von Jerusalem wieder eingerissen und die Tore in Brand gesetzt worden waren.

Als er das hörte, weinte er bitterlich. Viele Tage lang betete und fastete er. Nichts konnte ihn trösten. Dabei war er doch reich und hoch angesehen am Hof des persischen Königs.

Aber Nehemias Herz hing an seiner Heimat – Jerusalem. Er konnte nur noch daran denken, wie schlimm es dort zuging. Er weinte und weinte und betete immer wieder zu Gott. Er bekannte alle seine Sünden und auch die Sünden seines Volkes, die vor so vielen Jahren dazu geführt hatten, dass es aus seinem Heimatland vertrieben worden war. „Erhöre doch mein Gebet, Herr“, bat er, „und mach, dass der König mir heute wohl gesonnen ist.“

Dann ging Nehemia zu König Artaxerxes. Seine Augen hatte er auf den Boden gerichtet, und er machte ein sehr trauriges Gesicht. Dabei galt es als schweres Vergehen, wenn man vor dem König nicht fröhlich war. Nehemia ging also ein großes Risiko ein. Doch der König hatte Mitleid.

„Warum siehst du so schlecht aus, Nehemia?", fragte er. „Körperlich krank bist du offensichtlich nicht, also musst du im Herzen Kummer haben."

Nehemia verbeugte sich. „Lang lebe mein König! Wie soll ich nicht traurig sein, wenn die Stadt, in der meine Vorfahren begraben liegen, zerstört ist?"

„Was kann ich für dich tun?", wollte der König wissen.

Nehemia betete noch einmal leise zu Gott. Dann sagte er zum König: „Lass mich nach Jerusalem zurückkehren und die Stadt wieder aufbauen."

König Artaxerxes erlaubte es ihm und gab ihm sogar Briefe mit, in denen er Nehemias Plan unterstützte. Er versprach ihm auch Holz aus den königlichen Wäldern. Daraus sollten die Stadttore gebaut werden.

So machte sich Nehemia auf den Weg zurück nach Hause.

Als er in Jerusalem ankam, konnte er die Menschen, die dort lebten, neu für die Arbeit am Tempel begeistern. Er zeigte ihnen einen Brief des Königs und sagte: „Gott ist auf unserer Seite!"

So wurden sie wieder neu mit Hoffnung und Mut erfüllt. Jede Familie half mit. Sie bauten die Mauern ihrer Häuser wieder auf. Nehemia und jene Leute, die mit ihm aus Persien gekommen waren, beteten und arbeiteten, bis die Stadtmauern endlich zur Hälfte standen.

Davon hörten Sanballat und Tobija. Es gefiel ihnen gar nicht, dass die Juden die Stadt wieder aufbauten. Sie kamen mit ihren Pferden angeritten und machten sich lustig: „Was ist das denn für eine Mauer?", spotteten sie. „Die könnte ja sogar ein Fuchs umwerfen!"

Nehemia ließ sich von ihnen nicht einschüchtern. Dabei hatten sie ihn beschuldigt, sich gegen König Artaxerxes aufzulehnen. Sie verbreiteten sogar die Lüge, Nehemia wolle selbst König werden.

Da gab Nehemia seinen Leuten Waffen und sorgte dafür, dass die Mauer ständig bewacht wurde.

„Baut ruhig weiter“, sagte er. „Sanballat und Tobija glauben wohl, sie könnten uns mit ihrem Spott und ihren Drohungen zum Aufgeben zwingen!“

Nehemia war ein guter Anführer. Jeden Tag redete er seinen Leuten gut zu. Er teilte die Arbeit vernünftig ein, erinnerte alle an Gottes Beistand und arbeitete auch selbst sehr hart. Er betete: „Herr, mache meine Hände kräftig, damit wir die Arbeit bald zu Ende bringen können.“

Gott erhörte seine Gebete. In nur zwei Monaten stand die Stadtmauer wieder.

Gottes Volk vereint

Esra, Nehemia 8-13

Dass Jerusalem mit seinem Tempel, seinen starken Mauern und seinen vielen Häusern jetzt wieder aufgebaut war, kam den Menschen vor wie ein großes Wunder. Doch der Priester Esra erklärte ihnen, dass dies nur der Anfang sei.

Esra war es auch, der die Juden wieder zu einem vereinten Volk machte. Er kam nach Jerusalem zu der Zeit, als auch Nehemia dort lebte. Da rief er das Volk zusammen. Eine große Menschenmenge, Männer, Frauen und Kinder aus dem ganzen Land Juda, stand dicht beieinander auf dem Platz vor dem Wassertor. Esra stellte sich auf eine hohe Holzkiste und rief mit lauter Stimme: „Gesegnet sei Gott, der Herr!"

Die Leute antworteten: „Amen, Amen."

Esra begann, aus dem Gesetzbuch Gottes vorzulesen. Als die Menschen die Worte hörten, die einst Mose aufgeschrieben hatte, fingen sie an zu weinen. Die alten Leute weinten, weil sie daran erinnert wurden, was sie als Kinder gelernt hatten. Die Jungen weinten, weil es für viele von ihnen das erste Mal war, dass sie Gottes heilige Worte hörten.

Nehemia und Esra sagten dem Volk: „Heute ist ein Tag zum Feiern. Hört auf zu weinen. Geht nach Hause und esst die besten Speisen und trinkt die süßesten Weine. Gebt den Armen etwas ab und freut euch!"

Esra lehrte das jüdische Volk alles über Gottes Gebote und auch über seine Festtage und Bräuche. So führte er es zum Glauben an Gott zurück.

Außerdem verboten Esra und Nehemia die Heirat zwischen Juden und Völkern, die an andere Götter glaubten. Denn sie hatten erkannt, dass solche „Mischehen" großes Unheil über ihr Volk gebracht hatten. So war es oft zum Glauben an heidnische Götter verführt worden.

Weil Nehemia so mutig eingriff und Esra sich als ein guter Lehrer erwies, blühten die Stadt Jerusalem und auch das jüdische Volk wieder auf. Der Weg war frei für einen neuen Anfang.

Der Prophet Jona

Jona 1-3

„Jona", sprach Gott eines Tages zu seinem Propheten, „ich habe eine ganz besondere Aufgabe für dich. Geh nach Ninive."

„Nach Ninive? Das liegt ja in dem schrecklichen Land Assyrien!", rief Jona. Er konnte nicht glauben, dass Gott so etwas von ihm verlangte.

„Jona, du musst hingehen und die Leute dort warnen. Ich habe nämlich ihr böses Treiben genau gesehen."

Jona ging aus dem Haus. Er wollte nicht nach Ninive, in die Hauptstadt der schlimmsten Feinde seines Volkes. Da sollte ein israelitischer Prophet durch die Straßen laufen und vor Gottes Strafe warnen? Unmöglich!

Als Jona am Hafen ankam, nahm er nicht das Schiff nach Ninive, sondern eins, das genau in die entgegengesetzte Richtung fuhr. Es war nach Spanien unterwegs.

Mitten auf dem Meer kam plötzlich ein schwerer Sturm auf. Den hatte Gott geschickt. Das Schiff wurde von den meterhohen Wellen umhergeworfen, und alle Seeleute schrien laut vor Angst. Sie beteten zu ihren heidnischen Göttern, doch der Sturm wurde nur noch schlimmer. Da entdeckte der Kapitän Jona, der schnarchend ganz unten im Schiff lag.

„Wach auf!", rief er. „Wie kannst du denn schlafen, wenn wir drauf und dran sind, unterzugehen und zu ertrinken? Bete sofort zu deinem Gott und bitte ihn, uns zu retten!"

Die Seeleute wollten herausfinden, wer Schuld an diesem Unheil hatte. Deshalb warfen sie das Los. Es fiel auf Jona.

„Wer bist du? Woher kommst du?“, schrien sie gegen den tosenden Wind an.

„Ich bin ein Jude. Ich glaube an den Gott, der Himmel und Erde erschaffen hat. Aber ich war ungehorsam gegen ihn!“, antwortete Jona.

„Was sollen wir tun?“, wollten sie wissen.

Jona wusste, dass er nirgendwo auf der Welt vor Gott fliehen konnte. Deshalb sagte er: „Es gibt nur eine Lösung. Ihr müsst mich über Bord werfen!“

Das wollten die Seeleute zuerst nicht tun. Aber sie hatten keine andere Wahl. Der Sturm fegte unerbittlich über das Meer. Da warfen sie Jona über Bord.

Sofort legte sich der Wind, und das Meer wurde ruhig. Die Seeleute waren starr vor Staunen. Sie dankten Jonas Gott, der sie vor dem Tod gerettet hatte, und baten ihn um Vergebung, dass sie den Propheten über Bord geworfen hatten.

Und Jona? Es war nichts mehr von ihm zu sehen, nur das weite Meer. Doch Gott schickte einen großen Fisch, der Jona mit Haut und Haaren verschlang. Drei Tage und drei Nächte saß Jona in seinem Bauch.

Dann betete er zu Gott und versprach, dass er seinen Auftrag erfüllen wolle, und Gott erhörte ihn. Er sorgte dafür, dass der Fisch Jona am Ufer des Meeres wieder ausspuckte. Der Prophet fand sich auf trockenem Boden wieder, ganz in der Nähe der Stadt Ninive.

Jetzt konnte sich Jona Gottes Willen nicht länger entziehen. Also verkündete er mit lauter Stimme: „In vierzig Tagen wird Ninive zerstört.“

Die Assyrer waren entsetzt über das, was dieser sonderbare Mann sagte. Aber sie hörten ihm zu.

Zum Zeichen, dass ihm das wilde Treiben seiner Stadt nun Leid tat, zog der König Trauerkleider an. Dann sagte er: „Wir müssen unser Leben ändern. Vielleicht lässt Gott sich dann umstimmen, und wir werden noch einmal verschont."

Jona sprach auch weiterhin von Strafe und Untergang. Dann ging er zum Stadttor von Ninive und wartete darauf, dass Feuer vom Himmel fiel.

Er sah zu, wie die Sonne unterging, und dachte bei sich: „Jetzt werden unsere Feinde endlich ihre Lektion lernen. Jetzt werden sie sehen, wie mächtig unser Gott ist und wie er strafen kann!"

Es wurde dunkel, und Jona wartete noch immer. Er sah hinauf zu den leuchtenden Sternen, aber keiner von ihnen fiel herunter. Nur das zarte Zwitschern der Vögel war zu hören, als es allmählich Morgen wurde. Die Leute von Ninive fingen vor Freude an zu weinen und fielen sich um den Hals, denn sie waren gerettet.

Da wurde Jona furchtbar wütend auf Gott. „Warum, glaubst du, bin ich weggelaufen? Ich wusste, dass du es dir wieder anders überlegen würdest. Nach all der Mühe, die ich mir gegeben habe! Am liebsten wäre ich tot!"

„Jona", sprach Gott sanft, „ist es recht von dir, so wütend zu sein?"

Darauf gab Jona keine Antwort. Er ging davon in die Wüste und setzte sich dort in die brennende Hitze.

In dieser Nacht ließ Gott über Jona eine Pflanze wachsen, damit er Schatten hatte. Am nächsten Morgen freute sich Jona sehr über den Schutz. Doch ließ Gott einen Wurm kommen, der die Wurzel der Pflanze anfraß. Und sie verdorrte schnell.

Am folgenden Tag saß Jona wieder missmutig in der brennenden Hitze. Da schickte Gott auch noch einen glühend heißen Ostwind. „Ich will sterben", stöhnte Jona. „Lass mich eingehen wie die Pflanze."

„Jona", sprach Gott. „Ist es recht, dass du wegen der Pflanze böse auf mich bist?"

„Ich bin so wütend, dass ich platzen könnte!", schrie Jona.

„Es tut dir Leid um die Pflanze, obwohl sie von ganz allein gewachsen ist und dich nichts gekostet hat. Warum darf es mir dann nicht um die vielen Tausend Menschen in Ninive und all ihre Tiere Leid tun? Ist es etwa unrecht von mir, ihnen meine Liebe zu zeigen?"

Da sagte Jona nichts mehr. Von fern hörte er die Kinder in den Straßen von Ninive singen.

Mit Jona wollte Gott seinem Volk zeigen, dass er auch die anderen Nationen liebt und sich um seine ganze Schöpfung kümmert.

Der Messias wird angekündigt

Jesaja, Micha

Als Gottes Volk sich ein zweites Mal in Jerusalem ansiedelte, erinnerten sich einige wieder daran, dass Gott versprochen hatte, ihnen den „Messias" zu schicken, das heißt den „Gesalbten". Damit ist Jesus gemeint, Gottes eigener Sohn, der in die Welt kommen sollte, um sie zu retten. Der Prophet Jesaja hatte schon davon gesprochen:

„Die Menschen, die im Dunkeln gelebt haben,
haben ein helles Licht gesehen.

Sie haben im Land der Schatten gelebt,
aber jetzt ist der Morgen angebrochen.
Denn ein Kind ist uns geboren,
der künftige König ist uns geschenkt.
Man wird ihn nennen:
umsichtiger Herrscher, mächtiger Held,
ewiger Vater, Friedensfürst.
Er wird auf dem Thron Davids regieren,
und seine Herrschaft wird für immer Bestand haben.
Gott, der Herr der ganzen Welt,
hat es so beschlossen und wird es tun.
Er wird uns den Frieden bringen
und für immer regieren.
Er wird von Davids Thron aus herrschen
und sein Königreich regieren.
Ehrlich und gerecht wird er herrschen
für alle Zeiten."
Der Prophet Micha sagte voraus, dass der Messias
aus Betlehem kommen werde,
um die Menschen zu retten:
„Aus dir, Betlehem,
so klein du auch bist unter den Städten Juda,
wird der Herrscher des künftigen Israels kommen.
Sein Ursprung liegt in ferner Vergangenheit.
Im Auftrag des höchsten Herrn
und mit der Kraft, die der Herr ihm gibt,
wird er die Israeliten schützen und leiten.
Sie werden in Sicherheit leben können,
weil alle Völker der Erde
seine Macht anerkennen."

Das Neue Testament

Jesus sagt: „Ich bin das Licht der Welt!“
Johannes 8,12

Zacharias wird stumm

Lukas 1

Mehr als vierhundert Jahre waren vergangen, seit Gottes Volk aus der Gefangenschaft in Babylon zurückgekehrt war. Doch auch in ihrer Heimat konnten die Menschen nicht frei leben. Zuerst hatten die Griechen ihr Land erobert und danach die Römer. Die Menschen wollten sich endlich aus der Herrschaft der Römer befreien und ihren eigenen König haben. Schon vor Jahrhunderten hatten die Propheten versprochen, dass ein neuer König wie David kommen würde, der „Gesalbte", der „Messias", der Retter der Welt.

Viele hofften, der Messias würde eine Armee zusammenstellen, um gegen die Römer zu kämpfen. Andere hatten die Worte der Propheten schon fast vergessen. Doch es gab auch einige, die dafür beteten, dass der Messias Gerechtigkeit und Frieden bringen möge – so wie Gott es versprochen hatte.

Zu diesen Menschen gehörte auch der Priester Zacharias. Er war schon lange mit seiner Frau Elisabet verheiratet. Aber die beiden hatten noch immer keine Kinder, obwohl sie Gott täglich darum baten. Zu jener Zeit galten Kinder als ein Segen Gottes. Zacharias und Elisabet konnten nicht verstehen, warum sie diesen Segen nicht erhalten hatten, denn sie führten ihr Leben so, wie es Gott gefiel. Und sie richteten sich stets nach seinen Geboten.

Eines Tages versah Zacharias wieder seinen Priesterdienst im Tempel von Jerusalem. Er war an der Reihe, das Räucheropfer darzubringen, und er ging allein in das Innere des Tempels. Die anderen Tempelbesucher beteten draußen. Zacharias streute den Weihrauch ins Feuer. Der Rauch stieg zur Decke, und plötzlich erschien eine strahlend helle Gestalt neben dem Altar. Zacharias bekam große Angst.

„Fürchte dich nicht, Zacharias", sagte die Gestalt. Die Stimme, welche den ganzen dunklen Raum erfüllte, klang wie das Rauschen des Windes in den Baumwipfeln.

Zacharias spürte sofort, dass ein Engel vom Himmel vor ihm stand. Wieder erklang die Stimme: „Gott hat deine Gebete erhört. Deine Frau Elisabet wird einen Sohn bekommen. Den sollt ihr Johannes nennen. Er wird euch viel Freude machen. Auch andere werden sich über ihn freuen, denn Gott wird ihm eine wichtige Aufgabe geben und ihn mit seinem Heiligen Geist erfüllen. Euer Sohn soll die Menschen auf die Ankunft ihres Erlösers vorbereiten."

„Woran soll ich erkennen, dass du Recht hast?", fragte Zacharias. „Ich meine … ich bin doch schon alt, und meine Frau ist auch nicht mehr jung …"

Der Engel schaute ihn ernst an. „Ich bin Gabriel und wohne bei Gott. Er hat mich mit dieser guten Nachricht zu dir geschickt. Weil du Zweifel hast, sollst du nicht mehr sprechen können, bis es so weit ist!"

Schon war der Engel verschwunden. Zacharias wollte ihm nachrufen, aber er konnte seine Zunge nicht mehr bewegen. Er versuchte zu schreien, doch kein Laut kam über seine Lippen. Er eilte die Tempelstufen hinab, wo das Volk auf ihn wartete – und blieb stumm.

Als seine Dienstwoche beendet war, ging Zacharias

zurück nach Hause in die Berge von Judäa, und schon bald war seine Frau Elisabet schwanger.

Ein Engel bei Maria

LUKAS 1

Sechs Monate später schickte Gott den Engel Gabriel in die Stadt Nazaret, hoch oben in den Bergen von Galiläa.

Dort lebte eine junge Frau bei ihren Eltern. Sie hieß Maria und war mit dem Zimmermann Josef verlobt.

Maria war gerade allein zu Hause, als sie plötzlich bemerkte, dass jemand in der Tür stand und die Sonne verdeckte.

Erschrocken blickte sie auf und versuchte, das Gesicht des Fremden zu erkennen. Aber die Sonne blendete sie.

„Sei gegrüßt, Maria!“, rief eine Stimme, die den kleinen Raum erfüllte und im ganzen Haus hallte. „Der Herr ist mit dir“, sprach Gabriel weiter. „Gott hat eine große Aufgabe für dich!“

Maria erschrak. Sie zitterte und wusste nicht, was sie sagen sollte. Ihr war nicht klar, was diese Worte bedeuteten.

„Hab keine Angst, Maria“, sagte Gabriel. „Du bist von Gott gesegnet!“

„Gesegnet …“, flüsterte sie, „von Gott …?“

„Ja“, bestätigte der Engel. „Denn du wirst einen Sohn zur Welt bringen. Dem sollst du den Namen Jesus geben. Er wird ein bedeutender Mann sein und ‚Sohn des Allerhöchsten‘ genannt werden. Gott wird ihm den Thron seines Vorfahren König David geben, und er wird für alle Zeiten über sein Volk herrschen."

„Wie kann das sein?", fragte Maria und schaute den Engel an. „Ich bin doch noch gar nicht mit Josef verheiratet!"

„Maria", erwiderte der Engel, „Gott wird es möglich machen durch seine Macht. Sein Heiliger Geist wird über dich kommen. Deshalb wird man das Kind, das du zur Welt bringst, auch ‚Sohn Gottes' nennen."

Gabriel drehte sich um und ging zurück zur Tür, ins Sonnenlicht hinein. Dann blieb er noch einmal stehen, wandte sich Maria zu und sagte: „Auch deine Kusine Elisabet bekommt ein Kind, obwohl sie schon so alt ist. Sie ist im sechsten Monat schwanger. Du siehst: Bei Gott ist nichts unmöglich!"

„Ich bin Gottes Dienerin", flüsterte Maria. „Alles soll genau so geschehen, wie du es gesagt hast!"

Als Maria wieder aufsah, war der Engel verschwunden. Doch das helle Sonnenlicht erfüllte den Raum und vertrieb alle Dunkelheit.

Maria besucht Elisabet

Lukas 1

In Judäa bereitete sich Elisabet auf die Geburt ihres Babys vor. Maria machte sich auf den Weg, um sie dort im Bergland zu besuchen. Als Maria das Haus betrat und Elisabet ihren Gruß hörte, bewegte sich das Kind in Elisabets Bauch heftig. Elisabet wurde vom Geist Gottes erfüllt und rief: „Du bist von allen Frauen die glücklichste. Und auch dein Baby ist gesegnet. Wer bin ich, dass die Mutter meines Erlösers zu mir nach Hause kommt?“

Maria setzte sich neben sie, und die beiden Frauen umarmten sich liebevoll. „In dem Moment, als du mich begrüßtest, hat das Kind in mir vor Freude getanzt“, flüsterte Elisabet. „Du kannst froh sein, Maria, denn du hast geglaubt, was Gott dir versprochen hat.“

Da sang Maria dieses Loblied:

Mein Herz singt von der Größe des Herrn,
und ich jubele vor Freude über Gott, meinen Retter.
Denn er hat sich mir zugewandt, einer einfachen Frau.
Von nun an werden mich alle Menschen glücklich nennen,
denn der allmächtige Gott hat Großes für mich getan.
Sein Erbarmen hört niemals auf;
er schenkt es allen, die ihn ehren,
über viele Generationen hin.
Er fegt die Stolzen weg.
Könige stößt er vom Thron,
und Unterdrückte macht er groß.
Den Hungrigen gibt er reichlich zu essen,
und die Reichen schickt er mit leeren Händen fort.
Seinem Volk Israel hilft er,
denn er hält sein Versprechen,
das er Abraham und allen seinen Nachkommen
für alle Zeit gegeben hat.

„Er heißt Johannes!“

Lukas 1

Kurz nachdem Maria nach Nazaret zurückgegangen war, brachte Elisabet einen Sohn zur Welt.

Als er acht Tage alt war, wurde er für die Beschneidung und die Namensgebung vorbereitet, so wie es Sitte war. Die Nachbarn und Verwandten kamen dazu und wollten das Kind nach seinem Vater „Zacharias“ nennen. Da rief Elisabet laut: „Nein! Er soll Johannes heißen!“ Die Gäste wunderten sich: „So hat aber noch nie jemand in deiner Familie geheißen. Lasst uns seinen Vater fragen!“

Sie gingen zu Zacharias und fragten ihn: „Wie soll dein Sohn heißen?“ Zacharias ließ sich eine Schreibtafel geben und schrieb darauf: „Er heißt Johannes.“ Im selben Moment konnte Zacharias wieder sprechen, und er lobte Gott aus vollem Herzen.

Da sagten alle: „Was aus dem Kind wohl werden wird? Gott hat sicher etwas Besonderes mit ihm vor.“

Johannes wuchs heran, wurde kräftig und war von Gottes Geist erfüllt.

Josef und Maria

Matthäus 1

Josef arbeitete in seiner Werkstatt in Nazaret. Vom Fenster aus konnte er auf eine kleine Siedlung sehen. Aus einigen Häusern stieg Rauch auf. Josef schaute oft nach draußen, denn er hoffte, Maria würde ihn mit ihren Eltern besuchen. Er konnte kaum noch den Tag erwarten, von dem an sie als seine Frau bei ihm wohnen würde. Josef hatte Maria sehr lieb.

Eines Tages blieb Maria wirklich vor seinem Haus stehen. Er lief sofort zu ihr. Sie war sehr still und sprach lange kein Wort.

„Was ist denn los, Maria?", fragte er.

„Ich muss dir etwas sagen."

„Ja ...?"

„Ein Kind wird bald auf die Welt kommen."

Zuerst dachte Josef, sie würde über jemand anders sprechen. Doch allmählich dämmerte es ihm, dass sie ihr eigenes Baby meinte.

Erstaunt schaute Josef sie an. Dann schüttelte er den Kopf. Er konnte einfach nicht glauben, dass Maria ein Kind von jemand anderem erwartete, und er verstand kaum, was sie sagte. „Gottes Kind ... der Heilige Geist ... ein Engel vom Himmel ...!" Die Worte gingen ihm noch lange immer wieder durch den Kopf.

In dieser Nacht beschloss Josef, sich stillschweigend von Maria zu trennen. Die Trennung sollte ohne großes Aufheben vollzogen werden. Er hätte sie verklagen können, weil sie schon rechtmäßig verlobt waren. Doch er wollte Maria nicht bloßstellen. Traurig legte er sich schlafen.

Da drang plötzlich in die Dunkelheit seiner Träume ein Licht. Um ihn herum wurde es taghell, und eine Stimme rief:

„Josef … Josef, Sohn Davids, hab keine Angst davor, Maria zu deiner Frau zu nehmen! Alles, was sie dir erzählt hat, ist wahr: Das Kind, das sie erwartet, kommt vom Geist Gottes. Sie wird einen Sohn zur Welt bringen, den sollt ihr Jesus nennen. Er wird sein Volk von aller Schuld befreien."

Am nächsten Morgen lief Josef zu Maria nach Hause und versprach ihr, sie zu heiraten und für das Kind zu sorgen.

Und so nahm Josef Maria als seine Frau zu sich, wie der Engel es ihm gesagt hatte.

Jesus kommt zur Welt

Lukas 2

Kurz bevor Jesus geboren wurde, befahl Kaiser Augustus seinen Beamten, sie sollten die Namen aller Menschen, die im Römischen Reich lebten, in Steuerlisten eintragen lassen.

Es war strenge Vorschrift, dass sich jeder Mann in der Stadt aufschreiben ließ, in der er geboren war. Dadurch sollte vermieden werden, dass jemand nicht auf der Liste erfasst wurde und keine Steuern zahlte.

Josefs Heimatstadt Betlehem lag weit von Nazaret entfernt. Er machte sich Sorgen um Maria, denn ihr Kind sollte nun bald zur Welt kommen. Doch auch sie mussten aufbrechen.

Ihr Weg führte durch Schluchten und abgelegene Gegenden, über Wüstenpfade, steile Hügel hinauf, bis sie endlich in der kleinen Stadt Betlehem hoch in den Bergen bei Jerusalem ankamen.

Es war schon dunkel und bitterkalt. Die Straßen waren voller römischer Soldaten und Menschen aus verschiedenen Teilen des Landes. Männer und Frauen liefen aufgeregt umher und riefen durcheinander, Hühner gackerten, Hunde durchstöberten den Abfall. Josef klopfte an viele Türen, doch nirgends gab es einen Platz zum Übernachten. Alle Gasthöfe waren belegt. Am äußersten Rand des Ortes fanden sie noch ein Wirtshaus.

„Wir haben nur noch den Stall für die Tiere", sagte der Wirt. „Das ist alles, was ich euch bieten kann. Ihr könnt im Heu schlafen."

„Aber meine Frau bekommt ein Baby!", rief Josef ihm nach. Doch der Mann war schon zu seinen Gästen zurückgegangen, die ihr Essen haben wollten.

Maria blickte Josef erschöpft an und seufzte: „Wir werden schon zurechtkommen. Gut, dass wir überhaupt einen Platz zum Ausruhen haben."

Nur wenige Stunden später, mitten in der Nacht, brachte Maria ihr Kind zur Welt.

In dem dunklen Stall nahm Maria ihren kleinen Sohn, wickelte ihn in Windeln und legte ihn zum Schlafen in eine Futterkrippe.

Engel bei den Hirten

Lukas 2

In dieser Nacht hüteten auf den Feldern um Betlehem Hirten ihre Schafe. Sie saßen am offenen Feuer, um sich zu wärmen, und schauten in die knisternden Flammen, welche die Dunkelheit erhellten. Die Hirten brauchten nichts zu fürchten: Es streunten keine wilden Tiere umher. Hier gab es nur das Prasseln des Feuers und den Rauch, der zu den Sternen aufstieg.

Die Hirten unterhielten sich leise, erzählten sich Geschichten und machten Scherze. Doch plötzlich blitzte ein helles Licht am Himmel. Erschrocken sprangen die Hirten auf. Am liebsten wären sie weggelaufen, aber das Licht erstrahlte überall. Der ganze Himmel schien in Flammen zu stehen. Da kam der Engel Gottes zu den Männern herab. Und die Hirten fürchteten sich sehr. Der Engel rief:

„Habt keine Angst! Ich bringe gute Neuigkeiten für euch und für die ganze Welt!“

Die Hirten wagten kaum aufzuschauen, als der Engel weitersprach: „Heute wurde in der Stadt Davids euer Retter geboren. Es ist Christus, der Herr. Geht hin und überzeugt euch selbst: Ihr werdet ein kleines Kind in Windeln gewickelt in einer Futterkrippe finden! Daran könnt ihr ihn erkennen.“

Plötzlich stand neben dem Engel eine große Schar anderer Engel, die priesen Gott und sangen: „Ehre sei Gott in der Höhe. Sein Friede komme auf die Erde zu den Menschen, die er liebt.“

Himmel und Erde bebten. Gesang hallte von den Bergen

wider und brachte selbst die Steine zum Klingen, bis die Engel in den Himmel zurückkehrten. Es musste wirklich etwas Besonderes geschehen sein!

Nun waren die Hirten wieder allein, und sie flüsterten einander zu: „Wir sollten nach Betlehem gehen und selbst nachschauen, was geschehen ist."

So liefen sie nach Betlehem und suchten so lange, bis sie den Stall schließlich fanden.

Sie traten ein und sahen im Licht einer winzigen Laterne die kleine Familie: Maria, die erschöpft am Boden saß; Josef, der sich darüber wunderte, dass so spät noch fremde Menschen zu Besuch kamen – und das Kind in der Futterkrippe.

Die Hirten erzählten Maria und Josef alles, was sie gesehen und gehört hatten. Und alle, die zuhörten, staunten sehr darüber.

Maria dachte noch oft an die wunderbaren Worte des Engels. Sie bewahrte sie für immer in ihrem Herzen, wie einen wertvollen Schatz.

Große Freude!

Lukas 2

Vierzig Tage nach seiner Geburt brachten Maria und Josef Jesus zum Tempel in Jerusalem, um ihn Gott zu weihen. Denn ein alter jüdischer Brauch lautet: „Wenn das erste Kind, das eine Frau zur Welt bringt, ein Junge ist, soll es Gott gehören."

Damals lebte in Jerusalem ein alter Mann namens Simeon.

Der liebte Gott von ganzem Herzen, und er sehnte sich nach dem Tag, an dem der Messias in die Welt kommen würde. Gott hatte ihm versprochen: „Du wirst nicht sterben, bevor du den Retter gesehen hast."

Als Simeon im Schatten der Tempelsäulen stand, sah er die kleine Familie die Stufen zum Innenhof hinaufsteigen. Die Sonne schien auf Marias Gesicht. Noch immer hörte sie die Worte des Engels: „Ehre sei Gott in der Höhe. Sein Friede komme auf die Erde zu den Menschen, die er liebt." Sie hielt den kleinen Jesus fest an sich gedrückt. Da wusste Simeon plötzlich, dass Gottes Versprechen wahr geworden war.

Dieses kleine Kind auf dem Arm seiner Mutter musste der Messias sein! Gott selbst hatte es geschickt, um die Welt zu retten! So schnell er konnte, lief der alte Simeon auf die Familie zu.

„Lasst mich den Kleinen auf den Arm nehmen!", rief er. „Ich möchte das heilige Kind, auf das ich so lange gewartet habe, berühren!"

Erstaunt sahen Maria und Josef den alten Mann an. Tränen liefen über sein Gesicht und tropften in seinen grauen Bart. Wortlos hielt Maria ihm das Baby hin, und Simeon nahm es glücklich auf den Arm.

„Herr", betete er leise, „nun kann ich in Frieden sterben; denn du hast dein Versprechen eingelöst! Mit meinen eigenen Augen habe ich es gesehen: Du hast dein rettendes Werk begonnen, und alle Welt wird es erfahren. Du sendest dein Licht allen Menschen auf der Welt, und dein Volk Israel bringst du zu Ehren!"

Drei weise Männer

MATTHÄUS 2

Maria und Josef blieben noch einige Zeit in Betlehem.

Eines Tages wurden sie von drei geheimnisvollen Fremden besucht. Sie kamen von weit her aus dem Osten. Monatelang waren sie einem hellen Stern gefolgt, den sie plötzlich am Himmel entdeckt hatten.

Den langen, weiten Weg bis nach Jerusalem hatten sie diesen Stern nicht aus den Augen gelassen. Als sie in der Stadt ankamen, fragten sie die Menschen dort: „Wo ist der neugeborene König der Juden? Wir haben seinen Stern aufgehen sehen und sind gekommen, um den Prinzen anzubeten!“

Als König Herodes das hörte, war er tief beunruhigt. „So, ein König der Juden …“, murmelte er düster. Schließlich geriet er in helle Aufregung und ließ alle Priester und Leute, die sich in den heiligen Schriften auskannten, zusammenrufen.

„Was wisst ihr von diesem König?“, fragte Herodes. „Wo soll er geboren werden?“

Sie antworteten: „In der Stadt Betlehem in Judäa. In unseren Büchern steht: ‚Du, Betlehem im Land Juda! Du bist nicht die unbedeutendste Stadt des Landes, denn aus dir wird der Mann kommen, der mein Volk Israel schützen und leiten soll.‘“

Heimlich ließ Herodes die weisen Männer aus dem Osten zu sich kommen. Er fragte sie genau über den Stern aus, dem sie gefolgt waren. Und dann sagte er: „Sucht in Betlehem nach dem Kind. Wenn ihr es findet, gebt mir Bescheid. Dann kann auch ich hingehen und es anbeten.“

Die weisen Männer zogen weiter. Als sie den Stern über Betlehem aufgehen sahen, waren sie von Herzen froh. Sie kamen zu dem Haus, in dem Maria und Josef mit Jesus wohnten, und knieten vor dem Kind nieder. Dann gaben sie ihm ihre Geschenke: Gold, Weihrauch und Myrrhe. Sie beteten den kleinen Jungen an, den Gott geschickt hatte, um die Welt zu retten.

Bevor sie Betlehem verließen, warnte ein Engel sie, nicht zu Herodes zurückzukehren, sondern einen anderen Weg einzuschlagen.

Bald danach merkte Herodes, dass sie ihn getäuscht hatten, und er schickte Soldaten nach Betlehem. Sie hatten den Auftrag, alle kleinen Jungen zu töten, die jünger als zwei Jahre waren. Ein Engel erschien Josef im Traum und warnte ihn: „Herodes sucht nach eurem Kind. Er will es töten! Ihr müsst sofort das Land verlassen."

Noch in derselben Nacht flohen Maria und Josef nach Ägypten. Dort blieben sie, bis König Herodes gestorben war und keine Gefahr mehr für Jesus bestand. Dann kehrten sie endlich in ihr Zuhause nach Nazaret zurück.

Wo ist Jesus?

Lukas 2

Als Jesus zwölf Jahre alt war, nahmen ihn seine Eltern zum ersten Mal mit zum großen Paschafest in Jerusalem. Es war das wichtigste Fest des Jahres, und die Stadt war voller Menschen. Maria und Josef reisten zusammen mit ihren Freunden, Verwandten und Hunderten anderer Menschen aus Galiläa.

Jerusalem war wunderschön geschmückt: Überall standen Blumen und brennende Fackeln. Die Menschen tanzten und sangen. Viele schlugen Zelte auf dem Ölberg auf. Dort saßen sie bis spät in der Nacht am Feuer. Sie lachten und feierten den Tag, an dem Gott die Israeliten aus der Sklaverei in Ägypten befreit hatte.

Als das Fest vorüber war, wanderten Maria und Josef wieder nach Hause. Maria ging gemeinsam mit den anderen Frauen und dachte, dass Jesus bei Josef sei. Josef hielt sich an eine größere Gruppe Männer und meinte, Jesus sei bei Maria. Erst als sie Rast machten, fiel ihnen auf, dass Jesus nicht bei ihnen war.

„Wo er wohl ist?“, überlegte Maria bekümmert.

„Keine Sorge“, erwiderte Josef. „Er wird uns schon einholen. Bestimmt läuft er weiter hinten mit seinen Kusinen und Vettern!“

Aber als die Sonne unterging und Jesus noch immer nicht aufgetaucht war, machten sich Maria und Josef doch Sorgen. Deshalb beschlossen sie, umzukehren und nach ihm zu suchen. Es war schon Nacht, als sie in Jerusalem eintrafen. Sie suchten in den Toreingängen und finsteren Straßen. Doch sie konnten Jesus nirgends entdecken.

Maria und Josef fanden kaum Schlaf, und sobald es hell wurde, setzten sie ihre verzweifelte Suche fort. Immer noch drängten sich Tausende von Menschen auf den Plätzen und in den Gassen. Maria und Josef sahen sich jedes vorüberkommende Kind genau an und beobachteten voller Angst die römischen Soldaten, die vor ihren Kasernen auf und ab gingen. War Jesus etwa gefangen genommen worden? War etwas Schreckliches passiert? Sie beteten und suchten und beteten wieder.

Am dritten Tag stiegen Maria und Josef erschöpft die Stufen zum Tempel empor. So viele Menschen hatten sich in den Innenhöfen versammelt – wie sollte man hier jemanden finden? Jetzt konnten sie nur noch beten.

Doch plötzlich bemerkte Maria ein Kind im Tempel. War das etwa ihr Sohn?

Sofort lief Maria los, Josef hinterher. Da stieß sie auf eine Gruppe von Gesetzeslehrern, die sich zwischen den Tempelsäulen versammelt hatten. Und mittendrin saß ruhig und gelassen – Jesus!

Maria stockte der Atem. Sie war so überrascht, dass sie einen Moment lang kein Wort herausbrachte.

Jesus stellte Fragen und diskutierte die heiligen Schriften mit den größten Gelehrten von ganz Jerusalem. Voller Staunen hörten sie ihm zu, denn der Junge wusste schon viel und gab kluge Antworten.

„O, mein Junge!“, rief Maria. „Warum hast du uns das nur angetan? Wir haben uns solche Sorgen gemacht!“

Jesus sah ihr in die Augen und erwiderte: „Habt ihr denn nicht gewusst, dass ich im Haus meines Vaters sein muss?“

Aber Maria und Josef verstanden nicht, was er meinte. Jesus kehrte mit seinen Eltern nach Nazaret zurück. Maria dachte noch oft über das nach, was Jesus gesagt hatte, und seine Worte blieben immer in ihrem Herzen.

Jesus wird getauft

Matthäus 3, Lukas 3

Jesus wuchs zu einem kräftigen jungen Mann heran und lernte von Josef das Zimmererhandwerk.

Sein Vetter Johannes, der Sohn von Elisabet und Zacharias, war schon von zu Hause weggegangen. Er lebte in der Wüste. Ganz wild sah er aus, mit seinen langen, zerzausten Haaren und der groben Kleidung aus Kamelhaaren.

Johannes ernährte sich von Insekten und Honig. In ganz Judäa sprachen die Leute von diesem sonderbaren neuen Propheten, dem Mann, der in der Wildnis lebte und wie ein Engel redete; der den Menschen sagte, sie sollten ihr Leben ändern und sich im Fluss Jordan untertauchen, sich „taufen" lassen von ihm.

Viele Menschen kamen zu Johannes dem Täufer: Kaufleute, Priester, Steuereinnehmer, sogar Soldaten. Sie alle bestürmten ihn mit Fragen, und Johannes wusste immer eine Antwort, die sie mitten ins Herz traf.

„Ändert euer Leben!", rief er der Menge zu. „Hört auf, Böses zu tun, und macht einen neuen Anfang! Wascht eure Sünden im Fluss ab!" Viele Menschen ließen sich von Johannes mit Flusswasser taufen. Damit zeigten sie, dass sie ein neues Leben beginnen und nur noch Gott dienen wollten.

„Wer bist du?", fragten ihn die Leute. „Bist du der Messias, den Gott als unseren Retter versprochen hat?"

„Nein", antwortete Johannes. „Nein!", rief er in den Wind. „Ich bin nur eine Stimme, die in der Wüste ruft: ‚Macht Platz! Bereitet einen Weg für den Herrn, der bald kommen wird!'"

Johannes wusste, dass Jesus derjenige war, den Gott als Messias auf die Welt geschickt hatte. Und so sagte der Täufer den Menschen: „Nach mir kommt ein Mann, der viel mächtiger ist als ich. Ich taufe nur mit Wasser, aber er wird die Menschen mit dem Heiligen Geist und mit Feuer taufen!"

„Was meint er bloß?" Die Leute schüttelten den Kopf. Dieser wilde Prophet sagte oft Sachen, die kaum zu verstehen waren.

Zu dieser Zeit kam Jesus von Galiläa her an den Jordan. Da rief Johannes: „Hier ist das Lamm Gottes, das die Sünden der ganzen Welt wegnehmen wird."

Wieder wussten die Leute nicht, wovon er redete. Aber Johannes kniete am Ufer nieder. „Warum kommst du zu mir, um dich taufen zu lassen?", fragte er Jesus. „Eigentlich müsstest doch du mich von meinen Sünden reinwaschen."

„Sträub dich nicht dagegen, Johannes", antwortete Jesus. „Das ist es, was wir jetzt zu tun haben, damit alles geschieht, was Gott will."

Also ging Johannes mit Jesus in den Fluss und taufte ihn. Jesus tauchte unter. Das Wasser wirbelte über seinem Kopf. Und als er wieder aus dem Fluss stieg, hörte Johannes eine Stimme aus dem Himmel rufen: „Dies ist mein geliebter Sohn!"

Es sah aus, als würde eine Taube im hellen Sonnenlicht flattern und über Jesus schweben. Da ertönte die Stimme noch einmal: „Du bist mein Sohn, den ich liebe. Du bist mein Ein und Alles, und ich habe große Freude an dir!"

Die Menschenmenge sah nichts von alledem, sie hörte nur etwas, das wie Donner in den Bergen klang. Johannes aber wusste, dass der Heilige Geist in Gestalt einer Taube auf Jesus herabgekommen war. Der Messias, der Retter der Welt, war endlich da.

Vom Teufel herausgefordert

Matthäus 4, Lukas 4

Nach seiner Taufe ging Jesus in die Wüste. Der heiße Wind blies ihm den Sand ins Gesicht, und die Sonne brannte erbarmungslos auf ihn herab. Vierzig Tage blieb er allein in der Wüste, betete und dachte nach. Vierzig Tage und vierzig Nächte aß er nichts. Er fastete und betete und ließ sich durch nichts von Gott ablenken.

Nach dieser Zeit war Jesus sehr hungrig. Da hörte er hinter sich eine Stimme. Sanft und schmeichelnd versuchte sie, ihn zu überreden: „Wenn du Gottes Sohn bist, dann befiehl doch den Steinen hier, dass sie sich in Brot verwandeln."

„Nein", erwiderte Jesus. Er wusste, dass es der Teufel war, der ihn verleiten wollte, seine Fähigkeiten für sich selbst zu nutzen. „In den heiligen Schriften steht geschrieben: ‚Der Mensch braucht mehr als nur Brot zum Leben. Er lebt von dem, was Gott ihm sagt!'"

Doch der Teufel gab nicht auf. Nun führte er Jesus auf einen sehr hohen Berg, zeigte ihm alle Länder der Erde in ihrer Größe und Schönheit und sagte: „Ich werde dich zum Herrscher über die ganze Welt machen! Du musst dich nur vor mir verbeugen. Alles soll dir gehören, wenn du dich vor mir niederwirfst und mich anbetest."

Da antwortete Jesus: „In den heiligen Schriften steht: ‚Du

sollst den Herrn, deinen Gott, anbeten, niemandem sonst darfst du dienen!'"

Da versuchte es der Teufel noch ein drittes Mal. Er führte Jesus nach Jerusalem und stellte ihn auf die höchste Spitze des Tempels.

„Spring da hinunter", forderte er Jesus auf. „Zeige, dass du wirklich Gottes Sohn bist. Alle sollen sehen, wie du vom Himmel herabschwebst. Denn in den heiligen Schriften steht geschrieben: ‚Gott wird seinen Engeln befehlen, dich zu beschützen. Sie werden dich tragen, damit nicht einmal dein Fuß an einen Stein stößt.'"

Aber Jesus ließ sich nicht vom Teufel verführen und fuhr ihn an: „Verschwinde und lass mich in Ruhe! In den heiligen Schriften steht auch geschrieben: ‚Du sollst den Herrn, deinen Gott, nicht herausfordern!'"

Da konnte der Teufel nicht mehr anders: Er musste sich vorläufig geschlagen geben und Jesus allein lassen. Jesus aber sprach mit seinem Vater im Himmel. Die Worte bei seiner Taufe kamen ihm wieder in den Sinn: „Du bist mein Sohn, den ich liebe. Du bist mein Ein und Alles, und ich habe große Freude an dir!" Er spürte, wie ihn die Liebe Gottes sicher umfing und ihn beschützte.

Jesus kehrte nach Galiläa zurück, gestärkt vom Geist Gottes. Und er begann, überall die frohe Botschaft von Gottes Liebe für die Welt zu verbreiten. Die Menschen scharten sich um ihn und hörten begeistert zu, als er ihnen sagte: „Bittet Gott, und er wird euch geben; sucht, und ihr werdet finden; klopft an, und man wird euch die Tür aufmachen!"

Jesus erklärte seinen Zuhörern, dass Gott Gebete erhört und sie auch beantwortet. Und Jesus machte den Leuten klar, dass das Reich Gottes auf der Erde in vielen kleinen

Dingen lebendig wird. „Das Reich Gottes ist wie ein winziges Samenkorn, das weggeweht wird. Es ist nicht größer als ein Staubkorn. Aber wenn es auf fruchtbaren Boden fällt, wächst ein großer Baum daraus. Und die Vögel fliegen hinein und bauen in seinen Zweigen ihre Nester."

Überall, wo Jesus hinkam, folgten ihm die Menschen, denn sie wollten mehr von Gottes Reich wissen.

Aus Wasser wird Wein

Johannes 2

Eines Tages waren Jesus, seine Mutter Maria und einige seiner besten Freunde zu einer Hochzeit in das kleine Dorf Kana in der Nähe von Nazaret eingeladen. Es war ein wunderbares Fest mit viel Musik und Tanz. Die Gäste warfen Braut und Bräutigam duftende Blüten zu. Sie lachten und aßen, und als der Tag in den Abend überging, sangen sie frohe Lieder. Mehrere Tage lang wurde so gefeiert. Alle fanden, dass dies die schönste Hochzeit sei, die sie jemals erlebt hatten.

Da hörte Maria, wie zwei Diener des Hauses ganz aufgeregt miteinander flüsterten.

„Der Wein ist alle!"

„Unmöglich!"

„Es ist nichts mehr da – nur noch Wasser."

„Aber die Feier ist doch noch längst nicht zu Ende. Was sollen wir nur tun?"

Maria wusste, dass die Familie des Bräutigams blamiert

dastehen würde, wenn die Gäste Wasser statt Wein zu trinken bekämen.

„Sagt dem Bräutigam noch nichts“, befahl sie den Dienern. „Wartet hier.“

Die Diener schauten sie erstaunt an, doch sie lief schnell zu Jesus und flüsterte ihm zu: „Sie haben keinen Wein mehr.“

Jesus schaute sie an.

„Frau“, sagte er schließlich, „warum kommst du damit zu mir? Was ich zu tun habe, ist meine Sache. Du weißt doch, dass meine Zeit zu helfen noch nicht gekommen ist.“

Maria ahnte, dass er von der Zukunft sprach, wenn Gott seine Macht allen Menschen deutlich zeigen würde. Aber sie war sich sicher, dass Jesus auch jetzt schon eingreifen und der Familie aus ihren Schwierigkeiten helfen würde. Sie winkte die Diener zu sich heran.

„Tut alles, was er euch sagt.“

Die Diener waren verwirrt. Was sollte Jesus denn schon machen? Keiner konnte zu dieser Nachtzeit irgendwo so viel Wein kaufen.

Jesus zeigte auf sechs große Wasserkrüge, die leer in der Ecke standen und rief den Dienern zu: „Füllt die Krüge mit Wasser.“

Und so füllten die Diener jeden Krug bis zum Rand. Hundert Liter Wasser passten in jeden hinein.

„Nun nehmt eine Probe von dem Wasser. Füllt ein Glas damit und bringt es dem Mann, der für das Festessen verantwortlich ist“, befahl Jesus.

„Wir sollen ihm Wasser bringen?“, wunderten sich die Diener, aber sie trauten sich nicht, es laut zu sagen. Sie befolgten einfach nur seine merkwürdigen Anweisungen.

Der Küchenchef nahm das Glas von den Dienern, probierte davon und lächelte.

„Das ist ja ein köstlicher Wein! Der beste, den ich je getrunken habe."

Voller Freude ließ er den Bräutigam zu sich rufen und sagte: „Normalerweise bietet man den Gästen zuerst den besten Wein an. Erst wenn alle genug getrunken haben und es nicht mehr merken, kommt der einfache auf den Tisch. Aber du hast den edelsten Wein bis zum Schluss aufgehoben!"

Der Bräutigam staunte. Woher kam denn nur dieser Wein?

Dies war das erste Wunder, das Jesus tat. Seine Freunde begriffen mit der Zeit, dass Wunder Zeichen für Gottes große Liebe zu den Menschen und seiner Welt waren.

Ärger in Nazaret

Lukas 4

Jesus begann, in den Synagogen – das sind die Gotteshäuser der Juden – zu sprechen. Im ganzen Land erzählte man sich schon von seinen Wundern.

Der einzige Ort, an dem Jesus nicht geglaubt wurde, war seine Heimatstadt Nazaret.

„Das ist doch nur der Sohn des Zimmermanns", sagten die Leute. „Den kennen wir genau. Der ist auch nichts Besseres als wir."

„Jesus, der Zimmermann? Der soll ein Prophet sein? Er hat mit unseren Kindern gespielt. Wir kennen seine Eltern. Das sind einfache Leute wie wir!"

„Was soll denn an ihm so besonders sein?"

Die Leute konnten nicht damit umgehen, dass Jesus so viel Aufmerksamkeit erhielt.

An einem Sabbat, dem wöchentlichen Feiertag, ging Jesus wie immer in die Synagoge. Man gab ihm die heilige Schriften zum Vorlesen. Jesus schlug eine Stelle auf, die der Prophet Jesaja geschrieben hatte.

Laut begann er zu lesen:

„Der Herr hat mich mit seinem Geist erfüllt.
Er hat mir den Auftrag gegeben,
den Armen die frohe Botschaft zu bringen.
Den Blinden soll ich verkünden, dass sie sehen werden.
Den Misshandelten soll ich die Freiheit bringen
und allen sagen, dass Gott sein Volk rettet."

Jesus rollte die Schriftrolle wieder zusammen und setzte sich. Die ganze Gemeinde starrte ihn an. Er hatte die Worte des Propheten so vorgelesen, als handelten sie von ihm selbst. Es herrschte gespanntes Schweigen, bis Jesus sagte: „Heute hat sich diese Ankündigung des Propheten vor euren eigenen Augen erfüllt."

Die Gemeinde war tief beeindruckt davon, wie ernsthaft Jesus gesprochen hatte. Die Leute spürten, dass eine große Kraft von ihm ausging. Doch sie wunderten sich auch, so etwas aus seinem Munde zu hören.

„Er ist doch nur Josefs Sohn!"

„Er spricht so gut."

„Ja, aber was glaubt er denn, wer er sei? Vielleicht ein Prophet?"

Jesus fuhr fort. „Wollt ihr Beweise haben? Soll ich ein Wunder vollbringen, damit ihr mir glaubt?"

Unsicher schauten sie ihn an.

„Bisher ist noch kein Prophet in seiner Heimat anerkannt worden“, sagte Jesus. Dann stand er auf. „Zur Zeit des Propheten Elija herrschte einmal eine große Hungersnot. Und in Israel lebten viele arme Witwen. Trotzdem wurde Elija zu keiner von ihnen geschickt, sondern über die Grenze zu einer Frau im Gebiet Sidon.“

Die Menschen in der Synagoge sahen ihn wütend an. Was wollte er damit sagen? Dass Nazaret nicht gut genug für ihn war? Konnte er etwa nur woanders den Leuten helfen?

„Es gab viele Leprakranke, als der Prophet Elischa noch lebte. Aber der Einzige, den er geheilt hat, war der Syrer Naaman.“

Plötzlich brach sich der Ärger Bahn, der in der Gemeinde hochgekocht war. Die Leute sprangen auf und warfen Jesus aus der Synagoge.

„Bist wohl zu gut für Nazaret, wie?“, schrien sie. „Macht seine eigenen Leute schlecht!“

Die Menge schubste ihn vorwärts, zur Stadt hinaus auf einen Hügel. Sie waren drauf und dran, ihn hinunterzustoßen. Doch da drehte sich Jesus plötzlich um. Er schaute einen nach dem anderen an, und sie wurden still. Dann ging er mitten durch die Menge hindurch und zog weiter.

Vom Schatz im Himmel

MATTHÄUS 4, MARKUS 1, LUKAS 4

Jesus wohnte in Kafarnaum, einer kleinen Fischerstadt am See Gennesaret. Dort hatte er schon viele Freunde. Einer davon hieß Andreas, ein Fischer, der ein Anhänger von Johannes dem Täufer gewesen war. Auch viele andere Leute in Kafarnaum freuten sich, dass Jesus nun bei ihnen lebte, und hörten gespannt auf alles, was er sagte.

„Mit dem Himmelreich ist es wie mit dem Mann, der auf seinem Acker einen vergrabenen Schatz entdeckte", sagte Jesus einmal. „Da ging er sofort los und verkaufte alles, was er besaß, damit er den Acker kaufen und den Schatz behalten konnte."

Das war ein Gleichnis, mit dem Jesus etwas Wichtiges sagen wollte. Mit dem Schatz meinte er etwas ganz Besonderes, viel kostbarer als Gold und Silber: ein Leben mit Gott, für das es sich lohnt, alles andere aufzugeben.

Jesus traf viele Menschen, die ihr Geld über alles liebten. Ihnen sagte er: „Tragt in eurem Leben keine großen Schätze zusammen. Sammelt keine schönen Kleider an, die von Motten zerfressen werden, oder andere Besitztümer, die ein Dieb stehlen oder der Rost zernagen könnte! Kümmert euch lieber um euren Schatz im Himmel. Der wird euch niemals verloren gehen."

Sogar die reichen Kaufleute, die ihre Waren auf dem Markt verkauften, hörten Jesus zu, obwohl seine Reden sie oft beunruhigten. „Wo euer Schatz ist, da ist auch euer Herz!", sagte Jesus, und: „Schafft euch einen Schatz im Himmel an, dann wird euer Herz auch dort sein."

Jesus erzählte den Menschen das Gleichnis von einem Kaufmann, der Perlen sammelte. Eines Tages sah dieser Mann eine traumhaft schöne Perle. Sie war strahlend weiß und größer als alle anderen, die er je in der Hand gehabt hatte. Sofort lief er nach Hause und trennte sich von allen seinen anderen Perlen. Auch sein Haus und alles, was er sonst besaß, verkaufte er, um sich diese eine wunderschöne Perle zu kaufen.

„So ist es auch, wenn man das Himmelreich findet", sagte Jesus. „Es gibt nichts Wertvolleres, als Gott zu kennen."

Der große Fischzug

LUKAS 5

Eines Tages stand Jesus am Ufer des Sees Gennesaret. Eine große Menschenmenge folgte ihm. Kinder liefen umher, manche Leute riefen ihm Fragen zu, andere winkten und versuchten so, seine Aufmerksamkeit zu erregen. Alle wollten hören, was er zu sagen hatte. So viele drängten sich um ihn, dass Jesus kaum aufrecht stehen konnte.

Am Ufer des Sees lagen zwei Fischerboote. Sie gehörten Andreas und seinem Bruder Simon Petrus, die gerade ihre Netze säuberten. Jesus rief ihnen zu, sie sollten ein Boot wieder losmachen.

„Lasst uns ein wenig hinausfahren. Dann kann ich besser zu den Leuten sprechen", sagte er.

Von einem Boot aus predigen? So etwas hatte Simon Petrus noch nie gehört. Und dann auch noch von seinem Boot?

Er schüttelte den Kopf, voller Staunen über diesen Prediger aus den Bergen, der so ungewöhnliche Einfälle hatte. Sie stießen das Boot ein Stückchen vom Ufer ab: Simon, Andreas und Jesus. Und Jesus predigte viele Stunden lang zu den Menschen.

Als er seine Predigt beendet hatte, wollte Simon das Boot wieder ans Ufer bringen. Doch Jesus bat ihn:

„Fahr noch weiter hinaus auf den See!"

Simon wunderte sich: „Wozu denn, Herr?"

„Wirf mit deinen Leuten die Netze noch einmal zum Fang aus."

„Mitten am Tag?" Simon und Andreas gingen immer nur nachts fischen. „Wir haben uns die ganze Nacht abgemüht und nichts gefangen", sagte Simon. Doch Jesus schaute ihn ruhig an, als wollte er sagen: „Hör auf mich, Simon!" Da packte Simon seine Ruder und steuerte das Boot mitten auf den See Gennesaret.

Die Fischer Jakobus und Johannes arbeiteten mit Simon zusammen. Sie wunderten sich darüber, dass Andreas und Simon in der heißen Mittagssonne einen Fischzug wagen wollten. Plötzlich sahen sie, wie Andreas aufgeregt winkte und rief. Simon stand aufrecht und hielt die Netze gepackt, die zum Bersten mit Fischen gefüllt waren und schon begannen zu reißen. Überall schimmerten silberne Schuppen im Sonnenlicht.

„Jakobus, Johannes!" Andreas machte seinen Freunden Zeichen. „Helft uns, sonst gehen wir mit den schweren Netzen noch unter!"

So schnell sie konnten, kamen die Freunde mit ihrem anderen Boot herbei und nahmen die Hälfte der Fische an Bord. Dann ruderten sie gemeinsam ans Ufer zurück.

Die Fischer waren erschrocken darüber, dass sie am hellen Tag einen so gewaltigen Fang gemacht hatten. Simon fiel auf die Knie und schlug die Hände vor das Gesicht.

Da legte Jesus ihm die Hand auf die Schulter.

„Herr, lass mich allein!“, bat Simon.

Jesus sah ihn freundlich an.

„Herr“, sagte Simon, und die Tränen liefen ihm über die Wangen, „ich bin doch nur ein sündiger Mensch.“

Er schämte und fürchtete sich.

„Hab keine Angst, Simon“, tröstete Jesus ihn. Dann wandte er sich auch an Andreas, Jakobus und Johannes. „Von jetzt an werdet ihr Menschenfischer sein!“

Simons Schwiegermutter wird gesund

Lukas 4

Simon Petrus wurde einer der besten Freunde Jesu, und Jesus war oft bei ihm zu Hause eingeladen.

Auch an diesem Sabbat besuchte Jesus Simon. Dessen Schwiegermutter lag schwer krank im Bett. Alles tat ihr weh, und sie hatte gefährlich hohes Fieber. Aber keine Medizin konnte ihr helfen.

Da bat man Jesus, der Frau zu helfen. Er setzte sich neben ihr Bett und befahl dem Fieber zu verschwinden. Es war sofort weg.

Simons Schwiegermutter setzte sich auf, lächelte und war vollkommen gesund. Sie machte sich sofort daran, das Essen zuzubereiten. Ihre Familie konnte kaum fassen, was sie sah.

Wie konnte Jesus nur so viel Macht über die Krankheit haben? Wie war es möglich, dass er mit dem Fieber sprach, als sei es ein Dieb, der sich ins Haus schleicht und fortgejagt werden muss?

Als die Sonne unterging, brachten alle Leute ihre Kranken zu Jesus. Er berührte sie und machte sie gesund.

Jesus heilt einen Leprakranken

Lukas 5

Als schlimmste Krankheit galt zur damaligen Zeit Lepra. Sie zerfraß die Haut und den Körper, bis die Finger, Hände und Zehen abfielen und das Gesicht voller Narben war. An Lepra zu leiden, war furchtbar. Die Krankheit war ansteckend, und Menschen, die daran litten, wurden aus der Gemeinschaft ausgestoßen. Als „Aussätzige" führten sie ein einsames und trauriges Leben.

Häufig lebten die Kranken in dunklen Berghöhlen. Wenn sie sich etwas zu essen oder zu trinken suchen gingen, mussten sie die Leute warnen, sich fern zu halten. Sie riefen: „Unrein! Unrein! Aussatz!"

Eines Tages hörte ein Leprakranker von Jesus. Er bekam mit, wie die Menschen sangen und sich freuten, weil jemand geheilt worden war.

„Geheilt ...", dachte er. „Ein Mann, der gesund machen kann ...?" Der Leprakranke schaute auf seine entstellten Arme und die verkrüppelten Füße.

Jesus war noch sehr weit weg, aber der Kranke meinte zu

hören, wie er sagte: „Kommt zu mir. Habt keine Angst. Ich schicke niemanden fort."

Nicht einmal einen Aussätzigen? Den schickten doch alle wieder fort!

Immer näher schob sich der Kranke an die versammelte Menschenmenge heran – bis ihn plötzlich jemand bemerkte und rief: „Unrein, unrein!"

Kaum hatten sie das gehört, rannten die Menschen in alle Richtungen davon. Mütter packten ihre Kinder und brachten sie in Sicherheit.

Niemand blieb mehr auf der Straße zurück, außer Jesus, seine Freunde und der arme, verzweifelte Mann. Der warf sich vor Jesus nieder und flehte ihn an: „Herr, wenn du willst, kannst du mich heilen!"

Jesus streckte die Hand aus und berührte den Mann. Seine Freunde hielten vor Entsetzen die Luft an, aber Jesus sagte sanft: „Ja, das will ich. Sei gesund!"

Sofort wurde die Haut des Mannes heil wie die eines kleinen Kindes, weich und ohne einen einzigen Flecken. Er berührte seine Hand, die Finger. Sie waren wie neu, er konnte sie sogar wieder krümmen. Er strich über seine Arme. Die waren stark und glatt. Dann fuhr er sich ganz langsam mit der Hand übers Gesicht. Er hatte tatsächlich wieder einen Mund – und eine Nase – und Augen.

„Geheilt …", sagte er und konnte das unfassbare Wunder kaum glauben. „Ich … bin … geheilt."

Jesus befahl ihm, niemandem davon zu erzählen und sich nur dem Priester zu zeigen. „Bring ein Opfer dar und danke Gott im Stillen", sagte er dem Geheilten.

Doch der konnte seine Freude nicht für sich behalten. Und die Nachricht von Jesus verbreitete sich jetzt erst recht.

Scharenweise kamen die Menschen, um sich von ihm heilen zu lassen.

Freunde oder Feinde?

Lukas 5

Die Leute kamen von nah und fern, um Jesus zuzuhören und sich von ihm heilen zu lassen. Blinde, Gehörlose und Menschen, die nicht gehen konnten – alle machten sich auf den Weg zum berühmten Wunderheiler aus Nazaret. Schon bald begriffen einige, die ihren Körper gesund machen lassen wollten, dass Jesus auch ihr Herz berührte. Er sprach von Gottes Liebe, seiner Vergebung und davon, wie wichtig es ist, ein neues Leben anzufangen, das voller Liebe zu anderen Menschen ist.

Aber nicht alle freuten sich über Jesus. Einige misstrauten seiner Heilkraft, denn sie fürchteten, er würde die Menschen von Gott wegführen. Das waren vor allem die Pharisäer und Gesetzeslehrer. Sie bemühten sich, alle Gebote Gottes genau einzuhalten. Viele Menschen bewunderten die Pharisäer für ihre fromme Lebensweise. Sie beteten viel und spendeten Geld für die Armen.

Sie hielten sich an über sechshundert besondere Regeln. Regeln, in denen es darum ging, sich rein zu halten, die Gesellschaft von schlechten Menschen zu meiden und am Sabbat, dem Ruhetag, keine Arbeit zu tun. Die Pharisäer waren sehr streng, und manche von ihnen waren stolz auf ihr vorbildliches Leben. Es gefiel ihnen gar nicht, wenn Jesus ihnen sagte, sie sollten ihre Sünden bereuen. Sie waren ja schließlich nicht irgendwer! Und es gefiel ihnen auch nicht, dass die Menschen Jesus nachliefen, statt sich ihre Predigten anzuhören.

Die Pharisäer und Schriftgelehrten waren neidisch auf Jesu Einfluss, und viele dieser religiösen Führer wurden seine Feinde.

Ein Gelähmter kann wieder gehen

Matthäus 9, Markus 2, Lukas 5

Einmal sprach Jesus in einem Haus zu den Leuten in Kafarnaum. Viele Pharisäer und Gesetzeslehrer waren aus ganz Israel herbeigekommen, um sich diesen neuen Prediger anzusehen. Hunderte anderer Männer, Frauen und Kinder drängten sich durch die Straßen, weil sie unbedingt einen Blick auf Jesus werfen wollten.

Da trugen vier Männer ihren Freund auf einer Matte herbei. Er war vom Kopf bis zu den Füßen gelähmt, lag unbeweglich da und starrte in den Himmel.

„Macht euch doch nicht so viele Umstände mit mir", schien er zu sagen.

Aber seine Freunde ließen sich nicht davon abbringen, ihn zu Jesus zu tragen. Wer sonst sollte dem Gelähmten helfen können?

„Lasst uns bitte durch", sagten sie, als sie sich einen Weg durch die Menge bahnten. „Dieser Mann hier braucht Jesus dringend."

„Wir alle brauchen Jesus“, schimpfte einer. „Geht weg und kommt ein anderes Mal wieder!“

Da bemerkte einer der vier Männer die Treppe, die auf das flache Dach des Hauses führte.

„Ja …!“ Er winkte den anderen zu. „Das ist es! Das ist der einzige Weg zu Jesus. Wir müssen ihn durchs Dach hinunterlassen.“

Die vier Männer waren so fest entschlossen, ihrem Freund zu helfen, dass sie wirklich aufs Dach kletterten und ein Stück davon abdeckten – gerade groß genug, dass die Matte mit ihrem Freund hindurchpasste.

Im Haus hörten die versammelten Menschen Jesus zu. Da fiel plötzlich etwas Lehm von der Decke herab. Alle schauten verwundert empor.

„Was geht hier vor?“, rief der Mann, dem das Haus gehörte. „Was macht ihr da oben?“ Aber niemand achtete auf ihn, denn gerade ließen die vier Freunde den Gelähmten an Seilen zu Jesus hinab, genau vor seine Füße.

„Mein Freund“, sagte Jesus, als hätte er nur auf ihn gewartet. Er lächelte zu den vier Gesichtern hinauf, die ihn vom Dach aus anblickten. Die Entschlossenheit und der Glaube dieser Männer bewegte ihn.

Die Menschen im Zimmer schauten Jesus gespannt an. Was würde er nun tun? Würde der Mann aufstehen? Doch Jesus sagte einfach nur: „Deine Sünden sind dir vergeben.“

„Sünden? Vergeben?“ Die Pharisäer und Gesetzeslehrer schauten einander entsetzt an. Keiner von ihnen traute sich, etwas zu sagen, doch alle dachten dasselbe: „Nur Gott kann Sünden vergeben. Wie kann dieser Mann es wagen, etwas so Unerhörtes zu sagen?“

Der Gelähmte sah Jesus an. Er war überrascht, aber auch auf seltsame Weise zufrieden.

„Vergebung ..." Ja, das war es, was er tief in seinem Herzen brauchte.

Jesus drehte sich zu den religiösen Führern um und sagte: „Warum habt ihr solche Gedanken?" Sie gaben keine Antwort, weil sie sich ertappt fühlten.

„Überlegt doch einmal", sprach Jesus weiter. „Was ist leichter: diesem Gelähmten zu sagen ‚Deine Schuld ist dir vergeben!' oder ‚Steh auf, nimm deine Matte und geh!'?"

Wieder schwiegen die Gesetzeslehrer. Jeder konnte solche Worte sagen, aber wer konnte schon einen Mann heilen, der von Geburt an gelähmt war?

„Um euch zu beweisen, dass ich die Vollmacht habe, Schuld zu vergeben", fuhr Jesus fort und wandte sich dabei wieder dem Gelähmten zu, der noch immer starr und hilflos auf seiner Matte lag, „sage ich dir jetzt: Steh auf, nimm deine Matte und geh nach Hause!"

Sofort bewegte sich der Mann und stand auf. Ein Raunen ging durch die Menge. Die Menschen gerieten außer sich, denn der Mann konnte plötzlich aufstehen. Er rollte seine Matte zusammen, lief tanzend durch die Menschenmenge nach draußen und rief: „Seht mich an, ich bin geheilt! Ich kann gehen, ich kann laufen, ich kann tanzen! Gelobt sei Gott!"

Alle, die es gesehen hatten, sagten: „Heute haben wir Unglaubliches erlebt." Doch die religiösen Führer gingen schweigend fort. Sie waren beunruhigt und wütend.

Jesus bricht die Regeln

Lukas 6

An einem Sabbat, dem Ruhetag der Juden, kam Jesus in die Synagoge. Da sah er einen Mann, dessen rechte Hand gelähmt war. Der Mann schaute zu ihm auf, als er vorüberging, und Jesus blieb stehen.

Die Pharisäer und Gesetzeslehrer beobachteten ihn genau und dachten: „Er wird ja wohl wissen, dass es gegen Moses Gesetz verstößt, am Sabbat irgendeine Arbeit zu tun! Am Ruhetag darf er keine Wunder vollbringen!"

Alle jüdischen Familien nahmen den Sabbat sehr ernst. Gott hatte ihn schließlich zu einem besonderen Tag der Ruhe und des Gebetes gemacht. Aber die Pharisäer hatten noch viele zusätzliche Sonderregeln. Sie hatten lange Listen von Handlungen zusammengestellt, die am Sabbat verboten waren. Misstrauisch behielten sie Jesus im Auge, weil sie glaubten, er würde vor allen Leuten gegen ihre Regeln verstoßen.

Jesus kannte ihre Gedanken. Doch er schaute den Mann liebevoll an und forderte ihn auf: „Komm und stell dich hierher." Der Mann gehorchte und trat vor.

Dann sagte Jesus zu den Anwesenden: „Ich will euch eine Frage stellen. Sagt mir: Wie hält man die Sabbatregeln am besten ein? Was darf man am Sabbat tun? Gutes oder Böses? Darf man einem Menschen das Leben retten, oder muss man ihn umkommen lassen?"

Jesus schaute sie der Reihe nach an. Doch sie schwiegen. Dann wandte er sich wieder dem Mann zu und sagte: „Streck deine Hand aus."

Der Mann streckte sie aus, und sofort war sie gesund. Nun

krümmte er seine Finger. Er berührte sein Gesicht, faltete die Hände, und schließlich streckte er seinen Arm aus, so weit er konnte. Tränen traten ihm in die Augen. Er konnte kaum glauben, dass etwas so Wunderbares mit ihm geschehen war.

Die religiösen Führer aber waren so wütend, dass sie miteinander berieten, wie sie Jesus vernichten könnten.

Zwölf besondere Freunde

Matthäus 10, Markus 3, Lukas 6

Eines Abends ging Jesus allein fort, um zu beten. Er stieg auf einen Berg, der einen herrlichen Blick über den See Genneseret bot. Die ganze Nacht betete Jesus dort unter den funkelnden Sternen zu Gott.

Als er am nächsten Morgen wieder hinabstieg, sah er, dass sich viele seiner Freunde am Ufer des Sees versammelt hatten. Es waren Fischer und Bauern darunter, Kaufleute, Handwerker und Lehrer. So viele verschiedene Gesichter sahen ihn an, alte und junge. Er setzte sich zu ihnen an das klare Wasser des Sees.

Jesus schwieg. Die Menschen um ihn herum wussten, dass er gleich etwas Wichtiges sagen würde.

„Zwölf von euch werden mit mir kommen, wohin ich auch gehe", sagte er. „Ihr werdet meine Apostel sein."

Jesus hatte viele Freunde und Anhänger. Aber jetzt musste er sich die aussuchen, die bereit waren, ihr Zuhause zu verlassen und überall mit ihm hinzugehen. Sie würden seine engsten Freunde sein und allen auf der Welt vom Reich Gottes erzählen.

„Simon Petrus“, sagte er und klopfte dem Fischer auf die Schulter. „Du bist der Erste. Und dann Andreas, Jakobus und Johannes.“ Langsam ging er von einem zum anderen und suchte sich seine Jünger aus. „Philippus, Bartholomäus, Thomas, Judas, Simon aus Kana, Jakobus, Sohn des Alphäus.“ Auch Judas Iskariot nahm er dazu, der ihn später verraten würde.

Dass er auch noch Matthäus auswählte, erstaunte alle.

„Matthäus?“, murmelten Simon und Andreas vor sich hin. „Jesus kann den doch unmöglich zu einem von uns machen. Das soll ein besonderer Freund werden?“

Matthäus arbeitete für die Steuereinnehmer, und die betrogen die Leute. Keiner traute ihm über den Weg. Mit Ausnahme von Jesus. Der wusste nämlich, dass Matthäus sich geändert hatte.

Der römische Hauptmann

LUKAS 7

In den Kasernen von Kafarnaum lebte ein römischer Hauptmann. Er hatte schon viel von Jesus und seinen Wundern gehört. Als nun der Diener des Hauptmanns schwer krank wurde, glaubte er, dass nur Jesus ihm helfen könne.

Der Hauptmann war ein wichtiger Mann, hundert Soldaten hörten auf sein Kommando. Er hätte geradewegs zu Jesus hingehen und ihm befehlen können, ihn anzuhören:

„Ich brauche sofort Hilfe!“ Aber der Hauptmann respektierte die jüdische Religion und war sehr zurückhaltend.

„Ich bin ein Nichtjude“, dachte er. „Da kann ich nicht so einfach zu Jesus gehen. Ich schicke besser meine jüdischen Freunde zu ihm, die angesehen Männer der jüdischen Gemeinde.“ Die Männer gingen zu Jesus und sagten: „Hilf doch bitte dem römischen Hauptmann. Er hat uns schon viel Gutes getan und uns sogar die neue Synagoge bezahlt.“

„Ich will gleich zu ihm gehen“, versprach Jesus. Als aber der Hauptmann hörte, dass der große Prediger auf dem Weg zu ihm war, schickte er ihm Freunde entgegen und ließ ihm ausrichten: „Herr, du musst doch nicht selbst kommen. Ich verdiene es nicht, dich unter meinem Dach zu haben. Du brauchst nur ein Wort zu sagen, und mein Diener wird gesund. Das ist wie bei uns Soldaten. Ich gehorche Befehlen. Und meine Untergebenen gehorchen meinen Befehlen. Ich sage: ‚Tu dies, tu das‘, und sie tun es. Wenn ich sage: ‚Kommt her!‘, dann kommen sie sofort.“

Als Jesus das hörte, wunderte er sich, dass der Hauptmann ihm so fest vertraute.

„Schaut euch diesen Glauben an!“, sagte er zu seinen Jüngern. „Dieser Mann, der kein Jude ist, ist gläubiger als alle, die ich bisher in ganz Israel getroffen habe.“

Als die Boten des römischen Hauptmanns zurückkamen, war der Diener gesund.

Die Geschichte vom Sämann

Lukas 8

Die Menschen reagierten unterschiedlich auf Jesus: Manche hatten einen starken Glauben, andere nicht. Etliche hörten ihm aufmerksam zu, gingen dann aber fort, ohne ihr Leben zu ändern. Andere ließen sich durch seine Worte aufrütteln.

Eines Tages erzählte Jesus eine Geschichte. Eine große Menschenmenge hatte sich um ihn versammelt. Da zeigte Jesus auf einen Bauern, der in einiger Entfernung aus einem Beutel Saatkörner auf sein Land streute. Alle schauten zu dem Mann hinüber, der langsam über seinen Acker schritt und dabei die kleinen Körner zu Boden fallen ließ.

„Es war einmal ein Bauer wie jener dort. Der warf in weitem Bogen seinen Samen aus“, erzählte Jesus. „Einige Körner fielen an den Rand des Wegs. Sie wurden zertreten und von den Vögeln aufgepickt. Andere Körner fielen auf steinigen Boden. Sie gingen sehr schnell auf. Weil sie aber keine Wurzeln in der Erde hatten und kein Wasser aufnehmen konnten, vertrockneten sie und gingen ein. Wieder andere Körner fielen zwischen die Dornen. Als sie heranwuchsen, wurden sie vom Dornengebüsch erstickt. Der Rest der Saat aber fiel auf guten, fruchtbaren Boden. Daraus wurden reife, kräftige Getreidehalme, und die Ernte brachte hundertmal mehr ein, als der Bauer ausgesät hatte.“

Die Leute sahen dem Bauern beim Säen zu. Und sie fragten sich, was Jesus wohl mit dieser Geschichte sagen wollte.

Jesus erklärt das Gleichnis

Lukas 8

Die Jünger fragten Jesus: „Warum erzählst du uns immer Geschichten? Und was bedeutet diese?“

„Ich werde euch das Geheimnis verraten“, sagte Jesus. „Denn ihr seid ja meine besten Freunde.“ Die Jünger drängten sich enger um ihn. Sie waren neugierig auf das, was er zu sagen hatte.

„Die Saatkörner stehen für Gottes Wort.“ Die Jünger nickten. Das hatten sie verstanden.

„Meine Geschichte soll deutlich machen, was mit dem Wort Gottes in den Herzen der Menschen geschieht.

Die Samenkörner, die an den Wegrand fallen, sind die Menschen, die das Wort Gottes hören. Aber der Teufel kommt und reißt es aus ihren Herzen, bevor sie noch daran glauben können und gerettet werden.

Der steinige Boden steht für Menschen, die Gottes Botschaft hören und ganz begeistert davon sind. Aber ihr Glaube schlägt keine Wurzeln. Sie glauben nur eine kurze Zeit lang. Sobald es Probleme gibt, geben sie auf.

Die Saat, die zwischen die Dornen fällt, ist ein Beispiel für Menschen, die Gottes Wort zwar hören, aber nichts damit anfangen. Sie ersticken in ihren Alltagssorgen. Oder sie denken nur noch daran, wie sie am schnellsten reich werden können, Erfolg haben oder ihr Vergnügen finden. Solche Gedanken ersticken das Wort. Nichts kann mehr wachsen.

Doch bei manchen ist es wie bei dem Samen, der auf guten Boden fällt. Das sind die Menschen, die ein gutes und offenes Herz haben. Sie hören das Wort und nehmen es gerne an. Dann handeln sie danach, und weil sie daran festhalten, werden sie reich belohnt. Sie vertrauen immer auf Gott, egal was geschieht."

Als er zu Ende gesprochen hatte, sah Jesus seine Freunde der Reihe nach an, als wollte er sie fragen: „Was für ein Boden ist in euren Herzen?"

Was kostet's?

LUKAS 14

Im Laufe der Zeit wollten viele Menschen mit Jesus gehen. Doch er warnte sie immer wieder vor den Schwierigkeiten.

„Ihr müsst euch klar darüber sein, wie viel ihr aufgeben wollt, bevor ihr euch auf den Weg macht", sagte er.

Es war einfach, Jesus nachzufolgen, wenn er Wunder tat, wenn alle ihn liebten und lobten. Dann wollten Hunderte von Menschen bei ihm sein. Aber Jesus wusste, dass einmal eine Zeit kommen würde, da würden alle, sogar seine engsten Freunde, aus Angst um das eigene Leben davonlaufen. Er wusste, dass er eines Tages qualvoll sterben würde.

„Ihr müsst ein schweres Kreuz tragen, wenn ihr mit mir kommen wollt", sagte Jesus.

„Ein Kreuz?" Die Leute waren verwirrt. Sie hatten Verbrecher gesehen, die zur Strafe ihre Kreuze tragen mussten und anschließend daran aufgehängt wurden. Aber das waren Diebe und Mörder. Was hatte das mit Jesus zu tun? Er war doch ein guter Mensch. Einem solchen Anführer zu folgen, erschien ihnen sehr einfach.

„Wer nicht bereit ist, sein Leben zu verlieren, kann nicht mein Jünger sein“, sagte Jesus.

Die Menschen verstanden das nicht. Deshalb erklärte ihnen Jesus: „Wenn jemand ein Haus bauen will, muss er vorher ausrechnen, wie viel es kosten wird.“ Die Leute nickten verständig.

„Man rechnet aus, wie viel Material man braucht und wie viel Lohn die Arbeiter bekommen. Wenn man das Geld zusammen hat, fängt man an. Aber wer mit dem Bau beginnt, bevor er die Kosten überschlagen hat, dem geht vielleicht das Geld aus, wenn er erst das Fundament gelegt hat. Alle, die vorübergehen, werden ihn auslachen und sagen: ‚Seht mal, dieser Bauherr konnte nicht mal zu Ende bauen.‘“

Die Menge war still geworden. „Überlegt euch, was es euch kosten wird“, mahnte Jesus. „Ihr müsst bereit sein, alles aufzugeben, wenn ihr mir nachfolgen wollt.“

Was Glück bedeutet

Matthäus 5, Lukas 6

Eines Tages versammelte Jesus alle seine Anhänger um sich auf einem Berg oberhalb von Galiläa. Viele hundert Männer, Frauen und Kinder saßen im Gras. Auf den Hügeln blühten die Feldblumen in allen Farben, und tief unten fuhren Fischerboote über den ruhigen See.

In der Stille dieses schönen Sommertages sagte Jesus den Menschen einige Dinge, die sie nie mehr vergessen sollten.

„Glücklich sind alle, die wissen, dass sie Gott brauchen, denn sie werden einmal bei Gott im Himmel wohnen.

Glücklich sind alle, die jetzt traurig sind, denn Gott wird sie trösten.

Glücklich sind alle, die keine Gewalt anwenden, denn ihnen wird einmal die Erde gehören.

Glücklich sind alle, die Gutes tun. Gott wird ihre Gebete erhören.

Glücklich sind alle, die freundlich und hilfsbereit sind, denn Gott wird auch sie freundlich behandeln.

Glücklich sind alle, die ein reines Herz haben, denn sie werden Gott sehen.

Glücklich sind alle, die sich für den Frieden einsetzen. Sie werden Kinder Gottes genannt werden.

Glücklich sind alle, die verfolgt werden, weil sie tun, was Gott will. Sie werden einmal bei Gott im Himmel wohnen."

Die Menschen hörten ihm begeistert zu. Noch nie hatte ihnen jemand so etwas Wunderbares gesagt. Jesus sprach von einer ganz anderen Art zu leben. Das gab all denen Trost und Hoffnung, die arm waren und denen es schlecht ging. Diese Bergpredigt Jesu wird auch „Seligpreisungen" genannt.

Die beiden Baumeister

MATTHÄUS 7, LUKAS 6

Viele Leute behaupteten: „Ich will Jesus nachfolgen." Aber sie taten nichts dafür. Sie behaupteten, sie wären seine Jünger, aber ihr Verhalten änderten sie nicht. „Warum sagt ihr die ganze Zeit ‚O Herr, o Herr!'", wollte Jesus von ihnen wissen, „wenn es euch doch nichts bedeutet? Wenn ihr meine Jünger sein wollt, müsst ihr euer Leben ändern!"

Dann erzählte er ihnen folgende Geschichte:

„Wer hört, was ich sage, und sich danach richtet, ist wie der weise Mann, der sein Haus auf felsigen Untergrund baute. Zuerst grub er tief, um das Fundament zu schaffen. Dann baute er Schicht um Schicht das Haus auf. Schließlich hatte er ein stabiles Gebäude dastehen, das fest und sicher auf dem Felsen gegründet war.

Da kam ein Unwetter auf. Sturm und Regen peitschten gegen das Haus, und das Wasser stieg hoch. Aber dem Haus passierte nichts, denn es war ja auf einem Felsen erbaut.

Wer sich dagegen meine Worte nicht anhört und nicht danach handelt, der ähnelt einem dummen Mann, der sein Haus auf Sand baut. Dieser Mann hat es sich leicht gemacht und das Haus schnell und ohne Fundament hochgezogen. Bald schon hatte er sein Haus fertig. Er zog ein und dachte zufrieden: Jetzt kann mir nichts mehr passieren!

Doch dann begann es in Strömen zu regnen, die Flüsse traten über ihre Ufer und strömten mit aller Kraft auf das Haus zu. Das begann zu wackeln, brach auseinander und fiel mit großem Getöse in sich zusammen! Nichts blieb mehr übrig außer einem Haufen Trümmer.

Wählt nicht den einfachen Weg, sondern den schwereren", warnte Jesus. „Baut euer Leben auf einem tiefen Fundament auf, und setzt das, was ich euch beigebracht habe, in die Tat um."

Das verlorene Schaf

Lukas 15

Einige der Pharisäer und religiösen Führer ärgerten sich darüber, dass Jesus sich mit Leuten abgab, die einen schlechten Ruf hatten. Er setzte sich sogar mit Betrügern und anderen Übeltätern zum Essen an einen Tisch. Als sie darüber schimpften, erzählte Jesus ihnen folgendes Gleichnis:

„Nehmt einmal an, einer von euch hätte hundert Schafe, und eins davon ginge verloren. Würdet ihr das verlorene Schaf dann nicht suchen?"

Da nickten alle, denn das sahen sie ein: Ein guter Hirte würde immer nach seinen Schafen suchen. Da gab es keinen Zweifel.

Jesus sprach weiter: „Dieser Hirte würde die neunundneunzig anderen Schafe auf dem Hügel zurücklassen und überall nach dem verlorenen Schaf suchen, bis er es gefunden hätte. Und wenn er es gefunden hätte, wäre er so froh. Er würde es auf seiner Schulter nach Hause tragen. Dann würde er alle seine Freunde und Nachbarn zusammenrufen und sagen: ‚Kommt und feiert mit mir! Denn heute habe ich mein verlorenes Schaf wieder gefunden!'"

Da rief Jesus der Menge zu: „So ist es auch bei Gott. Er

freut sich viel mehr über einen Einzigen, der seine Fehler bereut, als über neunundneunzig Menschen, die sich für gut halten und meinen, dass sie in ihrem Leben nichts ändern müssten."

Die verlorene Münze

Lukas 15

Jesus erzählte viele Gleichnisse vom Suchen und Finden. Meistens ging es dabei um alltägliche Dinge. Wie etwa bei der Frau, die eine wertvolle Silbermünze verloren hatte:

„Es lebte einmal eine Frau, der fehlte plötzlich eine ihrer zehn Silbermünzen. Sie suchte den Fußboden ab, konnte aber nichts finden. Dann schaute sie in all ihren Töpfen nach, unter den Fußmatten, im Ofen, überall. Viele Stunden vergingen so. Als die Sonne am Himmel versank, zündete sie alle Lampen im Haus an und leuchtete in jeden Winkel.

Endlich sah sie in einer entlegenen Ecke des Zimmers die Münze aufblitzen. Sie nahm die Münze, holte ihre Freundinnen und Nachbarinnen zusammen und rief ihnen voller Freude zu:

‚Kommt zu mir zum Essen. Wir wollen feiern! Ich bin so froh, dass ich meine Münze wieder gefunden habe. Ihr sollt teilhaben an meiner Freude und mit mir glücklich sein.'

Und so feierten sie gemeinsam ein fröhliches Fest!

Ganz genauso", sagte Jesus zu seinen Jüngern, „freuen sich die Engel im Himmel über einen einzigen Sünder, der ein neues Leben beginnt und sich wieder auf Gott besinnt."

Der verlorene Sohn

Lukas 15

Jesus wollte den Menschen zeigen, wie sehr Gott sie liebte. Deshalb erzählte er ihnen eines Tages dieses Gleichnis:

„Es lebte einmal ein Mann, der hatte zwei Söhne. Der älteste war sehr fleißig und arbeitete hart auf dem Hof seines Vaters. Der jüngere aber sagte: ‚Gib mir jetzt schon mein Erbe. Ich will in die Welt hinausziehen!' Da gab der Vater seinem Sohn das Geld, und der junge Mann zog in ein fernes Land. Dort wollte er das Leben genießen.

Der Junge lebte in Saus und Braus und verschwendete sein Geld. Jeden Tag feierte er wilde Feste und hielt Freunde aus, die nichts wert waren. Doch plötzlich hatte er alles Geld verbraucht. Da brach eine schlimme Hungersnot über das Land herein. Schon bald ging es dem jungen Mann sehr schlecht. Seine Kleider hingen in Fetzen an ihm herab, seine Freunde wollten nichts mehr von ihm wissen. Er musste die niedrigste Arbeit annehmen: Schweine hüten. Er gab den Tieren zu fressen und lebte bei ihnen im Stall. Dabei litt er so großen Hunger, dass er am liebsten das Schweinefutter gegessen hätte, denn niemand gab ihm etwas anderes.

Eines Tages dachte er sich: Sogar die einfachsten Diener meines Vaters haben mehr als genug zu essen. Und ich sitze hier im Elend! Ich werde nach Hause gehen und sagen: ‚Vater, ich habe gegen Gott und gegen dich gesündigt. Ich habe es nicht verdient, noch weiter dein Sohn zu sein. Aber nimm mich doch als Diener in deinem Haus auf.'

So machte er sich auf den mühsamen Weg nach Hause.

Sein Vater sah ihn schon von weitem kommen und lief

ihm entgegen. Der alte Mann nahm ihn in den Arm und küsste ihn.

‚Du bist wieder zu Hause', flüsterte er immer wieder, ‚du bist zu Hause!' Er weinte vor Freude und hielt ihn fest an sich gedrückt.

‚Vater', sagte der Junge, und auch ihm liefen die Tränen übers Gesicht, ‚ich habe gegen Gott und gegen dich gesündigt. Ich habe es nicht verdient, noch weiter dein Sohn zu sein.' Sein Vater ließ ihn nicht zu Ende sprechen. Er winkte seine Diener heran und rief: ‚Schnell, holt die schönsten Kleider und zieht sie ihm an. Steckt ihm einen goldenen Ring an den Finger und bringt Schuhe für seine wunden Füße. Schlachtet das fetteste Kalb, das wir haben. Denn wir wollen feiern.'

Alle Diener kamen zusammengelaufen, als der Vater seinen Sohn ins Haus führte. ‚Seht nur', rief er, ‚mein Sohn war tot, und jetzt lebt er wieder! Ich glaubte, ihn für immer verloren zu haben, aber jetzt haben wir ihn wieder!' Und sie begannen zu feiern.

Der ältere Sohn war auf dem Heimweg vom Feld, wo er den ganzen Tag hart gearbeitet hatte. Da hörte er die Musik und sah überall im Hof und am Haus Lampen leuchten.

‚Was ist denn hier los? Eine Feier?', fragte er. Als er hörte, dass dies ein Fest für seinen zurückgekehrten Bruder war, stapfte er wütend davon.

Sein Vater kam zu ihm vors Haus. Der älteste Sohn beschwerte sich: ‚In all den Jahren, in denen ich für dich gearbeitet habe, hast du für mich nie ein Fest gegeben! Aber jetzt taucht plötzlich dein nichtsnutziger Sohn auf, der sein ganzes Leben vergeudet hat, und da schlachtest du gleich unser Mastkalb für ihn!'

Da erwiderte sein Vater sanft: ‚Mein lieber Junge, alles, was ich besitze, gehört dir – alles! Aber ich dachte, dein Bruder wäre tot und für immer verloren. Jetzt ist er doch noch am Leben; wir haben ihn wieder gefunden. Ist das denn kein Grund zum Feiern?'"

Das Vaterunser

MATTHÄUS 6, LUKAS 11

Einmal baten die Jünger Jesus: „Bitte sage uns doch, wie wir beten sollen." Sie hatten sich seine Gleichnisse und Geschichten angehört und überlegten, wie sie das, was er ihnen beigebracht hatte, leben konnten. Jesus setzte sich neben sie und sagte: „Es sind nicht viele Worte nötig. Betet so:

Unser Vater im Himmel,
geheiligt werde dein Name.
Dein Reich komme.
Dein Wille geschehe,
wie im Himmel, so auf Erden.
Unser tägliches Brot gib uns heute.
Und vergib uns unsere Schuld,
wie auch wir vergeben unsern Schuldigern.
Und führe uns nicht in Versuchung,
sondern erlöse uns von dem Bösen,
denn dein ist das Reich und die Kraft
und die Herrlichkeit in Ewigkeit.
Amen.

Petrus, Jakobus, Johannes und die anderen hörten gut zu. Sie wiederholten noch einmal alles leise für sich und bemühten sich, dieses große Geheimnis des Betens zu begreifen. Sie wussten, dass Jesus sich oft zurückzog, um zu seinem Vater zu beten.

„Vergesst das Beten nicht. Gebt es nie auf", sagte Jesus. „Bleibt dabei!"

Die Jünger nickten.

„Stellt euch vor: Ein Mann geht mitten in der Nacht zu einem Freund, klopft an seine Tür und bittet ihn: ‚Leih mir doch drei Brote. Ich habe unerwartet Besuch bekommen.'

‚Stör mich jetzt nicht!', ruft der Freund. ‚Ich bin schon im Bett, und meine Kinder schlafen auch!'"

Die Jünger lachten bei dem Gedanken, dass der Freund sich einfach auf die andere Seite drehen und die Tür nicht aufmachen würde.

„Aber der Mann klopft weiter", fuhr Jesus fort. „Poch, poch, poch! Schließlich steht sein Freund doch auf und gibt ihm das Brot. Aber er tut es nicht aus Freundschaft, sondern weil er den Lärm nicht mehr ertragen kann.

So ist es auch mit dem Beten. Ihr dürft niemals aufgeben. Bittet Gott, und er wird euch geben, was ihr braucht. Sucht, und ihr werdet finden. Klopft an, und die Tür wird euch aufgemacht!"

Über das Beten

Matthäus 6, Lukas 18

Jesus brachte seinen Freunden noch viele andere Dinge über das Beten bei.

„Lauft nicht herum und erzählt allen, wie viel ihr betet. Stellt euch auch nicht zur Schau, indem ihr laut an der Straßenecke betet. Geht in euer Zimmer, schließt die Tür und betet im Stillen zu eurem Vater im Himmel. Er wird euch hören und belohnen."

Einmal erzählte Jesus die Geschichte von einem Mann, der auf die falsche Art betete. Er war sehr von sich und seinem guten Charakter überzeugt.

„Ein Pharisäer ging in die Synagoge, stellte sich ganz vorne hin und betete so: ‚Ich danke dir, Gott, dass ich nicht so bin wie die anderen, habgierig und unehrlich. Ich bin auch nicht wie der Steuereinnehmer da hinten, der die Leute übers Ohr haut.

Ich faste zweimal in der Woche und spende den zehnten Teil von meinem Geld dem Tempel.'

Der Steuereinnehmer, von dem der Pharisäer gesprochen hatte, blieb hinten in der Synagoge stehen, die Augen auf den Boden gerichtet, denn er schämte sich so. Er rang seine Hände und weinte: ‚O Gott, hab Erbarmen mit mir, denn ich bin ein Sünder!'

Welches Gebet hat Gott wohl erhört?", fragte Jesus.

Die Jünger sahen einander an. Sie wussten, dass auch sie manchmal stolz waren und glaubten, besser zu sein als andere.

„Ich kann euch sagen", sprach Jesus weiter, „Gott hat das

Gebet des Steuereinnehmers erhört und ihm vergeben. Der Pharisäer aber ging ohne Vergebung davon."

Kostbares Salböl

LUKAS 7

Ein Pharisäer aus Kafarnaum lud Jesus zum Essen ein. Während sie miteinander speisten, kam eine Frau ins Haus gelaufen, die einen sehr schlechten Ruf in der Stadt hatte. Alle waren aufgebracht, als sie auf Jesus zuging. Sie fing an zu weinen, und ihre Tränen tropften auf seine Füße.

„Weiß er denn nicht, was für eine Frau das ist?", fragten sich die anderen Gäste entsetzt. Da holte sie ein Fläschchen Salböl hervor, das sehr kostbar war. Sie küsste Jesus die Füße und goss das Öl darüber aus. Der Duft verbreitete sich im ganzen Zimmer. Die Pharisäer schauten schockiert zu und konnten kaum glauben, was sie da sahen.

Simon, der Mann, der Jesus eingeladen hatte, flüsterte: „Wenn Jesus ein richtiger Prophet wäre, dann müsste er doch wissen, was für eine Frau ihn da so berührt!"

Jesus wusste, was sein Gastgeber dachte, und sagte: „Simon, du hast mich zwar eingeladen, aber mir nicht den Staub von den Füßen gewaschen. Aber diese Frau hat sie mit ihren Tränen gewaschen. Du hast mir zur Begrüßung keinen Kuss gegeben. Sie aber küsst mir sogar die Füße. Du hast mir nicht mein Haar gesalbt. Sie aber hat mir die Füße mit kostbarem Öl übergossen."

Simon wusste, dass Jesus Recht hatte. Keine der Freundlichkeiten, mit denen man in der damaligen Zeit seine Gäste verwöhnte, hatte er Jesus zukommen lassen. Da schämte sich der Pharisäer.

„Ihr ist eine große Schuld vergeben worden. Deshalb will sie mir so viel Liebe zeigen", erklärte Jesus. „Aber wenn dir nur wenig vergeben wurde, Simon, kannst du mir auch nur wenig Liebe geben."

Jesus nahm die Hand der Frau und sagte: „Dein Vertrauen hat dich gerettet. Geh jetzt in Frieden nach Hause."

„Was ist das nur für ein Mann, dass er glaubt, er könnte Sünden vergeben?", sagten die anderen Gäste. „Dazu hat doch wohl kein Mensch das Recht!" Doch Jesus achtete nicht auf sie.

Jairus' Tochter

Matthäus 9, Markus 5, Lukas 8

Eines Tages drängte sich ein Mann durch die Menschenmenge, die sich in Kafarnaum um Jesus versammelt hatte. „Bitte, bitte lasst mich durch! Meine Tochter ... meine Tochter ..."

Zuerst kümmerte sich niemand darum. Jesus wurde schließlich ständig von Hilfesuchenden bedrängt. Doch dann fiel jemandem auf, welch ein wichtiger Mann dies war.

„Das ist Jairus", ging es durch die Menge. „Jairus, der Vorsteher der Synagoge!"

Jairus stolperte weiter und klagte: „Meine Tochter ... mein kleines Mädchen ..."

Die Menschen traten zur Seite, denn sie hatten große Achtung vor ihm. Viele der religiösen Führer in Kafarnaum fürchteten Jesus, manche hassten ihn sogar. Doch jetzt kam Jairus, einer der wichtigsten Männer der jüdischen Gemeinde, zu Jesus und warf sich ihm zu Füßen!

Es kümmerte ihn nicht, was die Leute dachten.

„Meister“, bettelte er, „bitte komm und leg ihr die Hände auf. Sie liegt …“ Er schüttelte den Kopf, konnte kaum weitersprechen. „Sie liegt … im Sterben. Aber wenn du jetzt mitkommst, kannst du sie noch retten!“

Jesus sah hinab auf den ehrwürdigen Mann in den teuren Kleidern, der so demütig und zitternd im Staub kniete und ganz verzweifelt war.

„Ich komme“, sagte Jesus. „Ich werde sofort mit dir gehen.“

Jairus stand auf und murmelte nur: „Danke! Danke!“ Die Leute starrten ihn an. War das derselbe bedeutende Vorsteher, der an jedem Sabbat in der Synagoge das Wort führte? Plötzlich wurde ihnen klar: Jairus war auch nur ein ganz normaler Mann, ein Vater mit einem sterbenden Kind. Und sie sahen zu, wie Jesus mit ihm die Straße hinunterging.

Eine Frau will Jesus berühren

Matthäus 9, Markus 5, Lukas 8

Viele Menschen begleiteten Jesus und Jairus, sodass es ein ziemliches Gedränge gab. Eine Frau versuchte verzweifelt, zu Jesus durchzukommen.

Sie war arm und schon seit vielen Jahren krank. Sie schämte sich wegen ihrer Krankheit und hatte Angst, sich öffentlich zu zeigen. Sie hatte schon viele Behandlungen über sich ergehen lassen. Ihr ganzes Vermögen hatte sie dafür geopfert, aber ohne Erfolg.

Die Menge, die Jesus zu Jairus' Haus folgte, setzte sich wieder in Bewegung. In diesem Moment sah die Frau Jesus. Für einen Moment konnte sie in sein Gesicht schauen. Sie wollte ihm so gerne etwas zurufen, traute sich aber nicht.

Sie schob sich langsam weiter durch die Menge nach vorn. Niemand bemerkte sie. Endlich sah sie unter all den vielen Mänteln einen, von dem sie sicher war, dass er Jesus gehörte. Ein letztes Mal kämpfte sie sich vorwärts. Sie streckte ihre Hand aus und berührte den Saum seines Mantels.

Im selben Augenblick spürte sie, dass ihr Leiden aufgehört hatte. Sie war geheilt!

„Wer hat mein Gewand berührt?" Jesus blieb stehen. Die Menschen schüttelten die Köpfe. Seine Frage kam ihnen so seltsam und ernst vor.

Petrus war verwundert. „Bei dem Gedränge wirst du doch ständig von jemandem berührt!"

„Jemand hat mich absichtlich angefasst", erwiderte Jesus. „Ich habe gespürt, wie eine heilende Kraft von mir ausging."

Die Frau wusste, dass sie sich nicht länger verstecken konnte. Also trat sie zitternd aus der Menge hervor und fiel vor Jesus nieder.

„Herr, ich hatte Angst … ich … bitte, verzeih mir, ich wollte dich doch nur berühren und …"

Jesus nahm ihre Hand. „Meine Tochter", sagte er, „dein Glaube hat dich gesund gemacht."

Erleichtert stand die Frau auf. Plötzlich spürte sie neue

Kraft und Selbstvertrauen in sich. Und das vor all den Leuten! Jesus sagte zu ihr: „Geh in Frieden heim“, und sie lief glücklich nach Hause.

Wieder lebendig!

Matthäus 9, Markus 5, Lukas 8

Jesus ging mit Jairus weiter, um dessen Tochter zu heilen, die schwer krank war.

Sie drängten sich durch die überfüllten Straßen, als plötzlich zwei Diener aus Jairus’ Haus kamen.

„Herr“, sagten sie und hielten die Augen auf die Erde geheftet, „Herr …“ Sie trauten sich kaum, ihre Nachricht zu überbringen.

„Herr“, fingen sie noch einmal an, „du brauchst Jesus nicht mehr zu bemühen. Deine Tochter ist gestorben.“

Jairus sank verzweifelt zu Boden. Von weitem konnte man schon das Weinen und Klagen vor seinem Haus hören. Da sagte Jesus zu ihm: „Hab keine Angst. Hab nur Vertrauen, Jairus! Dann wird deine Tochter wieder gesund.“

Wenig später ging Jesus in Jairus’ Haus. Als er sah, wie verzweifelt die Familie weinte und jammerte, rief er laut: „Schluss jetzt! Hört auf mit dem Weinen!“ Sie sahen ihn an, als hätte er den Verstand verloren. „Seid nicht traurig“, sagte Jesus zu den Trauernden. „Das Mädchen ist nicht tot. Es schläft nur.“

Jesus nahm Petrus, Jakobus und Johannes mit sich, und Jairus und seine Frau begleiteten sie in das Zimmer ihrer

Tochter. Das Kind lag bewegungslos da. Jesus nahm seine Hand und sagte leise: „Mädchen, steh jetzt auf."

Das Mädchen begann wieder zu atmen. Es öffnete die Augen und stand sofort auf. Alle waren vor Entsetzen außer sich. Sie fürchteten sich vor der großen Kraft, die hier gewirkt hatte. Gleichzeitig weinten sie vor Freude. Das Mädchen lief auf seine Eltern zu, und sie umarmten und küssten es.

„Gebt ihr etwas zu essen", sagte Jesus, als wäre gar nichts Besonderes vorgefallen. „Das Mädchen hat Hunger."

Später sagte er ihnen, sie sollten niemandem etwas von dem Wunder erzählen. Doch das kleine Mädchen war der lebendige Beweis für seine Macht. Die Neuigkeit verbreitete sich wie ein Lauffeuer durch das ganze Land.

Johannes der Täufer stirbt

MATTHÄUS 14

Den mächtigen Herrschern im Land wurden Jesus und seine Wunder unheimlich. Als König Herodes Antipas hörte, was Jesus in Galiläa alles tat, wurde er vor Angst ganz blass. „Dieser Jesus muss Johannes der Täufer sein", sagte er. „Er ist von den Toten auferstanden, um mich zu quälen!"

Herodes Antipas hatte Johannes gefangen genommen und ihn im tiefsten Kerker seiner Festung eingesperrt. Dann hatte seine Frau Herodias ihn dazu gebracht, Johannes enthaupten zu lassen.

Der König hatte Johannes schon immer gehasst. Dieser

wilde Prophet sagte zu viel Unangenehmes über mächtige Herrscher. Das Schlimmste aber war, dass Johannes öffentlich gegen Herodes' Heirat geschimpft hatte. Herodes gefiel es nicht, „Ehebrecher“ genannt zu werden – obwohl er wusste, dass es stimmte. Er hatte nämlich seine erste Frau verlassen und Herodias, die Frau seines eigenen Bruders, geheiratet.

Auch Herodias war fest entschlossen gewesen, Johannes töten zu lassen. Eines Tages sah sie die Gelegenheit dazu: Ihre Tochter Salome tanzte auf einem Fest für Herodes und seine Gäste. Das junge Mädchen war sehr schön, und ihr Tanz war so hinreißend, dass Herodes ausrief: „Ich schwöre, dass ich dir alles geben werde, was du willst, und wenn es die Hälfte meines Königreiches ist!“

Herodias nahm ihre Tochter beiseite und flüsterte: „Wünsche dir den Kopf von Johannes dem Täufer auf einem Teller!“ Das tat Salome.

Der König wurde traurig. Aber er wagte nicht, ihr den Wunsch abzuschlagen, denn er hatte ja vor allen Gästen geschworen, alles zu tun, was sie wollte. Also wurde Johannes noch in derselben Nacht geköpft. Man brachte Salome den Kopf des Propheten auf einem Teller, und sie übergab ihn an ihre Mutter.

Als Jesus von diesem schrecklichen Verbrechen hörte, rief er seine Jünger zu sich und fuhr mit ihnen im Boot an einen einsamen Ort auf das andere Ufer des Sees Gennesaret. Er wollte in die Berge gehen, um dort mit seiner Trauer allein zu sein und zu beten.

Fünf Brote und zwei Fische

MATTHÄUS 14, MARKUS 6, LUKAS 9, JOHANNES 6

„Wir wollen uns hier ausruhen“, sagte Jesus zu seinen Freunden. Doch noch während er sprach, sah er Hunderte von Menschen kommen. Sie hatten eine weite Strecke hinter sich, denn sie waren Jesus zu Fuß um den See gefolgt.

Einer der Jünger seufzte: „Können sie uns nicht einmal einen einzigen Tag in Ruhe lassen?“ Jesus aber hatte Mitleid mit den Menschen.

„Sie sind wie Schafe, die keinen Hirten haben“, sagte er sanft. Dann begann er, zu ihnen zu sprechen und die Kranken zu heilen.

Es wurde spät. Da fragte Jesus den Philippus: „Wo können wir Brot für diese Menschen kaufen?“

Verwundert schüttelte Philippus den Kopf. „Jesus! Das ist ein so einsamer Ort, meilenweit entfernt vom nächsten Dorf! Es würde unvorstellbar viel Geld kosten, wenn ich jedem von ihnen auch nur ein paar Krümel geben wollte!“

Jesus lächelte über seine Jünger, die darüber stritten, wie teuer das Brot würde, und alle Schwierigkeiten aufzählten.

„Seht doch mal nach, ob jemand etwas zu essen dabei hat“, sagte er, und Andreas und Simon Petrus gingen durch die Menge.

„Genug zu essen für alle?“, dachte Petrus. „Das klappt doch nie!“

Jesus wusste genau, was er tun wollte, doch er wollte seine Jünger auf die Probe stellen. Andreas war schon drauf und dran, die Suche aufzugeben, als ein kleiner Junge auf ihn zukam.

„Ich habe fünf Brote und zwei Fische“, sagte er schüchtern. Die Leute um ihn herum lachten.

„Das ist mein Abendessen“, erklärte der Junge.

Andreas rief: „Hier sind fünf Brote und zwei Fische. Aber damit werden wir nicht weit kommen.“

Jesus winkte den kleinen Jungen zu sich heran. „Bring sie her zu mir.“

Der Junge stand auf und gab Jesus, was er für sich zu essen mitgebracht hatte. Niemand in der Menge sagte etwas. Alle sahen zu, wie Jesus die fünf Brote und zwei Fische nahm und feierlich hochhielt.

„Sagt den Leuten, sie sollen sich hinsetzen“, befahl Jesus. Die Jünger sorgten dafür, dass sich alle in Gruppen zu fünfzig oder hundert ins Gras setzten. Da hielt Jesus die Brote und die Fische zum Himmel empor.

Der kleine Junge blickte auf sein Abendessen, während Jesus es voll Freude segnete und Gott dafür dankte. Dann teilte er das Essen aus. Stück für Stück gab er weiter, bis am Ende jeder der Versammelten genug hatte.

Mehr als fünftausend Menschen aßen und wurden satt. Und mit den Resten, die die Jünger einsammelten, konnten sie noch zwölf Körbe füllen.

Der kleine Junge vergaß diesen Tag nie und auch nicht den liebevollen Blick, den Jesus ihm zuwarf, als er sein Essen abgab. Auch der Anblick von Brot und Fisch, die überhaupt nicht weniger wurden, sollte ihm immer im Gedächtnis bleiben.

Jesus geht auf dem Wasser

Matthäus 14

Nachdem die vielen Menschen endlich satt waren, verließ Jesus seine Freunde und ging allein in die Berge. Die Jünger stiegen wieder ins Boot und fuhren über den See Gennesaret. Es wurde Nacht, und die Jünger mussten mühsam gegen den Wind ankämpfen.

Sie legten sich kräftig in die Riemen, denn sie waren stark und das Rudern gewöhnt. Vielleicht hatten sie Angst, aber sie sprachen nicht darüber.

Es wurde immer dunkler. Das Spritzwasser brannte in ihren Augen. Halb blind stießen sie ihre Ruder in die Finsternis und zogen mit aller Kraft. Doch das Boot schien sich nur millimeterweise über den See zu schieben.

Es war ungefähr drei Uhr morgens, als einer der Jünger kurz aufblickte, während er sich das Wasser aus den Haaren schüttelte. Aus dem Augenwinkel bemerkte er etwas Merkwürdiges. Er drehte sich zu seinen Freunden um, doch gleichzeitig wurde er von einer schrecklichen Angst gepackt. Auch die anderen Jünger schauten, einer nach dem anderen, auf, so als würde der außerordentliche Anblick sie dazu zwingen. Aber niemand sagte ein Wort. Sie waren stumm vor Schreck. Plötzlich rief einer von ihnen in den Sturm hinein:

„Ein Gespenst!“

Blankes Entsetzen erfasste sie, schlimmer als jeder Sturm und jede Dunkelheit, die sie erlebt hatten. Da hörten sie die Stimme. Eine Stimme, so sanft und doch kräftig – und so vertraut! „Habt keine Angst.“

Wie vom Donner gerührt schreckte Petrus auf. Er war

sich fast sicher, wer zu ihnen gesprochen hatte. Als er über das Wasser blickte, sah er eine Gestalt auf den düsteren, unruhigen Wellen stehen.

„Habt keine Angst. Ich bin es!“

Keiner der anderen Jünger wagte es, sich zu bewegen. Wie angewurzelt kauerten sie in ihrem Boot. Sie wussten nicht, was sie denken sollten, und konnten erst recht keinen Ton von sich geben. Nur Petrus stand langsam auf.

„Herr“, sagte er, „wenn du es bist …“ Er zögerte, um noch einmal tief Luft zu holen. „Wenn du es wirklich bist, dann befiehl mir, über das Wasser zu dir zu kommen.“

„Komm nur“, rief Jesus ihm zu.

Sie wussten alle, dass es Jesus war. Petrus stieg auf die Bordwand des Bootes. Den Blick auf Jesus gerichtet, trat er mit einem Fuß in die Dunkelheit.

Den Fuß setzte er so fest auf das Wasser, als wäre es ein normalen Sandweg. Die Wellen trugen Petrus’ Gewicht. Da nahm er auch den anderen Fuß von der Bordwand. Jetzt stand Petrus ganz allein da. Seine Füße hatte er fest auf dem Wasser. Er tat einen Schritt vor. Da peitschte ihm ein plötzlicher Windstoß ins Gesicht. Einen Moment lang verlor er Jesus aus den Augen. Er dachte nur noch an das tiefe Wasser unter sich und bekam große Angst. Und als er unterzugehen drohte, schrie er: „Herr, rette mich!“

Im selben Augenblick packte eine Hand die seine und zog ihn hoch. Jesus holte Petrus zu sich. Jetzt stand der Fischer seinem Meister von Angesicht zu Angesicht gegenüber. Gemeinsam waren sie mitten auf dem See in Sicherheit. Jesus hielt Petrus mit beiden Händen fest. „Du hast zu wenig Vertrauen“, sagte Jesus. „Warum hast du denn gezweifelt?“

Petrus wusste, dass Jesus ihm keinen Vorwurf machte. Da war nur diese einfache Frage, die ihm noch Jahre später in den Ohren klang: „Warum hast du gezweifelt?"

Dann stieg Jesus mit Petrus ins Boot, und plötzlich legte sich der Wind. Die Jünger starrten Jesus an. Sie schwiegen lange. Doch am Ende sagten sie: „Du bist wirklich Gottes Sohn!"

Petrus, der Fels

Matthäus 16

Jesus ging mit seinen Jüngern auf der Straße nach Norden. Plötzlich konnten sie von weitem die Stadt Cäsarea Philippi erkennen. Die großen Häuser und Tempel glänzten im grellen Sonnenlicht. Da mussten sie daran denken, wie mächtig doch das Römische Reich war, das sich fast über die ganze Erde erstreckte.

Jesus schaute nicht zur Stadt hin, sondern auf den schneebedeckten Gipfel des Berges dahinter. Dann glitt sein Blick weiter zum blauen Himmel hinauf.

Er fragte seine Freunde: „Für wen halten mich die Leute eigentlich?"

„Manche sagen, du seist ein Prophet", antworteten sie. „Andere halten dich für Johannes den Täufer, der von den Toten auferstanden ist. Oder für Elija, der ins Königreich Israel zurückgekehrt ist."

„Und was ist mit euch?", wollte Jesus wissen. „Für wen haltet ihr mich?"

Die Jünger schauten ihn schweigend an. Plötzlich trat Simon Petrus vor und sagte zu Jesus:

„Du bist der Messias, der Sohn des lebendigen Gottes!"

Jesus streckte die Arme nach Simon aus und drückte ihn freudig an sich. „O Simon, das kann dir kein anderer Mensch gesagt haben, nur mein Vater im Himmel! Du sollst von nun an nur noch Petrus heißen, das bedeutet ‚der Fels'. Und auf diesen Felsen werde ich meine Gemeinde bauen." Dann schärfte Jesus seinen Jüngern ein: „Sagt keinem, dass ich der versprochene Retter bin!"

Als sie die Straße weiter entlanggingen, sahen sie von weitem Kreuze, an denen verurteilte Verbrecher hingen. Zu der Zeit war das zwar ein schrecklicher, aber auch alltäglicher Anblick. Jesus blieb noch einmal stehen und erklärte seinen Jüngern zum ersten Mal, was ihm bevorstand:

„Eines Tages – bald – werde ich nach Jerusalem gehen. Die Hohepriester und Gesetzeslehrer werden mir Schlimmes antun, und ich werde sterben. Aber am dritten Tag werde ich wieder zum Leben erweckt."

„Nein!", rief Petrus aus. „Niemals. Das darf nicht geschehen!"

„Geh weg von mir, du Satan!", rief Jesus. „Du willst mich von meinem Weg abbringen!" Petrus sah ihn verwirrt an. „Simon", sagte Jesus, „jetzt denkst du wieder wie ein gewöhnlicher Mensch. Du darfst dich nicht gegen das stellen, was Gott vorherbestimmt hat."

Jesus wird verklärt

MATTHÄUS 17, LUKAS 9

Sechs Tage später nahm Jesus nur Petrus, Jakobus und Johannes mit sich auf einen hohen Berg. Bald schon hatte der Nebel sie umfangen, und die Welt mit ihren vielen Menschen schien ganz weit fort. Als Jesus auf dem Gipfel angekommen war, begann er zu beten. Vor den Augen seiner Jünger ging mit ihm eine Verwandlung vor: Sein Gesicht leuchtete wie die Sonne, und seine Kleider strahlten weißer als Schnee. Und plötzlich sahen sie zwei leuchtende Gestalten neben Jesus stehen.

Benommen von dem Licht konnten die Jünger zuerst nicht erkennen, wer die beiden waren.

„Wer ist das?"

„Das weiß ich nicht. Sie sehen aus wie die Propheten aus alter Zeit!"

„Worüber reden sie?"

„Hör zu!"

Die beiden strahlenden Gestalten sprachen von den wunderbaren Dingen, die sich bald in Jerusalem ereignen sollten. Sie sagten auch, dass Jesus die Menschen durch seinen Tod und seine Auferstehung befreien würde.

Die Jünger schauten sie ehrfürchtig an. „Das sind Mose …", flüsterten sie, „und Elija!"

„Jesus", platzte Petrus heraus, „gut, dass wir hier sind. Am besten, wir schlagen drei Zelte auf, eins für dich, eins für Mose und eins für Elija und …"

Während er noch redete, erschien eine leuchtende Wolke über ihnen und hüllte sie ein. Eine Stimme sagte: „Das ist mein lieber Sohn, den ich euch geschickt habe. Auf ihn sollt ihr hören!“

Den Jüngern war klar, dass sie gerade Gott selbst reden gehört hatten. Voller Angst warfen sie sich zu Boden.

Als sie die Augen wieder aufmachten, stand Jesus allein vor ihnen. Das helle Licht war verschwunden. Da stiegen sie den Berg wieder hinunter und erzählten niemandem, was sie gesehen hatten.

Wer ist der Größte?

MATTHÄUS 18, MARKUS 9

Eines Tages stritten die Jünger darüber, wer in Gottes Reich wohl der Größte sein würde. Sie nahmen an, Jesus werde als mächtiger König über die ganze Welt herrschen. Es war eine heftige, hitzige Auseinandersetzung, denn alle wollten die wichtigste Person in Jesu Königreich sein.

Doch als Jesus zu ihnen kam, wurden sie still. Schließlich fand dann aber doch einer von ihnen den Mut zu fragen: „Herr, wer wird in deinem Königreich der Größte sein?“

Für wen würde Jesus sich entscheiden? Wer würde neben Jesus selbst der Berühmteste und Mächtigste sein?

In der Nähe spielte gerade ein kleines Kind. Das rief Jesus herüber und stellte es vor seine Jünger.

„Das will ich euch sagen“, erklärte Jesus, „wenn ihr euch nicht ändert und so werdet wie die Kinder, dann könnt ihr in Gottes neue Welt nicht einmal hineinkommen.“

Nicht einmal hineinkommen ... Bei diesen Worten bekamen sie einen mächtigen Schreck.

„Vergesst nicht", sagte Jesus, „wer so wenig aus sich macht wie dieses Kind, der ist in der neuen Welt Gottes der Größte. Und wer in meinem Namen ein solches Kind aufnimmt, der nimmt mich auf. Und wer mich bei sich aufnimmt, der heißt auch meinen Vater im Himmel willkommen, der mich geschickt hat."

Der reiche Mann

MATTHÄUS 19

Einmal kam ein junger Mann auf Jesus zu, der gut und teuer gekleidet war.

„Meister, ich wüsste gern ..." Der Mann räusperte sich. Er hatte eine wichtige Frage und wollte unbedingt die richtigen Worte finden.

„Ich wüsste gern, was ich in meinem Leben Gutes tun muss, damit ich auch sicher das ewige Leben bekomme."

„Gutes?", fragte Jesus. „Nur Gott ist gut. Warum fragst du mich also?"

Der junge Mann sah Jesus ernst an. Wenn überhaupt jemand ihm eine Antwort geben konnte, dann musste es Jesus sein.

„Wenn du wirklich das ewige Leben finden willst", sagte Jesus, „dann musst du Gottes Gebote einhalten."

„Welche denn?", fragte der junge Mann.

„Du sollst nicht töten. Du sollst nicht die Ehe brechen.

Du darfst anderen nichts wegnehmen. Du sollst keine Lügen über andere erzählen. Du sollst deine Eltern lieb haben. Du sollst deine Mitmenschen so lieben wie dich selbst.“

„Ach“, erwiderte der junge Mann, „das habe ich alles getan. Gibt es denn nicht noch mehr, was ich tun kann?“

„Eine Sache gibt es noch“, sagte Jesus. Der junge Mann schaute ihn erwartungsvoll an und nickte bereitwillig. Er wollte doch alles ganz richtig machen.

„Geh und verkaufe alles, was du hast, und gib das Geld den Armen. Dann wirst du einen Schatz im Himmel haben. Danach kannst du mit mir kommen.“

Als der junge Mann das hörte, wurde er traurig, weil er sehr reich war. Er schaute auf all die Leute in der Runde, dann auf Jesus, der ihn ganz liebevoll ansah. Da senkte der junge Mann die Augen. Er drehte sich um und ging fort.

Jesus schaute ihm nach. Der reiche junge Mann tat ihm sehr Leid.

„Ich sage euch eins“, sagte er zu seinen Jüngern. „Eher kommt ein Kamel durch ein Nadelöhr als ein Reicher in Gottes neue Welt.“

„Wer kann denn dann noch gerettet werden?“, fragten die Jünger.

„Ein Mensch kann sich unmöglich selbst retten“, antwortete Jesus. „Aber bei Gott ist alles möglich.“

Von den Gefahren des Reichtums

Lukas 12

Einmal erzählte Jesus die Geschichte eines sehr reichen Mann, dem viel Land gehörte: „Der reiche Gutsbesitzer hatte eine besonders gute Ernte gehabt.

‚Was soll ich nur tun?‘, klagte er. ‚Meine Scheunen sind zu klein! Es ist nicht genug Platz, um das ganze Getreide zu speichern. Also werde ich die alten Scheunen abreißen und neue, größere bauen lassen. Ich werde alles, was ich besitze, in großen Lagerhäusern unterbringen, die Türen schließen und mich ausruhen. Ich werde essen, trinken, fröhlich sein und es mir gut gehen lassen!‘

‚Du Dummkopf!‘, sprach Gott. ‚Noch in dieser Nacht wirst du sterben. Was wird dir dann dein ganzer Reichtum nützen?‘“ Und Jesus schloss seine Geschichte mit den Worten: „So geht es allen, die nur für sich selbst Reichtümer sammeln, aber in den Augen Gottes nicht reich sind.“

Später dachten die Jünger noch oft über diese Geschichte nach. Sie erinnerte sie an den reichen jungen Mann.

Nächtlicher Besuch

Johannes 3

Eines Abends saß Jesus noch lange mit seinen Jüngern zusammen, als plötzlich jemand aus dem Schatten auf ihn zutrat. Es war der Pharisäer Nikodemus, ein bedeutender Mann, der zum Hohen Rat der Juden, auch Sanhedrin genannt, gehörte.

Nikodemus hatte Angst davor, am Tag zu Jesus zu gehen. Das hätte ja jemand sehen und denken können, er sei ein Jünger.

„Meister", sagte er sehr höflich, „alle wissen, dass Gott dich als Lehrer zu uns geschickt hat. Das sehen wir schon an den Wundern, die du vollbringst ..."

Jesus sah dem nachdenklichen Mann, der so zögernd vor ihm stand, tief in die Augen. „Ich meine ... es könnte doch niemand solche Dinge tun, ohne dass Gott ihm die Kraft dazu gibt", sagte Nikodemus stockend. Jesus machte ihm ein Zeichen, sich zu setzen.

„Es ist so", sagte Jesus, „niemand kann ins Reich Gottes kommen, wenn er nicht neu geboren wird."

„Wie kann denn jemand, der schon alt ist, neu geboren werden?", wollte Nikodemus wissen. Jesus drückte sich immer so rätselhaft aus, und Nikodemus hatte so viele Fragen.

„Ein Mensch wird in seinem Leben nur einmal von seiner Mutter geboren", antwortete Jesus. „Doch er kann auch vom Heiligen Geist geboren werden."

Nikodemus zog die Stirn in Falten und fasste sich an den Kopf. Das war ihm zu kompliziert. In diesem Augenblick fuhr der Wind durch die Blätter der Bäume, und Jesus sagte:

„Hast du das gehört? Den Wind kann niemand sehen oder anfassen. Du hörst ihn nur rauschen. Niemand weiß, woher er kommt und wohin er geht. So ist es, wenn man vom Heiligen Geist geboren wird."

„Wie ist denn das möglich?", fragte Nikodemus, der sich alle Mühe gab zu verstehen.

Jesus seufzte leise. „Du bist doch einer der klügsten Männer in Israel und verstehst nicht einmal das?"

Nikodemus blieb noch lange bei Jesus sitzen, fast bis die Vögel den neuen Morgen mit ihren Liedern begrüßten. Und Jesus erklärte ihm geduldig, wie wichtig es ist, von vorn anzufangen, um in Gottes neue Welt hineingeboren zu werden.

Der barmherzige Samariter

LUKAS 10

Ein Gesetzeslehrer wollte Jesus auf die Probe stellen und fragte: „Was muss ich tun, um das ewige Leben zu bekommen?"

„Du kennst doch die heiligen Schriften in- und auswendig", erwiderte Jesus. „Was meinst du?"

„Also", erklärte der Gelehrte, „das jüdische Gesetz besagt, dass wir unseren Gott von ganzem Herzen und mit all unserer Kraft lieben sollen. Und auch unsere Mitmenschen sollen wir lieben wie uns selbst."

„Das ist richtig", bestätigte Jesus. „Wenn du das tust, wirst du das ewige Leben finden."

„Aber Meister", drängte der Mann weiter, „wer ist denn mein Mitmensch?"

Jesus schaute ihn an, wie er so selbstzufrieden dastand und lächelte.

„Ich werde dir eine Geschichte erzählen", sagte Jesus. „Einmal ging ein Mann die Straße von Jerusalem nach Jericho entlang. Niemand sonst war zu sehen. Da wurde er plötzlich von Räubern überfallen. Die nahmen ihm sein Geld weg und ließen ihn halb tot liegen. Ein Priester kam vorbei. Er hielt den Mann für tot, wechselte die Straßenseite und ging weiter."

Die Leute lauschten gespannt der Geschichte, doch dem Gelehrten war unbehaglich zumute. Er konnte sich schon denken, dass eine schmerzliche Lehre auf ihn wartete. „Dann kam noch ein Tempeldiener vorbei", erzählte Jesus weiter. „Er kannte sich gut in den Gesetzen aus und hielt es für falsch, einen Toten anzufassen. Also ging er schnell weiter. Schließlich kam ein Mann aus Samaria auf seinem Esel angeritten."

Die Menge hielt den Atem an. Samariter waren unbeliebt. Juden und Samariter hassten sich. Sie hatten unterschiedliche Auffassungen von Gott. Warum brachte Jesus bloß so einen Menschen ins Spiel?

Jesus sprach weiter: „Der Samariter hielt an, denn er hatte Mitleid. Er verband die Wunden des Überfallenen und brachte ihn auf seinem Esel bis zu einem Gasthaus. Dort gab der Samariter dem Wirt Geld, damit er sich um den Verletzten kümmerte. Und er versprach sogar, auch für alle weiteren Kosten aufzukommen."

Hier hielt Jesus inne und sah die Leute an. Er drehte sich zu dem Gesetzeslehrer um und fragte: „Welcher von den dreien hat nun wie ein wirklicher Mitmensch gehandelt?"

„Der, der ihm so viel Liebe entgegengebracht hat“, antwortete der Gelehrte leise.

„Dann mach es genauso“, sagte Jesus.

Bartimäus kann wieder sehen

Markus 10, Lukas 18

Bartimäus war blind. Er hörte die vielen Menschen, die vor Jesus hergingen, als er nach Jericho kam. Hunderte von Füßen rannten an ihm vorbei.

„Was ist los?“, murmelte er. „Wohin geht ihr? Wartet doch!“

Aber niemand nahm sich Zeit für ihn. Niemand achtete auf den Bettler, der am Straßenrand saß. Sie ließen ihn in seiner dunklen, einsamen Welt zurück. Die Staubwolken brachten ihn zum Husten. So viele Menschen …

Bartimäus lauschte angespannt. Bald konnte er aus der Ferne eine Stimme ausmachen. Schwach hörte er sie „Jesus!“ rufen. Dann rief noch jemand diesen Namen. Die Menschen jubelten. Bartimäus sprang auf die Füße und schrie aus Leibeskräften: „Jesus, Sohn Davids, hab Mitleid mit mir!“

Einer der Vorübergehenden fuhr ihn an, er solle den Mund halten. Doch Bartimäus schrie noch lauter: „Jesus, Sohn Davids, hab Mitleid mit mir!“

„Sei still!“, rief jemand vorn in der Menge. Nannte Bartimäus Jesus doch tatsächlich „Sohn Davids“! David war Israels bedeutendster König gewesen. Sein Name stand nur dem größten aller Menschen zu: dem Messias, den Gott schicken würde, um das ganze Volk zu retten.

Als Bartimäus' Stimme endlich zu ihm durch die Menge drang, blieb Jesus plötzlich stehen. „Holt ihn her", sagte er.

Und die Leute riefen: „Bartimäus! Bartimäus!"

„Nun geh schon", sagte jemand. „Jesus möchte, dass du zu ihm kommst!"

Da warf der Blinde seinen Mantel ab und lief zu Jesus. Als er endlich vor ihm stand, spürte Bartimäus eine sanfte Berührung. Eine Hand legte sich auf seine Schulter.

„Was kann ich für dich tun?", fragte Jesus.

„Herr", antwortete Bartimäus, „ich möchte wieder sehen können."

Da sagte Jesus zu ihm: „Mach deine Augen auf. Dein Glaube hat dich geheilt."

Ganz plötzlich, von einer Sekunde zur anderen, konnte Bartimäus sehen. Um ihn herum standen Leute. Dahinter erkannte er die Felder, Palmen, die Straßen von Jericho. Voller Verwunderung schaute sich Bartimäus die einfachsten Dinge an, als wäre er gerade erst auf die Welt gekommen: seine Finger, einen Grashalm auf der Erde.

Jesus lächelte ihn an und freute sich mit ihm. Bartimäus lobte Gott aus vollem Herzen. Durch ganz Jericho lief er hinter Jesus her, hüpfte und sang.

Noch vor ein paar Minuten hatte die Menschenmenge ihn überhaupt nicht beachtet. Jetzt waren alle vor Aufregung ganz aus dem Häuschen. Keiner in Jericho konnte glauben, dass er tatsächlich der blinde Bettler vom Straßenrand war.

Ein Betrüger ändert sein Leben

Lukas 19

Zachäus lebte in Jericho. Er arbeitete als Steuereintreiber für die Römer. Er hatte schon viele Menschen geschickt um ihr Geld betrogen und war dabei sehr reich geworden. Die Leute spuckten seine Haustür an, wenn sie daran vorbeikamen, so sehr verachteten sie ihn. Alle fanden, er sei schlimmer als ein normaler Dieb, weil er den Armen das Geld aus der Tasche zog. Er hatte sich an den Leiden des jüdischen Volkes bereichert. Deshalb wollte ihn niemand in Jericho als Juden ansehen. Er war ein Verräter, Abschaum, verhasster als die römische Armee, die das Land besetzt hielt.

An diesem Tag hörte Zachäus alle Menschen von Jesus schwärmen, der in die Stadt gekommen war. Das Gerede vom Wundertäter aus Nazaret war eigentlich nichts Neues für Zachäus. Doch nun packte ihn die Neugier. Jesus würde natürlich nie mit ihm sprechen, aber vielleicht konnte er ja einen kurzen Blick auf ihn werfen …

Zachäus schlich sich unter die Menge. Hunderte von Menschen stellten sich ihm in den Weg. Er war sehr klein, sodass ihm die Leute wie eine riesige Mauer vorkamen. Da sah er plötzlich einen Feigenbaum. Wie ein kleiner Junge kletterte er bis zum höchsten Ast hinauf. Von dort aus würde er Jesus gut sehen können.

Als Jesus auf den Baum zukam, blieb er plötzlich stehen. Er schaute nach oben und rief: „Zachäus!“

Zachäus konnte gar nicht glauben, dass da jemand seinen Namen rief. Vor Aufregung begann er zu zittern. Jesus sah nämlich geradewegs zu ihm hinauf.

„Zachäus", rief Jesus noch einmal, „komm zu mir herunter. Ich will heute dein Gast sein."

„In meinem Haus?"

„Ja, beeil dich!"

Zachäus kletterte schnell vom Baum. Er wusste nicht, ob er lachen oder weinen sollte, so glücklich war er. Er lief schnell voraus und wies seine Diener an, ein Festessen zuzubereiten.

Niemand in Jericho mochte glauben, was da vor sich ging. Was wollte Jesus denn mit so einem Gauner anfangen? Plötzlich stand Zachäus auf, sah Jesus in die Augen und versprach vor allen Leuten: „Herr, ich werde die Hälfte von allem, was ich besitze, den Armen geben. Und allen, die ich betrogen habe, werde ich das Vierfache zurückzahlen!"

Da sagte Jesus zu ihm: „Heute ist ein Freudentag für dieses Haus. Gott hat dich und deine Familie als seine Kinder angenommen. Darum bin ich in die Welt gekommen: Ich will die Verlorenen suchen und retten!"

Zwei Schwestern

LUKAS 10

Jesus kannte die Geschwister Marta, Maria und Lazarus schon lange. Sie waren gute Freunde. Oft hatte er sie in ihrem Haus in Betanien besucht.

Marta und Maria waren grundverschieden: Marta hatte immer viel zu tun, regelte alles und hielt das Haus sauber und ordentlich. Maria dagegen war eher still und ruhig.

Wenn Jesus zu Besuch kam, wollte sie wie ihr Bruder und die Jünger auch bei ihm sitzen und genau hören, was er zu sagen hatte. Maria war gern in Jesu Nähe, und andere Dinge spielten dann keine Rolle mehr.

Darunter litt Marta sehr. Immer wenn Jesus da war, musste sie alles allein machen. Maria ließ sich nicht bei der Küchenarbeit blicken. Alles überließ sie ihrer Schwester. Eines Tages wurde es Marta zu dumm. Aufgebracht kam sie ins Zimmer gestürmt und rief: „Jesus, sag du doch meiner Schwester, dass sie mir helfen soll! Alles muss ich allein machen!"

Maria lief rot an. Fast wäre sie in Tränen ausgebrochen. Es stimmte: Sie hätte Marta vielleicht wirklich helfen sollen. Jetzt hatte sie ein schlechtes Gewissen.

Doch Jesus wies Maria nicht zurecht. Stattdessen schaute er Marta lange an. Es war mucksmäuschenstill.

„Marta, Marta", sagte Jesus schließlich. Seine Worte waren sanft und doch sehr bestimmt. „Du machst dir um so viele Dinge Sorgen. Aber nur eins ist im Augenblick für dich wichtig."

Marta schaute zu Boden. Plötzlich war ihr ganzer Zorn wie weggeblasen. Sie sah nur noch, dass ihre jüngere Schwester Jesus zu Füßen saß. Und sie hörte ihren eigenen Namen wieder und wieder: „Marta, Marta!"

Und Jesus erklärte ihr: „Maria hat das Bessere erwählt, und das soll ihr nicht weggenommen werden."

Lazarus stirbt

JOHANNES 11

Als Jesus auf dem Weg nach Jerusalem zum Paschafest war, kam ein Bote auf ihn zugelaufen.

„Herr, Herr, du musst sofort kommen!"

Der Mann war ganz außer Atem und sehr aufgeregt. Er konnte kaum sprechen.

„Was ist los?", fragte Jesus und packte ihn bei den Schultern. „Sprich."

„Es ist dein Freund ... Lazarus ... Er stirbt. Marta und Maria wollen unbedingt, dass du gleich kommst."

Da setzte sich Jesus hin und bedeckte sein Gesicht mit den Händen. Er war unendlich traurig, doch er tat keinen Schritt.

„Herr ... nun komm doch!"

Langsam stand Jesus auf. „Diese Krankheit führt nicht zum Tod", sagte er leise. „Sie wird Gottes Macht sichtbar werden lassen."

Damit konnte der Bote nichts anfangen. Er flehte Jesus an, mit ihm zu kommen, aber Jesus blieb noch zwei Tage an demselben Ort. Da kehrte der Mann ganz verzweifelt zu Maria und Marta zurück. Er fand die beiden Schwestern weinend neben ihrem Bruder.

Lazarus war gestorben.

Zu dieser Zeit sammelte Jesus seine Jünger um sich und sagte: „Lazarus ist eingeschlafen. Ich werde ihn wecken gehen."

„Wenn er nur schläft", erwiderte einer von ihnen, „dann geht es ihm doch gut." Doch Jesus erklärte, dass er es nicht wörtlich gemeint hatte. „Mein Freund Lazarus ist tot."

Sie machten sich auf den Weg. Keiner von den Jüngern traute sich, etwas zu sagen. Wie konnte Jesus nur zulassen, dass sein Freund so einfach starb?

Als Jesus eintraf, kam Marta ihm schon entgegengelaufen. „O Jesus", schluchzte sie, „wenn du nur hier gewesen wärst, dann hättest du meinen Bruder retten können."

Doch nun lag Lazarus schon vier Tage in seinem Grab.

„Lazarus wird wieder aus dem Grab aufstehen", sagte Jesus.

„Ja, ja, ich weiß", weinte sie, „am letzten Tag, wenn alle auferstehen, wird auch er ins Leben zurückkehren."

„Ich bin die Auferstehung", sagte Jesus. „Ich bin das Leben für alle, die mir vertrauen."

Marta verstand zwar nicht, was er meinte, aber sie ließ Maria holen. Als sie Jesus sah, warf sie sich ihm zu Füßen, klagte und weinte: „O Jesus, wenn du hier gewesen wärst, dann wäre mein Bruder nicht gestorben!"

„Wo habt ihr ihn begraben?", fragte Jesus. Er war zornig, dass alle um ihn herum weinten.

Die beiden Frauen brachten Jesus zu der Grabhöhle, die in einen Felsen eingehauen war. Ein großer Stein lag davor.

Als Jesus das Grab sah und all das Jammern und Weinen um sich herum hörte, musste auch er weinen. Dann sagte er: „Rollt den Stein weg."

„Den Stein? Aber Jesus …", rief Marta, „er liegt jetzt schon vier Tage da drin. Es wird stinken …"

„Glaube nur, dann wirst du sehen, wie mächtig Gott ist. Rollt den Stein weg!"

Da schoben einige Männer den schweren Stein zur Seite. Sie konnten in die Grabhöhle schauen. Kein Laut war zu hören.

Jesus blickte zum Himmel und sagte: „Ich danke dir, Vater, dass du mein Gebet erhörst. Ich weiß, dass du mich immer erhörst. Aber wegen der Leute hier spreche ich es aus, damit sie alle dir glauben."

Danach rief er laut: „Lazarus, komm heraus!"

Es war ganz still. Plötzlich waren Schritte zu hören. In Tücher gewickelt trat Lazarus aus dem Grab heraus in das Sonnenlicht. Den Menschen stockte der Atem. Einige schrien entsetzt auf; manchen wurde schwindelig. Andere begannen laut zu singen und Gott zu loben.

„Nehmt ihm die Tücher ab", sagte Jesus, „und lasst ihn gehen."

Jesus in Jerusalem

MATTHÄUS 21, MARKUS 11, LUKAS 19

Die Neuigkeit, dass Lazarus von den Toten auferstanden war, erreichte bald Jerusalem. Sie versetzte die Priester, Gesetzeslehrer und religiösen Führer der Stadt in Panik.

„Wenn Jesus so weitermacht, wird bald jeder an ihn glauben. Dann werden die Römer kommen und den Tempel niederbrennen!"

Die religiösen Führer fürchteten, dass das Volk mit Jesus als ihrem Führer eine Rebellion gegen die Römer anzetteln würde. Aber Jesus war gekommen, um den Menschen Frieden zu bringen.

Als er nach Jerusalem ritt, hatte er weder ein rassiges Pferd noch ein bewaffnetes Gefolge. Stattdessen schickte er seine Jünger in ein nahe gelegenes Dorf: „Dort werdet ihr eine Eselin und ihr Junges finden. Bindet beide los und bringt sie zu mir. Wenn euch die Leute fragen, was ihr da tut, antwortet: ‚Unser Herr braucht das Tier, aber er wird es bald wieder zurückschicken.'"

So brachten die Jünger die Eselin mit dem Fohlen zu Jesus. Nachdem sie ihre Mäntel auf die Tiere gelegt hatten, setzte Jesus sich auf den jungen Esel und ritt den steilen Pfad vom Ölberg hinab. Viele Menschen breiteten ihre Kleider und Palmzweige als Teppich vor ihm auf den Weg aus und sangen: „Hosianna dem Sohn Davids." Und die Menge rief: „Friede im Himmel und Ehre in der Höhe!"

Tausende von Menschen sangen die gleiche Botschaft von Frieden und Wohlwollen. Jesus ritt den steinigen Pfad hinunter in das Tal und dann den steilen Hügel hinauf zu den Toren von Jerusalem.

Einige Pharisäer riefen ihm zornig zu: „Sage deinen Leuten, dass sie schweigen sollen!"

Jesus erwiderte: „Wenn sie schweigen, dann werden die Steine am Wege schreien!"

Endlich kam er in die Stadt. Der Tempel zeichnete sich groß und weiß gegen den blauen Himmel ab. Jesus stieg ab und ging mit der Menschenmenge zum Tempel.

Jesus im Tempel

MATTHÄUS 21

Jesus ging durch den Bogengang in die Tempelhallen hinein. Er hielt einen Augenblick inne. Die Menge wogte um ihn herum, und Kinder jubelten ihm zu. Doch Jesus schwieg. Seine Augen waren auf die vielen Tische und Händler gerichtet, die Tauben als Tieropfer verkauften. Er schaute die Geldwechsler an, die lautstark auf die Pilger einredeten und sich um ihre Kunden stritten: „Hier gibt es die besten Wechselkurse!“, „Schnäppchenpreise!“, „Niedrige Zinsen!“, „Wechselt euer Geld hier!“

Weil man im Tempel nur mit speziellen Tempelmünzen bezahlen konnte, machten die Geldwechsler gute Geschäfte – auf Kosten der armen Leute. Jesus schüttelte zornig den Kopf. Zuerst ging er zu einem Tisch mit glänzenden Münzen, packte ihn und stieß ihn um.

„He, he …“, beschwerte sich ein Händler und lief hinter Jesus her. Aber der stieß schon weitere Tische um. Dann nahm er die Taubenkäfige und ließ die Vögel frei. Er ging von einem Stand zum anderen und warf sie alle um. Münzen und Gewichte rollten kreuz und quer über den Fußboden.

In die Aufregung hinein rief Jesus: „In den Schriften steht geschrieben: ‚Mein Haus soll ein Ort des Gebets sein‘, ihr aber habt eine Räuberhöhle daraus gemacht!“

Die Händler und Priester hatten sich in den Säulengängen zusammengefunden. Sie sahen Jesus wütend zu, aber keiner von ihnen traute sich ihn aufzuhalten. Alle fürchteten sich vor ihm. Nur die Kinder nicht. Sie begannen wieder zu singen: „Heil dem Sohn Davids!“

Ärgerlich fragte ein Priester Jesus: „Hörst du denn nicht, was die Kinder da schreien?“ „Ja, ich höre es“, antwortete Jesus. „Habt ihr denn nie gelesen: ‚Selbst kleine Kinder werden dich loben!‘?“

Mit diesen Worten verließ Jesus die Stadt und ging nach Betanien.

Von da an überlegten die religiösen Führer noch ernsthafter, wie sie Jesus loswerden könnten.

Die Münze des Kaisers

Lukas 20

Eines Tages lehrte Jesus im Tempel. Da überlegten die religiösen Führer, wie sie Jesus überlisten könnten. Sie wollten ihn dazu bringen, das Gesetz zu übertreten, und ihn dann verhaften.

Einer von ihnen war besonders klug. Er trat vor und stellte Jesus eine verfängliche Frage: „Meister, wir wissen, dass alles, was du sagst und tust, richtig ist. Du sagst, wie wir nach Gottes Willen leben sollen!“ Der Mann lächelte, und Jesus schaute ihm direkt ins Gesicht. Er wusste, dass dieser Gesetzeslehrer ihn überlisten wollte.

Der Mann fuhr fort: „Dürfen wir nach dem Gesetz Steuern an den Kaiser zahlen oder nicht?“

Die Menge hielt den Atem an. Diese Frage war sehr heikel. Wenn Jesus antworten würde: „Es ist richtig“, brächte er die Leute gegen sich auf, die die Römer hassten. Wenn er aber sagen würde: „Es ist falsch", müssten ihn die Römer verhaften, weil er gegen den Kaiser rebellierte.

„Gebt mir eine Münze", sagte Jesus.

Er bekam eine kleine römische Silbermünze. Als Jesus sie hochhielt, glitzerte sie im Sonnenlicht.

„Welches Bild ist darauf zu sehen?", fragte er.

Der Mann lächelte noch immer. „Das Bild des Kaisers!", erwiderte er.

Da sagte Jesus: „Dann gebt dem Kaiser, was dem Kaiser gehört, und Gott, was Gott gehört."

Alle, die es gehört hatten, staunten über die kluge Antwort, die Jesus gegeben hatte. Der Gesetzeslehrer aber schämte sich so sehr, dass er schnell davonging. Die römischen Soldaten sahen zu, wie die Menschenmenge sich langsam auflöste. Auch Jesus und seine Jünger machten sich auf den Weg.

Diesmal war Jesus noch davongekommen. Aber die religiösen Führer – die Pharisäer, Priester und religiösen Führer – schmiedeten schon wieder neue Pläne, wie sie ihn zur Strecke bringen könnten.

Der Verräter

MATTHÄUS 26, LUKAS 22

Wenn Jesus in Jerusalem war, versammelten sich stets Hunderte von Menschen, um ihm zuzuhören. Er sprach gern in Gleichnissen über die einfachen Dinge des Alltags.

„Ich bin der gute Hirte," sagte er ihnen. Die Menschen wussten, was ein guter Hirte zu tun hatte. Er hütete die

Schafe. Aber Jesus sagte ihnen: „Ich bin der gute Hirte, der für die Schafe sein eigenes Leben einsetzt."

Die Menschen verstanden nicht, warum Jesus sein Leben einsetzen würde oder warum er sagte: „Der Menschensohn muss leiden und sterben." Immer wieder flüsterten sie einander zu: „Er ist ein großer Führer, der uns von der Macht der Römer befreien wird. Warum sollte er sterben?"

Niemand glaubte, dass Jesus umgebracht werden könnte.

Währenddessen versuchten seine Feinde, Jesus heimlich gefangen zu nehmen.

„Wir werden es nachts tun!", meinte einer.

„Aber überall, wo er hingeht, ist er von einer Menschenmenge umgeben", erwiderte ein anderer.

„Manchmal betet er allein auf dem Ölberg. Dort könnten wir ihn überwältigen."

„Das ist gefährlich. Es könnte einen Aufruhr geben, und die Römer würden uns alle töten."

Während die religiösen Führer in einer Ecke des Tempels so miteinander tuschelten, trat ein Mann aus dem Schatten. Er blickte sich immer wieder unruhig um, bevor er auf sie zuging. Es war Judas.

„Bist du nicht einer von den Jüngern Jesu?", fragten die Männer misstrauisch.

Judas nickte und räusperte sich: „Was gebt ihr mir, wenn ich euch zu Jesus bringe?"

„Du willst uns zu ihm bringen?" Das überraschte die religiösen Führer sehr.

Judas sagte leise: „Er geht nachts gerne in einen bestimmten Garten."

Die Priester bezahlten Judas großzügig. Er bekam dreißig

Silberstücke. Jetzt wartete Judas nur noch auf eine günstige Gelegenheit, um Jesus an seine Feinde auszuliefern.

Das Abendmahl

Matthäus 26, Markus 14, Lukas 22, Johannes 13

Die Zeit für das Paschafest war gekommen. Jesus ging mit seinen zwölf Jüngern nach Jerusalem, wo sie in einem Haus gemeinsam das Paschalamm essen wollten.

Normalerweise war das Paschafest ein fröhliches Fest. Es wurde gefeiert und gelacht, wenn die Menschen sich daran erinnerten, wie Gott die Israeliten aus Ägypten befreit hatte. Doch an diesem Abend saßen alle still um Jesus herum, der sehr ernst und bedrückt aussah.

Die Nacht brach herein. Plötzlich sagte Jesus: „Ich weiß genau, dass mich einer von euch heute Nacht verraten wird."

Die Jünger waren sehr erschrocken, und einer nach dem anderen fragte: „Meinst du etwa mich?"

Da antwortete Jesus ihnen: „Der mit mir zusammen sein Brot in die Schüssel getaucht hat, der ist es."

Nun fragte Judas: „Du meinst doch wohl nicht mich?"

Jesus erwiderte: „Doch, Judas, du bist es!" Und dann fügte noch hinzu: „Beeile dich! Erledige bald, was du tun willst!"

Judas verließ sofort den Raum. Keiner der anderen Jünger verstand, was geschehen war.

„Ich würde dich niemals verraten! Auch nicht, wenn ich mit dir sterben müsste!", sagte Petrus selbstsicher.

„Täusche dich nicht, Petrus“, entgegnete Jesus. „Bevor der Hahn morgen früh kräht, wirst du dreimal behaupten, dass du mich nicht kennst.“

Petrus schaute Jesus an und schüttelte ungläubig den Kopf. Wie könnte er, Petrus, so etwas tun? Jesus war doch sein Freund, und Jesus selbst hatte ihn einen „Felsen“ genannt.

Jesus nahm das Brot vom Tisch und dankte Gott dafür. Dann zerteilte er es und reichte es seinen Freunden mit den Worten: „Dies ist mein Leib, der für euch gegeben ist.“

„Sein Leib…?“, flüsterte jemand. Es war wirklich schwer zu verstehen, was Jesus damit meinte.

Danach nahm Jesus den Becher mit Wein.

„Das ist mein Blut, das für alle Menschen vergossen wird. Mit ihm wird der Bund besiegelt, den Gott jetzt mit den Menschen schließt. Trinkt alle davon.“

Einer nach dem anderen nahm den Becher und trank daraus. Währenddessen erzählte Jesus ihnen noch einmal, wie sehr Gott die Welt liebte, und dass er den Menschen versprochen hatte, ihnen alle ihre Sünden zu vergeben.

Dann sangen sie die Dankpsalmen und gingen hinaus zum Ölberg.

Im Garten Getsemani

Matthäus 26, Lukas 22

Jesus und seine Jünger verließen Jerusalem. Sie gingen den steilen Pfad hinunter ins Tal Kidron. Von dort aus wanderten sie hinauf zum Ölberg. Dunkle Bäume säumten ihren Weg, und der Mond verschwand hinter den Wolken.

Nachdem sie den Garten Getsemani erreicht hatten, nahm Jesus Petrus, Jakobus und Johannes mit sich. Die anderen Jünger sollten auf sie warten.

Inzwischen hatte Judas sich auf einem Innenhof mit der Tempelwache getroffen. Dort standen mit Helmen und Speeren bewaffnete Soldaten, die sehr entschlossen wirkten. Sie waren bereit, den Ölberg hinaufzumarschieren und Jesus gewaltsam gefangen zu nehmen.

„Seid vorsichtig", befahl ihr Hauptmann. „Bewegt euch leise, damit euch niemand sieht oder folgt."

„Ich werde euch zu dem Garten führen, wo er nachts betet", flüsterte Judas. „Dann werde ich zu ihm gehen und ihn mit einem Kuss begrüßen."

Als sie die Gefangennahme Jesu in allen Einzelheiten geplant hatten, machte sich der Trupp auf den Weg und schlich lautlos durch die Nacht. Im Garten Getsemani fühlte Jesus eine schwere Last auf seinem Herzen. Deshalb bat er Petrus, Jakobus und Johannes, mit ihm wach zu bleiben. Er ging ein paar Schritte weiter, kniete nieder und betete: „Mein Vater, wenn du willst, bewahre mich vor diesem Leiden."

Jesus wusste, dass er bald einen furchtbaren Tod am Kreuz sterben würde. Und der Schweiß lief ihm wie Blutstropfen über das Gesicht.

Nach einer Weile stand Jesus auf und ging zu den drei Jüngern zurück. Die lagen ausgestreckt auf dem Boden; sie waren fest eingeschlafen. Er rüttelte sie wach und sagte: „Konntet ihr nicht einmal eine Stunde mit mir wach bleiben?" Da schämten sie sich.

Noch einmal ließ Jesus sie zurück, um zu beten: „Mein Vater, lass diesen Leidenskelch an mir vorübergehen. Aber nicht mein Wille, sondern dein Wille soll geschehen."

Jesus war in dieser schweren Stunde ganz allein. Seine Jünger schliefen schon wieder.

Ein drittes Mal betete Jesus zu seinem Vater im Himmel. Dann stand er auf, ging zu den schlafenden Jüngern und weckte sie mit den Worten: „Steht auf, lasst uns gehen! Der Verräter ist gekommen."

Jesus hatte noch nicht ausgesprochen, da kam Judas mit den bewaffneten Männern. Judas lief direkt auf Jesus zu, sagte: „Sei gegrüßt, Meister!" und küsste ihn.

Jesus schaute ihn an und fragte: „Willst du mich mit einem Kuss verraten, Judas?" Doch da nahmen ihn die Soldaten schon gefangen.

Als Petrus das sah, griff er sein Schwert und schlug einem Soldaten das Ohr ab.

„Nein, nein! Steck das Schwert wieder ein!", rief Jesus. „Wenn ich es wollte, könnte ich meinen Vater im Himmel um eine ganze Armee Engel bitten, um mir zu helfen! Aber jetzt muss das geschehen, was schon die Propheten vorausgesagt haben."

Dann berührte er das Ohr des Soldaten und machte ihn gesund.

Die Soldaten führten Jesus ab.

Das erste Verhör

MATTHÄUS 26, LUKAS 22

Als Jesus gefangen genommen worden war, liefen seine Jünger davon. Nur Petrus schlich den Soldaten in sicherem Abstand nach. Er blieb ihnen so dicht wie möglich auf den Fersen.

Er folgte ihnen bis zum Haus des Hohepriesters Kajaphas. Jesus wurde hineingeführt. Petrus blieb im Innenhof, der von Fackeln erleuchtet war. Er setzte sich hin, um zu beobachten, was weiter geschehen würde.

Aus dem Haus drangen wütende Schreie in den Hof. Falsche Zeugen beschuldigten Jesus, Verbrechen gegen Gott und den Tempel begangen zu haben. Laut beschimpften sie ihn als Gotteslästerer, Unruhestifter, Lügner und falschen Messias. Petrus hörte auch, dass Jesus geschlagen wurde. Erschüttert sank er neben dem Feuer im Hof nieder.

Die Ratsältesten und führenden Priester hatten sich versammelt. Aufgebracht fragten sie Jesus: „Bist du der Sohn Gottes? Bist du der Messias? Dann sage es uns!"

Jesus schaute sie eine ganze Zeit schweigend an. Dann antwortete er: „Es ist, wie du sagst. Ihr werdet mich neben Gott im Himmel sitzen sehen, und eines Tages werde ich mit den Wolken des Himmels auf diese Erde zurückkommen."

Da riefen die führenden Priester: „Du bist also wirklich Gottes Sohn?"

„Ihr sagt es selbst, ich bin es", antwortete Jesus.

Die religiösen Führer waren entsetzt, und sie riefen: „Das ist Gotteslästerung! Mehr Beweise sind nicht nötig. Ihr alle habt seine Gotteslästerung gehört."

Ein Aufruhr ging durch die Anwesenden. Alle riefen: „Er ist schuldig und muss zum Tode verurteilt werden.“

Jetzt hielten sie ihren Zorn nicht länger zurück. Sie schlugen Jesus mit ihren Fäusten, spuckten ihn an und verspotteten ihn.

„Führt ihn ab!“, befahl der Hohepriester.

Petrus will Jesus nicht kennen

LUKAS 22

Während Jesus verhört wurde, blieb Petrus im Innenhof. Er kauerte am Feuer und schaute zu Boden, damit niemand ihn erkennen konnte. Es sollte so aussehen, als ob er zu den Dienern gehörte, die sich am Feuer wärmten.

Doch plötzlich wurde es windig. Die Flammen loderten auf, und ein heller Schein fiel auf Petrus' Gesicht. Da erkannte ihn ein Dienstmädchen, und sie rief: „Der Mann war auch bei Jesus!“

Petrus bekam Angst und widersprach ihr heftig: „Das ist unmöglich! Ich kenne den Mann überhaupt nicht!“

Bald darauf wurde ein anderer auf Petrus aufmerksam und sagte: „Du gehörst auch zu den Leuten von diesem Jesus!“

„Ich doch nicht! Ich habe nichts mit ihm zu tun“, setzte sich Petrus zur Wehr. Er drehte sich weg, um nicht mehr gesehen zu werden. Doch es half nichts. Keine Stunde später behauptete noch ein Dritter: „Der hier gehörte zu den Männern, die bei Jesus waren; man hört doch, dass er auch aus Galiläa kommt.“

Petrus stand wütend auf und schrie: „Wovon redest du? Was meinst du eigentlich?“

Kaum hatte er diese Worte ausgesprochen, hörte er in der Nähe einen Hahn krähen. Da erinnerte sich Petrus an das, was Jesus ihm gesagt hatte: „Noch ehe morgen früh der Hahn kräht, wirst du dreimal geleugnet haben, dass du mich jemals gesehen hast.“ Petrus wurde traurig und weinte bitterlich.

Beim römischen Prokurator

Matthäus 27, Markus 15, Lukas 23

Die Morgendämmerung kroch über die Berge um Jerusalem. Zarte Sonnenstrahlen glitzerten zwischen den Bäumen. Doch auf den Straßen war es noch dunkel. Niemand rührte sich. Die Pilger aus Galiläa, die ihre Zelte am Ölberg aufgeschlagen hatten, ahnten nicht, dass Jesus verhaftet worden war.

Soldaten fesselten Jesus und führten ihn unbemerkt durch die Straßen. Priester und Schriftgelehrte folgten ihnen in grimmigem Schweigen. Sie überlegten, welche Anschuldigungen sie bei Pilatus, dem römischen Prokurator, vorbringen konnten. Pilatus war ein gefürchteter Mann. Er würde keine Gnade kennen, wenn sie beweisen könnten, dass Jesus ein Feind des Kaisers war.

Doch Jesus trug kein Schwert, er hatte keine Armee und er tat überhaupt nichts, um die Römer zu bekämpfen. Deshalb würde es schwer werden, Pilatus zu einer Verurteilung zu bewegen.

Inzwischen war Judas zum Tempel gegangen. Er fühlte sich schuldig. Deshalb wollte er den Priestern das Geld zurückgeben, das er für den Verrat an Jesus bekommen hatte. „Ich habe einen Unschuldigen verraten!“, rief er. Aber die Priester wollten nichts damit zu tun haben.

Da nahm Judas das Geld und warf es in den Tempel. Dann lief er in den kalten Nebel hinaus, bis er zu einer einsamen Wiese kam. Dort nahm der Jünger, der Jesus betrogen hatte, einen Strick und erhängte sich.

Die Soldaten waren mit Jesus vor dem Palast von Pilatus angekommen. Dorthin hatte er die Ankläger und ihren geheimnisvollen Angeklagten bestellt.

Der römische Prokurator fragte sie, was Jesus verbrochen hätte. Da brachten sie alle möglichen Beschuldigungen gegen ihn vor. Sie behaupteten, Jesus würde das Volk aufhetzen, keine Steuern an den Kaiser zu zahlen. Außerdem hätte er behauptet, er sei Christus, der König der Juden.

Jesus schwieg dazu. Deshalb fragte Pilatus ihn: „Hörst du denn nicht, wie sie dich beschuldigen?“

Aber Jesus gab auch auf diese Frage keine Antwort. Darüber wunderte sich Pilatus sehr. Schließlich fragte er ihn: „Bist du wirklich der König der Juden?“

Und Jesus antwortete: „Das sind deine Worte!“

Pilatus war überzeugt, dass Jesus nichts getan hatte, wofür er angeklagt werden müsste. Deshalb sagte er zu den Hohepriestern und der Volksmenge: „Dieser Mann ist doch kein Verbrecher!“

Aber damit gaben sie sich nicht zufrieden. Sie beschuldigten ihn weiter: „Überall wo er hinkommt, von Galiläa bis nach Jerusalem, hetzt er die Menschen auf!“

„Ist der Mann denn aus Galiläa?“, fragte Pilatus. Als sie

das bestätigten, befahl er, Jesus zu Herodes, dem König von Galiläa, zu bringen.

Das Verhör bei Herodes

Lukas 23

König Herodes war zum Paschafest nach Jerusalem gekommen. Er wohnte dort in seinem prächtigen Palast.

Als er hörte, dass Jesus zu ihm gebracht werden sollte, freute er sich, denn er hatte schon viel von ihm gehört. Vielleicht könnte er Jesus überreden, ein Wunder zu tun, um seine Gäste zu unterhalten.

Doch als der Gefangene gefesselt in der großen Marmorhalle vor Herodes stand, war der sehr enttäuscht. Jesus sah so gewöhnlich aus, so schwach. Herodes hatte sich diesen großartigen Lehrer, der Kranke heilte und sogar Tote aufgeweckt hatte, ganz anders vorgestellt.

„Du sollst ein Prophet und ein großer Wundertäter sein, sagen die Leute", sprach Herodes Jesus an. „Zeig doch einmal, was du kannst. Wir wollen ein Wunder sehen!"

Jesus antwortete nicht, obwohl der König ihn weiter bedrängte. Schließlich verspottete Herodes ihn:

„Du willst ein König sein? Dann zeige mir dein Macht!"

Da brachten die Hohepriester und Schriftgelehrten, die mitgekommen waren, erneut ihre Beschuldigungen gegen Jesus vor. Herodes und seine Soldaten machten sich weiter über Jesus lustig. Sie hängten ihm einen Königsmantel um und trieben ihre üblen Scherze mit ihm.

Als sie genug davon hatten, schickten sie ihn zu Pilatus zurück.

Das Todesurteil

Matthäus 27, Lukas 23, Johannes 19

Als Pilatus hörte, dass Herodes keine Schuld an Jesus gefunden hatte, war er sehr beunruhigt.

Jesus stand nun wieder vor ihm, ohne ein Wort zu sagen. Der römische Prokurator wandte schnell seinen Blick ab, denn Jesus schien ihm direkt ins Herz zu sehen.

„Ist dir eigentlich klar, dass ich die Macht habe, dich freizulassen oder dich zum Tode zu verurteilen?“, fragte Pilatus.

Jesus antwortete: „Du hättest keine Macht über mich, wenn Gott sie dir nicht gegeben hätte.“

Pilatus’ Unruhe wuchs. Gott hätte ihm seine Macht gegeben – was meinte Jesus damit? Pilatus glaubte nicht an einen Gott. Er glaubte an viele Götter. Die einzige Macht, die er kannte, war die des Römischen Reiches und seiner Soldaten. Sprach Jesus von einer anderen Macht?

Jesus schaute Pilatus furchtlos an. Es war Pilatus, der sich fürchtete.

„Dieser Mann ist keines Verbrechens schuldig!“, rief Pilatus verzweifelt.

Doch inzwischen hatte sich das Volk unter der Leitung der religiösen Führer zusammengerottet und schrie: „Ans Kreuz! Ans Kreuz mit ihm!“

Pilatus lehnte sich über den Balkon und fragte: „Euren König kreuzigen – wollt ihr etwa euren König töten?“

„Wir haben keinen König!“, schrien sie zurück. „Unser einziger König ist der Kaiser! Wenn du diesen Mann laufen lässt, bist du kein Freund des Kaisers.“

Nun hatten sie Pilatus in die Enge getrieben. Er schaute auf die wütende Menge, auf Kajaphas und die Priester, dann auf Jesus, der ruhig und sicher dastand.

Jedes Jahr wurde vom römischen Prokurator zum Paschafest ein Gefangener freigelassen.

„Ich kann euch Jesus freigeben!“, sagte Pilatus. Aber die Menge schrie laut: „Nein! Nicht den! Wir wollen Barabbas!“ Doch Barabbas war ein Mörder.

„Soll ich wirklich euren König kreuzigen lassen?“, fragte Pilatus noch einmal die Menge. Und die schrie zurück: „Wir wollen Barabbas. Jesus soll am Kreuz sterben!“

Der Tumult wurde immer größer, und Pilatus fürchtete sich, denn er sah, dass er nichts mehr erreichen konnte. Da gab er nach. Alle konnten sehen, wie er sich eine Schüssel mit Wasser bringen ließ und sich darin die Hände wusch. Dabei sagte er: „Ich bin für das Blut dieses Unschuldigen nicht verantwortlich. Die Verantwortung tragt ihr!“

Dann befahl er seinen Soldaten, Jesus zu kreuzigen. An seinem Kreuz sollte ein Schild angebracht werden, auf dem stand: „Der König der Juden!“

Als die Priester das sahen, wurden sie sehr wütend und forderten eine andere Aufschrift, die sollte lauten: „Er hat gesagt: ‚Ich bin der König der Juden‘.“ Aber Pilatus bestand darauf. „Was ich geschrieben habe, habe ich geschrieben!“, sagte er und stürmte davon.

Die Kreuzigung

Matthäus 27, Markus 15, Lukas 23, Johannes 19

Jesus wurde von den Soldaten in den Hof des Palastes gebracht. Dort zogen sie ihn wie einen König an. Er bekam einen roten Königsmantel. Auf seinen Kopf drückten sie einen geflochtenen Kranz aus Dornenzweigen, der einer Krone glich. Blut lief ihm über das Gesicht. Sie schlugen ihn und spuckten ihn an. Dann knieten sie vor ihm nieder und verspotteten ihn. Höhnisch grüßten sie Jesus: „Es lebe der König der Juden."

Danach zogen sie ihm den roten Mantel wieder aus, und er bekam seine eigenen Kleider zurück. Schließlich führten die Soldaten ihn durch die Straßen und peitschten ihn aus. Jesus musste selbst sein schweres Holzkreuz auf dem Rücken tragen. Dabei kam er nur mit Mühe voran. Immer wieder stolperte er und fiel hin.

Unterwegs trafen sie einen Mann, der gerade von seinem Feld gekommen war. Er hieß Simon von Zyrene. Den zwangen die Soldaten, das Kreuz für Jesus zu tragen. Jesus mühte sich weiter auf seinem Weg, und Simon folgte ihm mit dem Kreuz.

Sie kamen an einen einsamen Ort außerhalb der Stadt. Das war Golgota, die Kreuzigungsstätte. Die Priester und alle, die dem Zug gefolgt waren, beobachteten neugierig, was weiter geschah.

Auch die Jünger Jesu mussten mit Entsetzen ansehen, wie Jesus zwischen zwei Dieben ans Kreuz genagelt wurde, das man für ihn aufgerichtet hatte. Und sie hörten seine Schreie.

Dann blieb es still. Nur der Wind war zu hören, der immer stärker wurde und dunkle Wolken über den Himmel fegte. Die drei Kreuze hoben sich als dunkle Schatten gegen den Himmel ab.

Die Priester wandten sich einander zu und sagten: „Wenn er der Sohn Gottes ist, warum steigt er nicht vom Kreuz herab? Warum beweist er nicht seine Macht, wenn er der Christus, der König Israels ist?“

Und auch einer der beiden gekreuzigten Verbrecher fing an zu lästern: „Bist du nun der Messias? Dann beweise es doch! Hilf dir selbst und uns!“

Doch der andere Verbrecher, der neben Jesus am Kreuz hing, wies den ersten zurecht: „Fürchtest du Gott nicht einmal jetzt, kurz vor deinem Tod? Wir haben den Tod verdient. Der hier aber ist unschuldig; er hat nichts Böses getan.“

Dann wandte er sich an Jesus und bat ihn: „Herr denke an mich, wenn du in dein Königreich kommst!“ Und Jesus versicherte ihm: „Heute wirst du mit mir im Paradies sein.“

Jesus schaute seine Mutter Maria an. Neben ihr stand sein Jünger Johannes, den er besonders lieb hatte. Als er die beiden sah, sagte er zu Maria: „Er soll jetzt dein Sohn sein!“ Und zu Johannes sprach Jesus: „Sie ist jetzt deine Mutter!“

Von dem Tag an kümmerte sich Johannes um Maria und nahm sie in seine Familie auf.

Gegen zwölf Uhr Mittag verschwand plötzlich die Sonne. Eine tiefe Dunkelheit zog über das Land. Und mit ihr legte sich große Furcht auf die Menschen. Es war, als ob die Welt unterginge.

Jesus schrie: „Vater, in deine Hände gebe ich meinen Geist!“ Und dann rief er mit einem letzten qualvollen Atemzug: „Es ist vollbracht!“

Langsam sank sein Kopf auf seine Brust hinab, und er starb.

Da fing die Erde an zu beben, Felsen fielen in sich zusammen. Und der große Vorhang, der im Tempel hinter dem Allerheiligsten verborgen war, das nur ein Priester betreten durfte, zerriss von oben bis unten.

Der Hauptmann, der die Kreuzigung überwacht hatte, war tief erschüttert. Er rief laut, sodass es alle hören konnten: „Dieser Mann war wirklich Gottes Sohn!"

Heimliche Jünger

Johannes 19

Pilatus hatte den Sturm und die Dunkelheit über Jerusalem beobachtet. Nun saß er allein in seinem Palast. Er wollte am liebsten alles vergessen, was er mit Jesus erlebt hatte. Niemand sollte auch nur seinen Namen erwähnen.

Da brachte ein Diener einen gut gekleideten Mann zu ihm herein. Es war Josef, ein reicher Kaufmann aus der Stadt Arimathäa. Der glaubte auch an Jesus. Er hatte aber niemandem etwas davon erzählt, weil er sich vor der Wut der Juden fürchtete.

Jetzt bat Josef um die Erlaubnis, Jesus vom Kreuz abnehmen zu dürfen, um ihn würdig zu begraben. Er besaß eine Grabhöhle, die in einen Felsen gehauen war. Sie lag in einem Garten außerhalb der Stadt, ganz in der Nähe des Platzes, auf dem Jesus gekreuzigt worden war.

„In deine eigene Grabhöhle willst du ihn bringen?", fragte Pilatus. Er war sehr erstaunt über diese Bitte und schüttelte ungläubig den Kopf. Aber er erlaubte Josef, Jesu Leichnam in sein Grab zu bringen.

Josef war mit seiner Absicht nicht allein. Es gab noch einen anderen Mann, der heimlich an Jesus geglaubt hatte. Es war der Pharisäer Nikodemus, der Jesus einmal in der Nacht besucht hatte, um mit ihm zu sprechen. Nikodemus wollte Josef von Arimathäa bei seinem Plan helfen.

Das Begräbnis

MATTHÄUS 27, MARKUS 15, LUKAS 23, JOHANNES 19

Josef und Nikodemus verließen die Stadt und gingen zum Hügel Golgota hinauf. Dort hing Jesus noch am Kreuz.

Mit großer Vorsicht entfernten sie die Nägel, die ihn grausam durchbohrt hatten. Dann nahmen sie den Leichnam vom Kreuz und wickelten ihn in ein Leinentuch, das Nikodemus mitgebracht hatte. Außerdem hatte Nikodemus eine Mischung aus Myrrhe und Aloe dabei, mit der sie den Leichnam einbalsamieren wollten, so wie es bei den Juden üblich war.

Danach brachten sie Jesus in den Garten zu Josefs Grabhöhle. Darin war es dunkel. Die beiden Männer legten den Leichnam auf eine Bank aus Stein. Um das Grab zu verschließen, rollten sie einen großen Stein vor die Öffnung.

Maria Magdalena, Jakobus' Mutter und andere Frauen waren auch in den Garten gekommen. Es fiel der kleinen Trauergemeinde schwer, ihren Herrn zurückzulassen, um sich wieder auf den Weg nach Jerusalem zu machen.

Das Grab ist leer!

Matthäus 28, Johannes 20

Alle, die Jesus nachgefolgt waren, hatten sich tief betrübt zurückgezogen. Ihr Herr und Meister war nun tot.

Die engsten Freunde Jesu, seine Jünger, hatten sich im oberen Zimmer eines Hauses versteckt, dessen Türen fest verschlossen waren. Sie hatten Angst und schämten sich, weil sie davongelaufen waren, als man Jesus gefangen genommen hatte. Petrus war besonders bestürzt. Er machte sich bittere Vorwürfe, dass er Jesus verraten hatte.

Maria Magdalena weinte für sich allein und seufzte: „Mein Herr ist gestorben.“ Sie wartete auf das erste Licht des Sonntagmorgens, um das Grab zu besuchen und Jesus nahe zu sein.

Als der Morgen dämmerte, machte sie sich auf den Weg zu dem Garten, in dem Jesus begraben war.

Als sie ankam, schienen die ersten Sonnenstrahlen durch die Bäume, und die Vögel sangen ihr Morgenlied. Alles schien ganz normal zu sein. Doch was war mit dem großen Stein, den man vor die Grabhöhle gerollt hatte? Maria rang nach Atem. Als sie sich umsah, konnte sie niemanden entdecken. Wer hatte den großen Stein vor der Graböffnung weggerollt? Maria schaute in die Grabhöhle. Sie war leer!

Maria lief sofort los, um den Jüngern zu erzählen, was geschehen war. Petrus und Johannes eilten herbei und sahen nun selbst das leere Grab. Sie gingen hinein. Dort lagen noch die Leinentücher, in die Nikodemus und Josef Jesus gehüllt hatten. Daneben lag ein Tuch, das seinen Kopf bedeckt hatte. Es war ordentlich zusammengerollt. Doch Jesu Leichnam war verschwunden. Aber konnte Jesus wirklich auferstanden sein? Verwundert gingen Petrus und Johannes in die Stadt zurück.

Maria blieb im Garten. Sie schaute noch einmal in die Grabhöhle und sah plötzlich zwei weiß gekleidete Engel. Der eine saß dort, wo Jesu Kopf gelegen hatte, der andere saß am Fußende.

Die Engel fragten Maria: „Warum weinst du?“ Sie antwortete: „Man hat meinen Herrn weggenommen. Und ich weiß nicht, wo sie ihn hingelegt haben.“

Als Maria sich umdrehte, sah sie plötzlich Jesus vor sich stehen, aber sie wusste nicht, dass er es war. Jesus fragte: „Warum weinst du?“

Maria dachte, sie hätte den Gärtner vor sich und sagte zu ihm: „Hast du meinen Herrn weggenommen? Dann sage mir doch, wohin du ihn gebracht hast. Ich will ihn holen.“ Da nannte Jesus sie bei ihrem Namen: „Maria!“ Sie schaute ihm ins Gesicht. Diese Stimme erkannte sie sofort. Es war Jesus, der sie so ansprach. Jesus! Das konnte doch nicht sein!

Da streckte sie ihre Hände aus und umfasste seine Füße.

„Mein Herr!“, rief Maria. Und Jesus sagte ihr: „Halte mich nicht zurück! Denn ich bin noch nicht bei meinem Vater gewesen. Lauf aber zu den Jüngern und sage ihnen: Ich gehe zurück zu meinem und zu eurem Vater im Himmel!“

Maria tat, was Jesus gesagt hatte, und erzählte den Jüngern alles, was geschehen war.

Der Weg nach Emmaus

Lukas 24

Gegen Abend wanderten zwei Jünger Jesu auf der Straße von Jerusalem zu dem kleinen Dorf Emmaus. Die Ereignisse der letzten Woche gingen ihnen nicht aus dem Kopf. Sie waren sehr traurig und niedergeschlagen.

„Wie konnte das alles geschehen?"

„Wie konnte Jesus, der Messias, wie ein gewöhnlicher Verbrecher sterben?"

„Wie konnte ein so herrlicher Triumph wie beim Einzug in Jerusalem, wo alle ihm zujubelten, nur in einem so schrecklichen Tod enden?"

Die beiden sprachen von nichts anderem. Traurig gingen sie weiter.

Plötzlich gesellte sich ein Fremder zu ihnen. Sie sahen ihn kaum an, obwohl manches an ihm ihnen bekannt vorkam.

„Worüber unterhaltet ihr euch?", fragte der Fremde.

„Über die schrecklichen Dinge, die in Jerusalem passiert sind!", antworteten sie und konnten nur mühsam ihre Tränen unterdrücken.

„Oh", sagte der Fremde, „was ist denn geschehen?"

„Bist du der Einzige, der nichts davon gehört hat, was sich diese Woche in der Stadt zugetragen hat? Hast du denn nichts von Jesus aus Nazaret und seinem schrecklichen Tod gehört? Wir hatten geglaubt, dass er der Erlöser sei, aber …"

Sie erklärten, wie Jesus getötet worden war, wie alle ihre Hoffnungen zerstört worden waren und wie sie nun in tiefster Verzweiflung lebten.

Der Fremde schüttelte den Kopf und sagte: „Versteht ihr

wirklich so wenig von dem, was die Propheten vorhergesagt haben. Erkennt ihr nicht, dass der Messias sterben musste?"

Sie schauten ihn neugierig an. Sein Gesicht war gegen die Strahlen der untergehenden Sonne nicht zu erkennen. Wer mochte dieser Fremde sein? Warum hatten sie den Eindruck, sie würden ihn kennen?

Während sie weiter auf dem Weg nach Emmaus wanderten, erklärte ihnen der Mann, was in den heiligen Schriften über Jesus geschrieben stand und dass er sein Leben für die Rettung der Welt lassen musste.

Als sie in Emmaus ankamen, überredeten die beiden Jünger den Fremden, mit ins Haus zu kommen, um mit ihnen zu essen.

Nachdem sie Platz genommen hatten, nahm der rätselhafte Gast das Brot, dankte dafür und zerteilte es in Stücke. Da fiel es ihnen wie Schuppen von den Augen, und sie erkannten, dass es Jesus war. Doch kaum hatten sie das begriffen, war sein Platz leer.

Jesus war wieder verschwunden.

Jesus lebt!

LUKAS 24, JOHANNES 20

Die beiden Jünger liefen die zehn Kilometer von Emmaus nach Jerusalem zurück, um den anderen zu berichten, was sie erlebt hatten.

Als sie ankamen, war das Haus, in dem sich die Männer trafen, sorgfältig verschlossen. Die Jünger lebten immer noch in Furcht vor einer Verhaftung durch die religiösen Führer. Nachdem sie das heftige Klopfen gehört hatten, ließen sie die Freunde schnell herein. Die beiden erzählten nun ihre Geschichte.

Als die Jünger den Bericht gehört hatten, wurden sie sehr froh und vergaßen ihre Furcht. Jetzt erfuhren die beiden Freunde, dass auch Petrus Jesus gesehen hatte. Voller Freude riefen sie: „Der Herr ist auferstanden! Wir haben es selbst gesehen."

Während sie noch aufgeregt miteinander redeten, stand plötzlich Jesus in ihrer Mitte. Er begrüßte sie mit den Worten: „Friede sei mit euch!"

Die Jünger bekamen einen fürchterlichen Schreck, denn sie dachten, er wäre ein Geist. Aber Jesus sagte: „Seht her und fasst mich an. Überzeugt euch selbst, dass ich kein Geist bin. Ein Geist ist nicht aus Fleisch und Blut."

Die Jünger waren überwältigt vor Freude und konnten es kaum fassen, dass ihr Herr jetzt bei ihnen war. Da bat Jesus sie um etwas zu essen. Sie gaben ihm einen gebratenen Fisch. Den aß er vor ihren Augen auf. Nun erkannten die Jünger wirklich, dass es kein anderer als Jesus war.

Außer Thomas waren alle Jünger bei diesem Ereignis dabei gewesen. Als er davon hörte, dass Jesus auferstanden und zu seinen Jüngern gekommen war, wollte Thomas es nicht glauben. Er sagte: „Ich werde nicht daran glauben, solange ich nicht selber meine Hände in Jesu Wunden gelegt habe."

Eine Woche später trafen sich die Jünger wieder hinter geschlossenen Türen. Diesmal war auch Thomas dabei. Auf einmal stand Jesus mitten unter ihnen, ohne dass jemand die Türen aufgeschlossen hätte. Er grüßte die Jünger: „Friede sei mit euch!"

Dann ging er zu Thomas und forderte ihn auf, seine Wunden zu berühren. Jesus sagte: „Zweifle nicht länger, sondern glaube!"

Vorsichtig fasste Thomas Jesus an. Nein, es gab keinen Zweifel: Es war wirklich der Gekreuzigte. Überwältigt rief Thomas: „Mein Herr und mein Gott!"

„Ja", sagte Jesus, „du glaubst, weil du mich gesehen hast. Aber wie glücklich sind die, die nicht sehen und trotzdem glauben."

Ein besonderes Frühstück

JOHANNES 21

Bald nachdem die Jünger den auferstandenen Jesus in Jerusalem gesehen hatten, kehrten sie in ihre Häuser nach Galiläa zurück. Eines Abends verkündete Petrus. „Ich will fischen gehen!" Die anderen Jünger, die mit ihm zusammen waren, sagten: „Wir kommen mit."

Sie warfen die ganze Nacht immer wieder das Netz aus, aber sie fingen nicht einen Fisch. Als der Morgen dämmerte und der Frühnebel aufstieg, waren sie immer noch auf ihrem Boot und zogen das leere Netz durch das Wasser. Am Ufer sahen sie eine Gestalt, aber sie konnten nicht erkennen, wer es war.

„Habt ihr denn nichts gefangen?", rief die Gestalt ihnen zu.

„Nein!", erwiderten sie.

„Werft das Netz auf der rechten Seite des Bootes aus, dann werdet ihr etwas fangen", forderte der Fremde sie auf.

Sie erkannten immer noch nicht, dass es Jesus war, der vom Strand aus mit ihnen sprach. Trotzdem taten sie, was er ihnen geraten hatte. Sie warfen das Netz noch einmal aus. Bald war es voller Fische, die im Sonnenschein silbern glänzten und zappelten. Es waren so viele, dass die Jünger sie kaum ins Boot ziehen konnten.

„Es ist Jesus", sagte Johannes plötzlich.

Da sprang Petrus ins Wasser und schwamm ans Ufer. Die anderen Jünger ruderten das Boot an den Strand. Das prall mit Fischen gefüllte Netz zogen sie hinter sich her.

Als sie das Ufer erreicht hatten, erwartete Jesus sie schon. Er hatte ein Feuer gemacht.

Alles erschien so alltäglich. Jesus stand neben dem Feuer und bereitete das Frühstück zu. Die Jünger schwiegen, weil sie nicht wussten, was sie sagen sollten.

Jesus bat: „Bringt ein paar von den Fischen her, die ihr gefangen habt!"

Petrus zog das Netz ans Land. Und obwohl es so voll war, zerriss es nicht. Hundertdreiundfünfzig Fische waren im Netz.

Jesus bat die Jünger zum Essen.

Keiner traute sich, ihn zu fragen: „Bist du es wirklich, Herr?" Denn sie wussten nun, dass es Jesus war, der ihnen jetzt Brot und Fische zu essen gab. Einer nach dem anderen setzte sich zum gemeinsamen Frühstück ans Feuer.

Die Flammen wurden durch den Wind angefacht. Der Geruch von Fisch lag in der Luft, und der Duft von Wildblumen auf den Wiesen wehte herüber. Die Männer saßen um ihren Meister, während sie schweigend aßen.

Nachdem sie fertig waren, setzte sich Jesus neben Petrus und fragte ihn: „Simon, Sohn des Johannes, liebst du mich mehr als die anderen hier?"

Da antwortete Petrus: „Ja, Herr, du weißt, dass ich dich lieb habe."

„Dann hüte meine Lämmer", sagte Jesus. Dann wiederholte er seine Frage: „Simon, Sohn des Johannes, liebst du mich?"

Und Petrus antwortete ein zweites Mal: „Ja, Herr, du weißt doch, dass ich dich liebe." Da sagte Jesus: „Dann hüte meine Schafe."

Damit meinte Jesus, Petrus solle für Jesu Nachfolger sorgen, so wie ein Hirte für seine Schafherde sorgt.

Und Jesus fragte noch einmal: „Hast du mich lieb?"

Da wurde Petrus traurig, weil er Jesus schon zwei Mal eine Antwort gegeben hatte. Deshalb sagte er: „Herr, du weißt alles. Du weißt doch auch, wie sehr ich dich liebe!"

Er hatte Tränen in den Augen, denn während er sprach, erinnerte er sich daran, wie er Jesus verleugnet und der Hahn drei Mal gekräht hatte.

Und nun gab Jesus ihm die Möglichkeit, drei Mal zu sagen: „Ich habe dich lieb."

Jesus lächelte und legte Petrus den Arm um die Schulter. Als er ihn anblickte, war es, als ob er tief in das Herz des Fischers sah. Dabei sagte er noch einmal: „Dann hüte meine Schafe!"

An diesem sonnigen Morgen am See Gennesaret bekam Petrus neuen Mut. Er wusste, dass Jesus ihm vergeben hatte und seinen Jünger liebte, obwohl der ihn verraten hatte.

Jetzt war er bereit, ein Leiter der Gemeinde zu sein.

„*Geht in alle Welt!*“

Matthäus 28, Johannes 20.21

Nachdem Jesus von den Toten auferstanden war, begegnete er seinen Jüngern mehrmals. Manchmal erschien er nur ein oder zwei Menschen und dann wieder einer kleinen Jüngerschar. Doch einmal zeigte er sich einer Menge von fünfhundert seiner Anhänger. Es gab keinen Zweifel daran, dass Jesus lebte!

Er war derselbe Herr und derselbe Meister, der ihnen manche Geschichte erzählt hatte, der Kranke geheilt und vom Reich Gottes gesprochen hatte. Und trotzdem war die Begegnung mit ihm hier etwas ganz anderes. In den letzten sechs Wochen hatten sie ihn mehrmals gesehen. Er hatte mit ihnen gesprochen und sie ermutigt. Dann war er wieder verschwunden, und sie hatten nur noch seine Fußspuren im Sand gesehen oder das geknickte Gras, auf dem er gerade noch gestanden hatte. So war es kein Wunder, dass sie sich jetzt fürchteten.

Doch Jesus sagte zu ihnen: „Habt keine Angst. Gott hat mir unbeschränkte Vollmacht im Himmel und auf der Erde gegeben. Darum geht in die Welt hinaus und ladet alle Menschen ein, meine Nachfolger zu werden. Tauft sie im Namen des Vaters, des Sohnes und des Heiligen Geistes. Und vertraut darauf: Ich bin jeden Tag bei euch – bis ans Ende der Welt.“

Die Jünger konnten von dem Berg aus an der gegenüberliegenden Seite des Sees Gennesaret kleinere Dörfer und größere Städte sehen, und sie stellten sich vor, wie die ganze Welt vor ihnen lag, um die frohe Botschaft von Jesus zu hören.

Jesus kehrt in den Himmel zurück

Apostelgeschichte 1

Nach seiner Auferstehung hatte sich Jesus einmal mit seinen Jüngern an einem Berg in Galiläa verabredet. Als sie sich dort versammelten, wussten sie, dass Jesus sie bald endgültig verlassen würde.

Er hatte ihnen gesagt: „Wartet in Jerusalem, bis der Heilige Geist auf euch herabkommt. Dann werdet ihr von Gott Kraft bekommen, damit ihr allen Menschen von mir erzählen könnt. Ihr werdet meine Botschafter in Jerusalem sein und weit darüber hinaus bis an alle Enden der Erde."

Und dann ermutigte Jesus die Jünger mit den Worten: „Ich werde immer bei euch sein bis ans Ende der Tage!"

Als er das gesagt hatte, erschien plötzlich eine helle Wolke, die Jesus einhüllte und mit sich fortnahm. Seine Freunde traten furchtsam zurück. Sie schauten nach oben, aber bald war er nicht mehr zu sehen.

Währenddessen waren zwei Männer in weißen Kleidern neben sie getreten. Sie sagten: „Ihr Leute von Galiläa, warum steht ihr hier und schaut in den Himmel? Dieser Jesus, der vor euren Augen in den Himmel aufgenommen worden ist, wird eines Tages genauso zurückkommen."

Von den Worten der Engel getröstet, wanderten sie den steilen Weg nach Jerusalem zurück. Dort wollten sie auf den Heiligen Geist warten.

In der Zwischenzeit wählten sie einen neuen Jünger aus, weil Judas sie verlassen hatte. Es war Matthias. Jetzt waren sie wieder zu zwölft. Maria, die Mutter von Jesus, und weitere Familienmitglieder hatten sich dazugesellt. Auch die

Frauen, die ihm gefolgt waren, schlossen sich dieser Gruppe an. Sie alle begannen zu beten, und gemeinsam warteten sie auf die Ankunft des Heiligen Geistes, den Jesus ihnen versprochen hatte.

Feuer vom Himmel

Apostelgeschichte 2

Am jüdischen Pfingstfest waren wieder alle, die zu Jesus hielten, beisammen. Viele Besucher aus aller Welt kamen in die Stadt, um dieses jüdische Fest zu feiern.

Als die Apostel noch zusammensaßen und beteten, ertönte plötzlich ein Brausen vom Himmel, und der Raum bebte. Ein starker Wind blies durch das ganze Haus. Blitze erfüllten den Raum und zerteilten sich. Sie setzten sich wie Flammen auf die Köpfe der Jünger. Jetzt war der Heilige Geist zu ihnen gekommen, den Jesus ihnen angekündigt hatte!

Plötzlich konnten sie in anderen Sprachen sprechen. Der Heilige Geist legte ihnen Wörter und Sätze in ihr Herz und in ihren Mund, die sie vorher niemals gelernt hatten. Sie liefen hinaus auf die Straße und erzählten von Gott.

Die Menschen draußen waren sehr erstaunt und fürchteten sich. So etwas hatten sie noch nicht erlebt: Da sprachen ganz einfache Männer zu ihnen, die keine Schule besucht hatten. Sie redeten flüssig, und was sie sagten, klang klug und war leicht zu verstehen.

All die Besucher aus den vielen verschiedenen Ländern hörten die Apostel in ihrer eigenen Sprache sprechen. Juden aus allen Teilen des Römischen Reiches waren zum Fest in Jerusalem zusammengekommen. Sie hatten sich auf den Weg gemacht aus Persien, Mesopotamien, Kappadozien, Ägypten, Libyen, Kreta und Rom.

„Wie kommt es, dass diese Galiläer unsere Sprachen sprechen? Wie können sie über all die wunderbaren Dinge reden, die Gott getan hat – und das in einer Sprache, die sie nie gelernt haben?"

Einige schüttelten ihren Köpfe über die zwölf Männer, die so voller Freude und Begeisterung waren. Und manche von ihnen sagten: „Die Leute sind doch betrunken!"

Gottes Versprechen

Apostelgeschichte 2

Petrus stand auf und wandte sich an die große Menschenmenge: „Hört mir zu, ihr Juden von Jerusalem und aus der ganzen Welt! Keiner von uns ist betrunken. Es ist erst neun Uhr morgens! Nein, was hier geschieht, ist etwas ganz Wunderbares. Und das hat der Prophet Joël schon vor Hunderten von Jahren vorhergesagt:

‚In den letzten Tagen', spricht Gott, ‚will ich allen Menschen meinen Geist geben. Eure Söhne und Töchter werden aus göttlicher Eingebung reden, eure jungen Männer werden Visionen haben und die alten Männer bedeutungsvolle Träume. Am Himmel und auf der Erde werdet ihr Wunderzeichen sehen, an dem großen und herrlichen Tag, und jeder, der den Namen des Herrn anruft, soll gerettet werden.'"

Die Menschenmenge wurde ganz schweigsam, als sie dem mutigen Fischer zuhörte. Seine Stimme klang wie die des Herolds eines mächtigen Königs oder eines berühmten Generals, der seine Truppen kommandiert. Jedes Wort, das Petrus sprach, war voller Leben, Schönheit und Kraft. Plötzlich war der Mann, der Jesus so übel verraten hatte, zu einem mächtigen Prediger geworden.

Er sprach ganz unverblümt zu der Menge, dass sie – Gottes Volk – Jesus gekreuzigt hatte. Aber Gott hatte ihn von den Toten auferweckt. Viele von den Zuhörern wurden durch diese Worte tief getroffen. Manche begannen zu weinen. „Was sollen wir tun?“, fragten sie.

Und Petrus antwortete ihnen: „Ändert euer Leben und wendet euch Gott zu. Lasst euch taufen, damit euch eure Sünden vergeben werden und ihr den Heiligen Geist empfangt.“ Dann breitete er seine Hände über sie aus. Er wünschte sich, dass sie die Liebe und Vergebung kennen lernten, die er selber bei Jesus erlebt hatte.

Viele Menschen glaubten der Botschaft, die Petrus an diesem Pfingsttag gepredigt hatte. Und dreitausend von ihnen ließen sich taufen.

Die neuen Nachfolger Jesu hörten sehr genau auf das, was Petrus und die anderen Jünger ihnen erzählten. Sie trafen sich oft, um sich daran zu erinnern, was Jesus für sie getan und was er sie gelehrt hatte. Sie beteten gemeinsam, und sie aßen gemeinsam. Und sie erlebten, wie die Jünger durch Gottes Kraft viele Wunder taten. Dafür lobten und dankten sie Gott. Die Nachfolger Jesu gingen sehr freundlich miteinander um. Sie teilten alles miteinander, was sie besaßen, damit niemand Not leiden musste.

Viele andere Menschen waren davon beeindruckt, wie

diese Menschen zusammenlebten, und sie entschlossen sich, Jesus auch nachzufolgen.

Wunder am Tempeltor

Apostelgeschichte 3

Eines Tages gingen Petrus und Johannes in den Tempel, um zu beten. Da trafen sie einen Bettler, der rief: „Habt doch Mitleid mit mir und gebt mir etwas von eurem Wechselgeld."

Sein ganzes Leben lang hatte er hier jeden Tag gesessen und gebettelt. Er war überall bekannt als der Bettler am Schönen Tor. Weil er nicht gehen konnte, wurde er täglich von seiner Familie an diesen Platz getragen. Um ihn herum war alles voller Pracht. Aber er selbst fühlte sich hässlich und schämte sich.

Wieder rief er den vorbeiströmenden Menschen zu: „Habt Mitleid!" Die beiden Jünger blieben stehen, und Petrus sagte zu ihm: „Sieh uns an!" Voller Erwartung schaute der Bettler zu ihnen hoch. Würden sie ihm etwas geben? Aber Petrus tat etwas ganz anderes. Er sagte: „Geld haben wir nicht. Aber was wir haben, wollen wir dir geben. Im Namen von Jesus von Nazaret: Steh auf und geh!"

Petrus nahm den Mann bei seiner Hand und half ihm, aufzustehen. Plötzlich spürte dieser neue Kraft in seinen Gelenken und Füßen. Er konnte wirklich gehen! Außer sich vor Freude lief der Mann umher und machte Luftsprünge. Laut rief er: „Danke, Gott! Du hast mich gesund gemacht. Ich kann wieder gehen!"

Es gab einen Menschenauflauf. Petrus, Johannes und der Geheilte waren umringt von Schaulustigen. Petrus begann zu ihnen zu sprechen: „Warum wundert ihr euch denn so? Glaubt ihr etwa, wir haben diesen Mann aus eigener Kraft gesund gemacht? Nein, es ist Jesus Christus, durch seine Macht ist es geschehen!“

Einige Priester und Sadduzäer hatten sich nach vorn gedrängt. Sie empörten sich darüber, dass der Name Jesus gefallen war. Ohne Furcht sah Petrus ihnen in die Augen und fuhr fort: „Es ist der Jesus, den ihr getötet habt. Gott hat ihn von den Toten auferstehen lassen, und wir haben den Gelähmten mit seiner Kraft gesund gemacht.“

Da befahlen die Priester den Tempelwachen, Petrus und Johannes festzunehmen und sie ins Gefängnis zu sperren. Schon am nächsten Tag kamen sie wieder auf freien Fuß. Aber vorher wurde ihnen streng verboten, weiter in der Öffentlichkeit über Jesus zu reden.

Petrus und Johannes ließen sich davon nicht einschüchtern.

Sie sagten: „Wir müssen Gott gehorchen. Wir können nicht aufhören zu erzählen, was wir mit Jesus erlebt und was wir von ihm gehört haben.“

Viele Menschen, die Petrus in Jerusalem zugehört hatten, wurden nun auch Nachfolger Jesu.

Wachsender Widerstand

Apostelgeschichte 5

Die gute Nachricht von Jesus verbreitete sich in ganz Jerusalem. Der Hohepriester und die religiösen Führer machten sich Sorgen. Es sah so aus, als ob nichts die Nachfolger Jesu aufhalten könnte. Wieder einmal waren Petrus und seine Freunde ins Gefängnis gebracht worden. Doch ein Engel öffnete ihnen die Gefängnistüren und führte sie hinaus in die Freiheit. Am nächsten Tag predigten sie schon wieder in den Tempelhöfen.

Deshalb traf sich der jüdische Gerichtshof. Der Hohepriester rief: „Wir müssen sie aufhalten."

„Wie denn?", fragte ein Priester und fügte hinzu: „Tausende von Leuten hören ihnen zu. Und sie geben uns die Schuld am Tod Jesu."

Ein alter, hoch angesehener Pharisäer erhob sich. Er hieß Gamaliël. Langsam begann er zu sprechen: „Es hat im Laufe der Jahre schon viele Anführer gegeben. Sie sind gekommen und gegangen. Sie haben behauptet, dass sie Propheten seien oder uns von den Römern befreien wollen. Sie alle sind umgekommen, und ihre Nachfolger haben sich in alle Richtungen zerstreut. So müssen wir nun also abwarten und sehen, was geschehen wird. Wenn das, was die Jünger Jesu predigen, nicht wahr ist, dann wird sich das Problem von allein lösen. Wenn aber wirklich Gott dahinter steht, könnt ihr nichts dagegen tun. Oder wollt ihr etwa gegen Gott kämpfen? Deshalb bin ich dafür, diese Männer in Ruhe zu lassen."

Die Männer des Hohen Rates waren sehr nachdenklich

geworden. Manch einer von ihnen hätte Petrus und seine Freunde lieber hinter Gittern gesehen, aber schließlich stimmten sie doch alle Gamaliëls Vorschlag zu.

Diesmal ging die Sache für die Jünger Jesu glimpflich aus. Doch schon bald gab es neue Schwierigkeiten. Eines Tages tauchte nämlich in Jerusalem ein Mann mit dem Namen Stephanus auf.

Ein mutiger Nachfolger

Apostelgeschichte 6.7

Stephanus war einer von sieben Männern, die für eine besondere Aufgabe ausgewählt worden waren. Er sollte helfen, Lebensmittel an die armen Frauen in der Gemeinde zu verteilen.

Er war ein sehr begabter Mann. Wenn er den Menschen etwas von Jesus erzählte, dann hörten sie gespannt zu. Und er tat durch Gottes Kraft viele Wunder. Bald sprach ganz Jerusalem davon.

Doch auch die Feinde von Stephanus hörten seine Worte. Er sprach darüber, dass man Gott nicht nur im Tempel anbeten könne, sondern überall, wo man gerade ist. Jeder sollte Jesus und seine Liebe zu den Menschen kennen lernen, ganz egal, woher er kam und wo er lebte.

Das gefiel seinen Feinden überhaupt nicht. Deshalb verbreiteten sie Lügen über ihn: „Stephanus hat Gott und Mose beleidigt. Außerdem lästert er über den Tempel und über Gottes Gesetz.“

Es dauerte nicht lange, bis die religiösen Führer sehr aufgebracht gegen ihn waren. Sie verfolgten ihn und ließen ihn gefangen nehmen.

Sie zerrten ihn aus dem Tempel und warfen ihn vor dem Hohepriester und dem Hohen Rat auf den Boden.

„Ist das alles wahr?“ Der Hohepriester starrte ihn drohend an. „Hasst du Gott, Mose und die Gesetze des jüdischen Volkes?“

Stephanus erwiderte: „Hört mir bitte zu, liebe Brüder und Väter!

In der ganzen Geschichte unseres Volkes haben große Führer versucht, uns Gottes Weg nahe zu bringen. Aber die Menschen wollten nicht darauf hören!“

Stephanus warf dem Mann, der ihn gefangen genommen hatte, einen Blick zu. Der starrte hasserfüllt zurück. In ruhigem Ton fuhr Stephanus fort und erzählte dabei die ganze Geschichte des Volkes Gottes. Er berichtete darüber, wie sich das Volk zu allen Zeiten von Gott abgewendet, Götzen verehrt und sogar die Propheten ermordet hatte. „Ihr seid schlimmer als eure Vorfahren, weil ihr den Messias, Gottes …“

Die Priester gingen wütend auf Stephanus zu. Aber der sprach weiter: „Ihr habt es abgelehnt, auf Jesus zu hören, ihr habt ihn gefangen genommen und ermordet!“

Jetzt war der ganze Hohe Rat in Aufruhr. Die Männer schrien voller Wut auf Stephanus ein. Sie zeigten ihm ihre geballten Fäuste. Aber Stephanus blieb ruhig. Der fürchterliche Lärm und der Hass erreichten ihn nicht wirklich.

Sein Gesicht strahlte, und er sah zum Himmel auf. Dann sagte er voller Freude: „Ich sehe Jesus, den Menschensohn, an der rechten Seite Gottes stehen!“

Nur Stephanus konnte diese wunderbare Vision von der Herrlichkeit und Majestät Jesu in der Gegenwart Gottes sehen.

Seine Angreifer hielten sich die Ohren zu und schrien: „Gotteslästerung!“ und „Lügner! Teufel!“

Sie packten ihn und zogen ihn durch die Straßen, stießen ihn umher und schlugen ihn, bis sie ihn außerhalb der Stadtmauern auf den Boden schleuderten. Dort packten sie große Steine und bewarfen Stephanus damit. Der rief laut: „Herr Jesus, ich gebe dir meinen Geist.“

Er fiel auf seine Knie, während Steine auf ihn niederprasselten. Sein Körper war mit Blut überströmt. Das Letzte, was er sagte, waren die Worte: „Herr, vergib ihnen ihre Schuld.“

Dann starb er.

Unter den Anklägern war auch ein junger Mann, Saulus, der die Mäntel der Leute bewachte, die Stepahnus gesteinigt hatten. Er war zufrieden, als Stephanus tot war, denn er hielt ihn für einen bösen Mann. Saulus wurde der größte Feind der Nachfolger Jesu.

Außergewöhnliche Begegnung

Apostelgeschichte 8

Die Freunde von Stephanus weinten bitterlich. Sie nahmen seinen Leichnam und begruben ihn. Während sie noch über den schrecklichen Tod ihres Freundes trauerten, marschierte Saulus mit bewaffneten Tempelwachen durch Jerusalem.

Sie stürmten die Häuser der Nachfolger Jesu, verhörten und schlugen die Menschen und warfen viele von ihnen sogar ins Gefängnis. Viele flüchteten in umliegende Dörfer und Städte. Doch obwohl sie verfolgt wurden, hörten sie nicht auf, anderen von Jesus zu erzählen. Wo immer sie hinkamen, verbreiteten sie seine gute Nachricht.

Philippus war einer der treuesten Nachfolger Jesu. Er ging nach Samarien und tat dort viele Wunder. Hunderte von Menschen wurden gläubig und ließen sich taufen.

Eines Tages hörte Philippus bei seinem Morgengebet eine Stimme: „Philippus, verlasse Samarien und geh hinaus in die Wüste. Dann wende dich nach Süden und folge der staubigen Straße, die aus Jerusalem kommt." Philippus wusste, dass ein Engel Gottes zu ihm sprach.

Obwohl Philippus nicht verstand, was das alles bedeutete, machte er sich gehorsam auf den Weg. Als er den einsamen Pfad entlangging, kam ihm eine Staubwolke entgegen. Sie wurde von einer Pferdekutsche aufgewirbelt, die kostbar ausgestattet war.

„Geh ganz dicht an die Kutsche heran", hörte Philippus die Stimme wieder. „Und dann höre gut zu!"

Als die Kutsche im tiefen Sand langsamer fuhr, ging Philippus neben ihr her. Er hörte, wie ein Mann laut Worte vom Propheten Jesaja las. Da rief Philippus dem Mann zu: „Verstehst du auch, was du da liest?" Der Mann ließ die Kutsche anhalten. Neugierig musterte er Philippus. Er selbst war groß und vornehm gekleidet. Dazu trug er goldene Ketten, die auf einen hohen Posten hinwiesen. Es stellte sich heraus, dass er der Schatzmeister der Königin Kandake aus Äthiopien war und vom Fest in Jerusalem zurückkehrte, wo er Gott angebetet hatte.

„Komm, setz dich zu mir“, forderte er Philippus auf. Dieser staubige Wanderer mit den freundlichen Augen interessierte ihn. „Kannst du mir sagen, was das bedeutet?“

Der Schatzmeister las den Abschnitt noch einmal. Es waren Worte über einen unschuldigen Mann, der zum Tode verurteilt worden war: „Wie ein Schaf, das geschlachtet werden soll, hat man ihn abgeführt. Und wie ein Lamm, das geschoren wird, hat er alles erduldet.“

„Um wen geht es da?“, fragte der Schatzmeister. „Ist es der Prophet Jesaja oder jemand anders?“

„Das will ich dir sagen“, antwortete Philippus. „Es ist der Mann, der gestorben und wieder auferstanden ist! Es ist Jesus Christus.“

Während die Kutsche weiterfuhr, erklärte Philippus dem Schatzmeister die gute Nachricht von Jesus. Und der Mann hörte viele Stunden lang zu, bis er sagte: „Dort ist Wasser! Warum warten wir noch? Wir wollen hier am Fluss halten, denn ich möchte jetzt gleich getauft werden.“

Da zog der Schatzmeister sein Karmesin-Gewand aus, legte seine königliche Kette ab und ging in den trüben Fluss. Dort taufte Philippus ihn im Namen des Vaters, des Sohnes und des Heiligen Geistes.

Danach nahm der Heilige Geist Philippus fort. Als der Äthiopier sich umdrehte, war Philippus verschwunden. Der Schatzmeister bestieg seine Kutsche. Und er freute sich über Gottes wunderbare Macht, die ihm hier, an einem einsamen Ort, begegnet war.

Auf der Straße nach Damaskus

Apostelgeschichte 9

In der Zwischenzeit drohte Saulus immer noch, die Nachfolger Jesu aufzuspüren und zu töten. Er ging zum Hohepriester in den Tempel von Jerusalem und erhielt die Vollmacht, alle Nachfolger Jesu in Damaskus gefangen zu nehmen. Dann reiste er auf der langen Straße nach Norden, vorbei an Vorposten und römischen Garnisonen.

Als er sich der großen Stadt Damaskus näherte, umgab ihn plötzlich ein strahlendes Licht, das heller als die Sonne war. Eine Stimme rief: „Saul, Saul…"

Das gleißende Licht und die Stimme brannten in seiner Seele. So etwas Erschreckendes hatte er noch nie erlebt.

„Saul!" Diesmal klang es wie ein Wispern in seinem Kopf. Es war so nahe, es schien sein ganzes Wesen zu durchdringen. „Warum versuchst du mich zu töten?", fragte die Stimme.

Saulus konnte nicht gleich antworten. Die Männer, die mit ihm unterwegs waren, konnten das Licht nicht sehen, aber sie hörten etwas.

„Wer bist du, Herr?", flüsterte Saulus.

„Ich bin Jesus", sprach die Stimme, „der, den du verfolgst. Steh jetzt auf und geh in die Stadt. Dort wirst du erfahren, was du tun sollst."

Die anderen Männer sahen Saulus aufstehen. Er weinte und schüttelte den Kopf. Dann stolperte er und suchte verzweifelt nach Halt.

Saulus war durch das helle Licht blind geworden. Seine Gefährten erschraken. Sie mussten Saulus den ganzen Weg bis Damaskus führen, weil er nichts mehr sehen konnte.

Drei Tage und drei Nächte herrschte Dunkelheit um Saulus. Er sprach nicht und aß und trank auch nichts. Er saß nur still in seinem Zimmer.

In der dritten Nacht hatte einer der Nachfolger Jesu aus Damaskus eine Erscheinung. Jesus stand vor ihm und rief: „Hananias."

„Ja, Herr, hier bin ich!", antwortete er.

„Geh in das Haus des Judas in der Geraden Straße. Dort frage nach Saulus von Tarsus."

„Saulus?" Erschrocken sprang Hananias auf. „Der Saulus, der deine Nachfolger töten lässt?"

„Er betet gerade. In einer Vision hat er gesehen, wie ein Mann mit dem Namen Hananias zu ihm kommt, der ihn von seiner Blindheit heilen wird."

„Ich, Herr? Aber … aber …" Hananias war verwirrt. „Dieser Mann … Ich habe schreckliche Dinge über ihn gehört. Er verfolgt deine Anhänger grausam. Und nun kommt er mit einer Vollmacht nach Damaskus, alle, die an dich glauben, gefangen zu nehmen. Wir werden alle im Gefängnis landen!"

„Geh unbesorgt hin. Ich habe ihn ausgesucht, damit er auf der ganzen Welt von mir erzählt", sagte Jesus zu Hananias. „Alle sollen ihn hören, die nicht jüdischen Völker ebenso wie die Menschen in Israel. Er ist jetzt mein Diener und wird Schweres durchstehen müssen!"

So machte sich Hananias auf den Weg nach Damaskus, in das Haus, in dem Saulus wohnte. Als Hananias sah, wie dieser unerbittliche Verfolger der Jesus-Freunde hilflos auf seinem Bett saß und ihm demütig seine Hand entgegenstreckte, war er tief bewegt. Er legte seine Hände auf Saulus und sagte: „Mein Bruder!"

Saulus war auch überwältigt, denn er wusste, dass Hananias von Gott geschickt worden war.

„Bruder Saulus“, flüsterte Hananias. „Jesus, der dir auf der Straße erschienen ist, hat mich zu dir geschickt, damit deine Augen geheilt werden und du vom Heiligen Geist erfüllt wirst. Du sollst wieder sehen können.“

Im selben Augenblick fiel es Saulus wie Schuppen von den Augen. Die Dunkelheit verschwand, und er konnte wieder sehen!

In dieser Nacht taufte Hananias den Saulus. Dies war der erste Schritt für Saulus auf seiner neuen Lebensreise. Er wurde einer der wichtigsten Nachfolger Jesu, eines Mannes, den er nie gekannt hatte und dessen Freunde er früher getötet hatte. Aber dieser Jesus war ihm auf der Straße nach Damaskus erschienen – und das veränderte nicht nur Saulus' Leben, sondern auch die ganze Welt.

Tabita

APOSTELGESCHICHTE 9

Nachdem Petrus Jerusalem verlassen hatte, reiste er viel umher. Er lehrte und heilte im Namen Jesu. Er war gerade in Lydda, als zwei Männer aus dem nahe gelegenen Ort Joppe mit einer Nachricht zu ihm kamen. Sie baten Petrus um Hilfe.

In Joppe war eine Christin gestorben, die hieß Tabita. Sie hatte viel Gutes getan. Viele Menschen hatten sie sehr lieb gehabt und trauerten nun um sie. Tabita hatte den armen

Witwen in der Gegend Kleider genäht, oft bis spät in die Nacht hinein.

Als Petrus in Joppe eintraf, wurde er von Frauen umringt. Sie hielten ihm Kleidungsstücke entgegen, die Tabita ihnen gemacht hatte. Sie schluchzten und waren ganz hilflos vor Traurigkeit.

Petrus schickte sie alle aus dem Haus, in dem Tabita aufgebahrt worden war. Nun war er allein mit ihr. Auf dem Boden lagen halb fertige Kleidungsstücke für die Armen, Stoffballen, Nähgarn, Nadeln und eine Schere. Es war ein trauriger Anblick. Eine liebevolle und freundliche Frau hatte plötzlich und viel zu früh ihr Leben verloren. Der Kummer ihrer Freunde hatte Petrus sehr berührt. Er kniete vor dem Bett der Frau nieder und betete zu Gott. Dann beugte er sich über ihren Körper und befahl: „Tabita, steh auf!“

Sofort öffnete sie ihre Augen und schaute Petrus an. Dann setzte sie sich auf. Petrus nahm ihre Hand und half ihr aufzustehen. Als ihre Freunde, die armen Witwen und ihre Nachbarn Tabita sahen, waren sie voller Freude, aber auch erschrocken.

Die Nachricht von diesem unglaublichen Wunder verbreitete sich wie ein Lauffeuer. Petrus blieb noch längere Zeit in dieser Gegend, um allen Menschen von der Liebe und der Macht seines Herrn Jesus zu erzählen.

Flucht aus dem Gefängnis

Apostelgeschichte 12

König Herodes war von den vielen Nachrichten über die Wunder in seinem Königreich sehr beunruhigt. Zwar war er erleichtert gewesen, als die Römer Jesus hingerichtet hatten. Aber nun bekam er Angst. Die einfachen Fischer Petrus, Jakobus und Johannes erwiesen sich als große Führer. Er musste diese gefährlichen Männer aufhalten, bevor es zu spät war! Sonst würde sich keiner mehr vor ihm, Herodes, dem mächtigen Herrscher von Galiläa, beugen.

Herodes hatte Jakobus, den Bruder des Johannes, gefangen genommen und enthauptet. Als er merkte, wie sehr sich das Volk darüber freute, ließ er auch Petrus festnehmen, um ihn vor Gericht zu stellen. Er wollte ihn hinrichten lassen – als abschreckendes Beispiel für andere Christen. Diese Unruhestifter sollten für immer unschädlich gemacht werden.

Petrus wurde ins Gefängnis gebracht. Vier Gruppen von jeweils vier Soldaten bewachten ihn rund um die Uhr. Er lag in schweren Ketten. Die Wachen starrten grimmig und schweigsam in die Dunkelheit. Petrus bereitete sich innerlich darauf vor, sterben zu müssen.

Einige Straßen weiter versammelte sich die Gemeinde heimlich in einem Haus, um für Petrus zu beten. In ihrer Verzweiflung beteten die Menschen: „Oh Gott, erhöre unser Gebet. Bewahre unseren Bruder Petrus!"

In der Nacht, bevor Herodes Petrus vor Gericht stellen wollte, schlief Petrus zwischen zwei Wachsoldaten. Er hatte sich, so gut es ging, auf dem Boden zusammengerollt und sah ungewöhnlich friedlich aus. Die beiden Wächter, an die er links und rechts gekettet war, wunderten sich über seine Gelassenheit. Bald schliefen auch sie ein.

Plötzlich wurde die Zelle von Licht erfüllt, das jeden Winkel erleuchtete. Ein Engel erschien und stellte sich neben Petrus.

„Steh schnell auf!", rief der Engel.

Petrus taumelte benommen durch die Zelle, während die Ketten von seinen Händen und Füßen fielen. Die Soldaten saßen wie bewusstlos da.

Der Engel forderte Petrus auf: „Ziehe deinen Mantel und deine Schuhe an und folge mir."

Er gehorchte wie im Traum. Eine Tür nach der anderen öffnete sich. Niemand regte sich oder verzog eine Miene. Keiner bemerkte, wie sie an den Wachposten vorbeigingen – bis sie das letzte eiserne Tor erreichten, das in die Stadt führte. Es öffnete sich von allein, langsam und leise knarrend.

Der Engel begleitete Petrus durch eine Gasse. Dann verschwand er.

Als Petrus die kalte Nachtluft in seinem Gesicht spürte, kam er zu sich und wusste plötzlich, dass er nicht geträumt hatte. Er lief durch die Straßen, bis er an das Haus kam, in dem sich viele Anhänger Jesus zum gemeinsamen Gebet versammelt hatten. Dort klopfte er an die Tür.

Die Dienerin Rhode lief zur Tür und erkannte Petrus' Stimme. Sie freute sich so sehr, dass sie gleich wieder zurücklief, ohne die Tür zu öffnen. „Es ist Petrus, es ist Petrus!", stammelte sie.

„Du bist nicht ganz bei Trost", sagten die anderen.

„Nein, nein, er steht tatsächlich draußen vor der Tür."

„Dann ist es sein Schutzengel", sagte jemand.

Aber Gott hatte ihre Gebete wirklich erhört. Petrus klopfte und klopfte, bis sie ihn endlich hereinließen.

Als sie ihn erkannten, konnten sie es kaum fassen. Petrus bat mit einer Handbewegung um Ruhe und berichtete, wie der Engel ihn aus dem Gefängnis befreit hatte.

„Erzählt das Jakobus und den anderen", sagte er. Dann verließ er das Haus und flüchtete im Schutz der Dunkelheit aus der Stadt.

Die gute Nachricht für alle

Apostelgeschichte 9.13

Inzwischen hatte sich Saulus in Damaskus dem kleinen Kreis der Jünger angeschlossen, den er vorher verfolgt hatte. Saulus berichtete ihnen alles, was sich ereignet hatte.

Unter den Jüngern war ein Kaufmann von Zypern mit dem Namen Barnabas. Er war ein warmherziger Mann, der Saulus mit großer Liebe und Güte begegnete.

Saulus versuchte, in den Synagogen von Damaskus etwas über Jesus, den Sohn Gottes, zu erzählen. Doch die Juden waren darüber bestürzt, und sie planten, ihn zu töten. Seine neuen Freunde halfen Saulus bei der Flucht. Sie ließen ihn im Schutz der Dunkelheit in einem Korb an der Stadtmauer hinunter. So verließ Saulus, der sich stolz mit einem großen Trupp Soldaten von Jerusalem aus auf den Weg gemacht hatte, Damaskus ganz bescheiden in einem Korb.

Schließlich kam Saulus nach Jerusalem. Zuerst konnten Petrus, Jakobus und Johannes gar nicht glauben, dass er ein echter Jünger geworden war. Viele der Nachfolger Jesu in Jerusalem hielten Saulus immer noch für einen gefährlichen Spion. Aber Barnabas setzte sich für ihn ein. Er redete mit den Aposteln und überzeugte sie davon, dass Saulus wirklich dem auferstandenen Jesus Christus begegnet war.

Nachdem Saulus seine schreckliche Verfolgung der Freunde Jesu beendet hatte, gab es für eine kurze Zeit Frieden. Immer mehr Menschen schlossen sich den Nachfolgern Jesu an. In der Stadt Antiochia wurden sie zum ersten Mal als „Christen" bezeichnet.

Mittlerweile war Saulus in seine Heimatstadt Tarsus zurückgekehrt. Dorthin folgte ihm Barnabas, und gemeinsam reisten sie nach Jerusalem zurück.

Diesmal wurde Saulus von den Gemeindeleitern als von Jesus berufener Botschafter anerkannt. Er war ein Apostel für die Nichtjuden, die Heiden. Die Christen in Antiochia schickten Saulus ins weite Römische Reich. Wieder begleitete ihn Barnabas. Sie reisten nach Zypern, wo Barnabas zu Hause war. Dort verwendete Saulus seinen römischen Namen, Paulus.

Paulus war zugleich Jude und römischer Staatsangehöriger. Dadurch hatte er besondere Rechte und Privilegien, die ihm unterwegs nützlich sein würden. So reisten die zwei Männer von Zypern nach Perge und dann weiter nach Antiochia in Pisidien, in das Zentrum von Kleinasien.

Dort sprach Paulus vor vielen Menschen über die gute Nachricht von Jesus. Juden und Heiden hörten ihm zu. Manche lehnten die Botschaft ab. So wurden Paulus und Barnabas gezwungen, die Stadt zu verlassen. Doch sie ließen sich nicht entmutigen, denn sie wussten, dass Jesus sie bei jedem Schritt auf ihrem Weg begleitete.

Wir sind keine Götter!

Apostelgeschichte 14

Paulus und Barnabas reisten zu Lande und zu Wasser. Dabei besuchten sie verschiedene Städte. Sie erzählten die gute Nachricht von Jesus weiter und ermutigten die kleinen Christengemeinden.

Auch in der Stadt Lystra begann Paulus den Menschen zu predigen. Und ein Mann hörte ganz besonders aufmerksam zu. Er war gelähmt und noch nie in seinem Leben einen einzigen Schritt gegangen. Nun saß er da und sog jedes Wort in sich auf, das Paulus in seiner unglaublichen Geschichte von Jesus, der das Leben so vieler Menschen verändert hatte, erzählte.

Paulus stand mutig vor den Zuhörern und berichtete, wie sein eigenes Leben durch die Macht Gottes verändert worden war. Da bemerkte er den Gelähmten, der sich immer weiter zu ihm neigte. Und Paulus spürte, dass dieser Mann das feste Vertrauen hatte, geheilt zu werden.

Da sagte Paulus plötzlich laut: „Steh auf und stell dich auf deine Beine!"

Die Menge hielt den Atem an. Der Gelähmte sprang auf und begann umherzugehen.

Fassungslos starrten die Menschen ihn an, wie er einen Schritt nach dem anderen machte. Sie konnten nicht begreifen, was sie da sahen. Ein Wunder war geschehen!

Plötzlich rief die Volksmenge: „Die Götter haben Menschengestalt angenommen und sind vom Himmel zu uns nach Lystra gekommen!"

Paulus und Barnabas wurden von der Menschenmenge

umringt. Viele von ihnen versuchten, sie zu berühren. Sie verbeugten sich vor ihnen und beteten sie an, denn sie dachten, dass Barnabas Zeus, der Vater der Götter wäre, und Paulus Hermes, der Botschafter der Götter sei.

„Nein, nein!“, riefen Paulus und Barnabas erschrocken. Voller Entsetzen zerrissen sie ihre Kleider. „Wir sind keine Götter!“

Währenddessen brachten Priester Stiere mit Blumenkränzen zu ihnen. Sie riefen: „Wir wollen den großen Göttern von Lystra Opfer bringen!“

Paulus brachte sie mit einer Handbewegung zum Schweigen. „Wir sind nicht gekommen, euch etwas über Götzen, Fabeln und alte Geschichten zu erzählen. Wir sind keine Götter, Engel oder Geister, sondern wir sind normale Sterbliche mit einer Botschaft von dem wahren Gott. Wir sind gekommen, um euch von seiner Liebe zu erzählen und über seinen Sohn Jesus Christus.“

In dem Augenblick trafen einige Männer von der Synagoge in Antiochia ein. Sie hielten sich ihre Ohren zu, als sie den Namen „Jesus“ hörten und stürzten sich in die Menge.

„Hört nicht auf ihre Lügen!“, schrien sie. „Lasst euch nicht von diesen Verrückten betrügen!“

Es dauerte nicht lange, bis sie mit ihren Verleumdungen und falschen Anschuldigungen die Menge gegen Paulus und Barnabas aufgebracht hatten. Dann nahmen die Männer von Antiochia Paulus fest, bewarfen ihn mit Steinen und schleppten ihn aus der Stadt. Dort ließen sie ihn liegen, denn sie dachten, er sei tot.

Barnabas und einige seiner Gefährten knieten neben Paulus nieder. Auch sie hielten ihn für tot. Doch plötzlich öffnete er seine Augen und stand auf.

„Lasst uns gehen!“, sagte er, während er sich noch den Staub abklopfte. „Wir haben noch viel Arbeit vor uns.“

Und so kehrten sie in die Stadt zurück. Dort erzählte Paulus noch vielen Menschen die gute Nachricht von Jesus. Und er machte den Christengemeinden Mut, an ihrem Glauben festzuhalten.

Später verließen Paulus und Barnabas die Stadt und reisten weiter. In vielen Orten besuchten sie Christen, bevor sie nach Antiochia zurücksegelten.

Paulus in Philippi

Apostelgeschichte 16

Ein weiteres Mal setzte Paulus seine Segel. Diesmal wurde er von Silas und Lukas begleitet. Ihr Reiseziel war Mazedonien. Paulus hatte nämlich eine Vision gehabt: Ein Mann aus Mazedonien bat ihn: „Komm zu uns herüber und hilf uns!“ Als Paulus an Deck des Schiffes stand, hatte er die Stimme des Mazedoniers immer noch im Ohr.

Sie segelten auf direktem Wege nach Samothrake, von dort aus nach Neapolis, und dann reisten sie weiter nach Philippi.

Nachdem sie sich einige Tage in der Stadt aufgehalten hatten, entschlossen sie sich, den Gebetsort der Juden zu besuchen, der außerhalb der Stadttore lag. Es war Sabbat, und sie wollten zusammen mit anderen Gläubigen Gott anbeten.

Am Flussufer fanden sie eine Gruppe von Frauen, die sich zum gemeinsamen Gebet getroffen hatten.

Paulus, Silas und Lukas setzten sich und erzählten den Frauen über Jesus Christus und all das, was Gott durch sie getan hatte. Eine der Frauen, Lydia, hörte besonders interessiert zu und bat Paulus immer wieder, ihr die „gute Nachricht“ zu erklären. Sie glaubte an Gott, aber sie wollte auch alles über Jesus wissen.

Lydia wurde die erste Christin in ganz Mazedonien. Sie war eine reiche und angesehene Frau. Ihr gehörte ein Geschäft, in dem Purpurstoffe hergestellt wurden. Da hatte es eine besondere Bedeutung, dass sie und alle, die zu ihr gehörten, sich taufen ließen. „Wenn ihr überzeugt seid, dass ich wirklich gläubig geworden bin“, sagte Lydia zu Paulus, Silas und Lukas, „dann müsst ihr in mein Haus kommen!“

Und weil Lydia sie so herzlich einlud, nahmen die Männer ihre Gastfreundschaft an. Täglich trafen sie sich außerhalb der Stadt mit den Menschen, die sich zum Beten versammelt hatten.

Denen, die bereit waren zu hören, erzählten sie von Jesus.

Schwierigkeiten für Paulus

Apostelgeschichte 16

In Philippi gab es eine Sklavin, die von einem Geist besessen war. Durch seine Kraft konnte diese Frau die Zukunft voraussagen. Ihre Herren verdienten viel mit dieser Fähigkeit.

Als Paulus, Silas und Lukas in die Stadt kamen, folgte die

Sklavin ihnen. Jeden Tag lief sie hinter ihnen her, schrie, winkte und rief mit hoher Stimme: „Diese Männer sind Diener des höchsten Gottes. Sie werden euch sagen, wie ihr gerettet werden könnt."

Zuerst beachtete Paulus die Sklavin nicht, aber bald störte sie ihn beim Predigen.

Eines Tages, als sie ihnen wieder hinterherrief, wurde Paulus ärgerlich auf den Geist, der sie quälte. Er drehte sich plötzlich um und sagte: „Ich befehle dir im Namen Jesu Christi, verlasse sie!"

Im gleichen Augenblick verließ sie der Wahrsagegeist. Sie fiel auf den Boden und wurde ganz ruhig. Dann öffnete sie die Augen, als ob sie aus einem schlechten Traum aufgeweckt worden war.

Als ihre Herren merkten, dass der Geist, der ihnen so viel Geld eingebracht hatte, das Mädchen verlassen hatte, wurden sie wütend. Ihr Zorn entlud sich auf Paulus und Silas, die ihr Geschäft ruiniert hatten. Grob packten sie Paulus und Silas und schleppten die beiden davon. Sie zerrten sie auf den Marktplatz, um sie dort von den Stadtrichtern verhören zu lassen.

„Seht diese Männer an!", riefen sie. „Diese Juden sind in unsere Stadt gekommen, brechen unsere römischen Gesetze und machen Scherereien!"

Die Menschenmenge umringte die beiden, schob und stieß sie und schleuderte ihnen Beleidigungen entgegen.

Die Stadtrichter ordneten an, dass Paulus und Silas ausgepeitscht wurden. Dann warf man sie ins Gefängnis.

Höchste Sicherheitsstufe

Apostelgeschichte 16

„Nimm diese Verbrecher", befahl der Gerichtsbeamte dem Gefängnisaufseher, „und bring sie ins Gefängnis, aber an den sichersten Ort. Diese Männer sind gefährlich!"

Der Aufseher kannte Paulus und Silas schon. Sie waren seit Tagen das Gesprächsthema im Ort. Und weil man ihn davor gewarnt hatte, wie gefährlich sie seien, führte er die Männer sofort in die sicherste Zelle und legte ihre Füße in einen Holzblock. Dann verriegelte er sorgsam die Tür.

Als Paulus und Silas allein in der dunklen Zelle waren, beteten sie. Silas begann zu singen, und Paulus stimmte mit ein. Schon bald erklangen ihre Loblieder lauter. Die anderen Gefangenen konnten sie durch die Mauern hindurch hören. Was bedeutete das? Es war merkwürdig: Noch nie hatte jemand an diesem dunklen und schrecklichen Ort Lieder gesungen. Und diese beiden sonderbaren Menschen lobten Gott aus vollen Kehlen. Wie konnte das sein?

Da geschah es, mitten in der Nacht: Ein gewaltiges Erdbeben erschütterte Philippi. Die Fundamente des Gefängnisses bebten, die Tore flogen aus ihren Angeln, die Zellentüren zerbrachen und allen Gefangenen fielen ihre Ketten ab. Staubwolken erfüllten die Luft.

Der Gefängnisaufseher fuhr aus dem Schlaf auf und stolperte keuchend in die Dunkelheit. Er war sich sicher, dass alle Gefangenen fliehen würden. Überall lagen zerbrochene Ketten. Er hörte, wie Männer umherliefen.

Der Aufseher wusste, dass dies sein Ende bedeutete. Wenn die Gefangenen flohen – vor allem die beiden gefährlichen Verbrecher – würde er das mit seinem Leben bezahlen müssen. Dem wollte er zuvorkommen: Er holte sein Schwert und wollte sich gerade hineinstürzen, um sich das Leben zu nehmen, da rief Paulus ihm zu:

„Tu dir nichts an! Wir sind alle hier, jeder einzelne Gefangene!"

Der Aufseher ließ sein Schwert fallen. Er rief: „Macht Licht!" Es wurden brennende Fackeln herbeigebracht, und in deren Schein sah er die lächelnden Gesichter von Paulus und Silas.

Auch die anderen Gefangenen waren alle noch da.

Ein Gefängnisaufseher macht einen neuen Anfang

Apostelgeschichte 16

Noch in dieser Nacht hatte der Gefängnisaufseher die Männer in sein Haus gebracht. Er zitterte voller Furcht vor Gottes großer Macht und warf sich vor Paulus und Silas nieder.

„Sagt mir", flehte er, „wie kann ich gerettet werden?"

„Nimm Jesus als deinen Herren an und vertraue ihm – du und deine ganze Familie", antwortete Paulus.

Der Aufseher ließ die Wunden, die Paulus und Silas am Tag zuvor zugefügt worden waren, versorgen. Er gab ihnen neue Kleidung. Dann wurden der Aufseher und seine Familie im Namen Jesu getauft. Voller Freude luden sie Paulus und Silas zum gemeinsamen Essen ein. Und sie hörten aufmerksam zu, was die beiden ihnen von Jesus erzählten.

Als es Morgen wurde, hörten Lukas und die anderen Jünger die Nachricht von dieser Befreiung und der Bekehrung des Gefängnisaufsehers. Dafür lobten sie Gott.

Auch die Justizbeamten erfuhren, was geschehen war. Sie erschraken und gaben dem Aufseher den Befehl, Paulus und Silas sofort in aller Stille und ohne großes Aufsehen gehen zu lassen.

Paulus sagte: „Sie haben uns öffentlich geschlagen und ohne Verhandlung in das Gefängnis geworfen, obwohl wir römische Bürger sind. Und jetzt wollen sie uns heimlich loswerden? Nein, lasst sie selber kommen und uns vor den Augen der Öffentlichkeit aus dem Gefängnis führen!"

Als die Beamten hörten, dass Paulus und Silas Römer waren, bekamen sie große Angst. Ihnen wurde bewusst, dass sie ein römisches Gesetz gebrochen hatten.

Kein römischer Bürger durfte ohne Anhörung und ohne rechtmäßiges Urteil bestraft werden. Sie wussten, dass sie nun ein großes Problem hatten.

Paulus' unnachgiebiges Eintreten für sein Recht legte die Grundlage dafür, dass Lydia, der Gefängnisaufseher und die anderen Nachfolger Jesu in Philippi nun viel sicherer waren. Tatsächlich entschuldigten sich die Beamten und baten Paulus und Silas sehr höflich, die Stadt zu verlassen.

Der unbekannte Gott

Apostelgeschichte 17

Paulus und Silas verließen Philippi und reisten durch Thessalonien nach Beröa. Manchmal gab es Proteststürme in den Synagogen, wenn Paulus über Jesus sprach. Dann wieder war seine Botschaft willkommen. Wo Paulus sprach, wurden die Menschen entweder zu seinen Freunden oder zu erbitterten Feinden. Aber in den meisten Ortschaften, die er besuchte, entstanden kleine Christengemeinden.

Die Christen trafen sich nicht in prunkvollen Gebäuden, sondern oft in den ärmsten Häusern, wo sie sich in kleinen Zimmern zusammendrängten. Es gab nicht viele reiche, kluge oder berühmte Christen. Die meisten von ihnen waren einfache Leute, die hart für ihren Lebensunterhalt arbeiteten. Auch Sklaven, Ausgestoßene und Bettler schlossen sich den neuen Gemeinden an.

Eines Tages kam Paulus in die große Stadt Athen, wo die Leute als sehr klug galten. Die meisten von ihnen hielten das, was Paulus über Jesus erzählte, für unsinnig. Sie lachten ihn aus.

„Wer wird denn schon an einen Zimmermann mit dem Namen Jesus glauben, der von den Toten auferstanden ist? Was soll diese ‚Auferstehung' sein? Vielleicht eine fremde Göttin?"

Sie hatten keine Ahnung, worüber er sprach.

Inzwischen hatte Paulus sich die größte Stadt Griechenlands näher angesehen. Überall stieß er auf große Statuen, Altäre, Götzen, Blumen-, Fleisch- und Weinopfer. Es war wie ein großer Marktstand mit Göttern und Göttinnen, ein unglaubliches Aufgebot von Gold-, Silber- und Steingötzen.

Paulus war ärgerlich und beunruhigt. Diese Leute schienen alles Mögliche zu glauben. Sie liebten ihre Ideen und die Philosophie, sie liebten das Diskutieren, aber sie liebten Gott nicht. Es schien ihnen nur darum zu gehen, neue und exotische Religionen zu sammeln.

Paulus stellte sich auf einen Platz, der auf einem Hügel lag, und begann zu der Menge zu sprechen. „Männer von Athen! Ich habe gesehen, dass ihr euch sehr für Religion interessiert, denn auf meinem Weg hierher habe ich einen Altar mit einer Inschrift gesehen: ‚Dem unbekannten Gott.' Von diesem Gott, den ihr verehrt, ohne ihn zu kennen, möchte ich euch jetzt erzählen."

Das war eine gute Einleitung. Die Leute hörten gespannt zu.

Der Altar für diesen unbekannten Gott war aufgestellt worden, um sicher zu gehen, dass man wirklich keinen Gott übersehen hatte, der der Stadt Unglück bringen könnte.

„Ich bin gekommen, um euch von dem einen Gott zu erzählen, den ihr vergessen habt", fuhr Paulus fort. „Ihr habt den wahren Gott übersehen, der den Himmel und die Erde gemacht hat. Ihr könnt keine Standbilder von ihm machen oder ihn im Tempel aufbewahren. Er braucht nicht von Menschen versorgt zu werden, denn er selbst gibt ihnen das Leben und alles, was sie zum Leben brauchen. Er ist größer als alles hier!"

Paulus zeigte mit seinen Händen auf die unzähligen Götzen.

Die Menge hörte weiter interessiert zu. Dieser Fremde hatte etwas Besonderes an sich. Seine Gedanken waren zumindest ungewöhnlich.

Paulus sprach weiter: „Gott hat durch die Auferstehung bewiesen, dass Jesus sein Sohn ist."

Als die Athener das hörten, brachen einige von ihnen in schallendes Gelächter aus. Die Vorstellung, dass jemand vom Tod auferstehen könnte, hielten sie für völlig unsinnig.

„Weg mit diesem Schwätzer!", riefen sie und gingen davon. Sie ließen Paulus allein auf den Stufen des Platzes stehen. Aber einige seiner Zuhörer blieben bei ihm und baten ihn weiterzureden. An diesem Tag schlossen sich ihm einige Leute an. Darunter waren auch Dionysius und Damaris.

Paulus verließ Athen. Und kein Spott konnte ihm seine Erfahrung mit Jesus Christus nehmen.

Die Gemeinde in Korinth

Apostelgeschichte 18

Paulus kam nach Korinth. Dort wurde er von dem jüdischen Ehepaar Aquila und Priszilla willkommen geheißen. Er wohnte und arbeitete bei ihnen. Denn Aquila war ebenso wie Paulus ein Zeltmacher. Wo immer Paulus hinreiste, arbeitete er für seinen Lebensunterhalt, damit er von niemandem abhängig war.

Zuerst lehrte Paulus jeden Sabbat in der Synagoge. Aber bald hatte er dort erbitterte Feinde.

Deshalb sagte er zu den jüdischen Führern, die ihn hassten: „Von nun an werde ich meine Zeit den Heiden widmen."

Trotz aller Schwierigkeiten in dieser Stadt voller Geldgier, Gottlosigkeit, Verbrechen und Götzendienst und trotz mancher Gefahren und Rückschläge baute Paulus eine kleine Gruppe von Gläubigen auf, zu der überwiegend Heiden gehörten.

Eines Nachts schlief Paulus, und Jesus erschien ihm im Traum. Er sagte: „Hab keine Angst. Sag die gute Nachricht weiter. Lass dich nicht entmutigen. Ich bin mit dir, und niemand wird dir ein Leid zufügen. Es gibt viele Menschen in dieser Stadt, die zu mir gehören."

So blieb Paulus eineinhalb Jahre in Korinth, um den Menschen die Botschaft Gottes zu sagen: am Hafen, auf den Stufen der Tempel, auf den Marktplätzen, in den Schulen und auf den Höfen. Gemeinsam mit Silas, dem jungen Timotheus und noch anderen Mitarbeitern predigte Paulus überall das Evangelium.

Schließlich kam der Zeitpunkt, dass Paulus abreisen musste. Danach hatte die Gemeinde dort mit großen Problemen zu kämpfen: Es gab ernsthafte Auseinandersetzungen, und unter den Gläubigen herrschte großer Neid. Deshalb schrieb Paulus Briefe an die Christen in Korinth, in denen er ihnen Ratschläge gab, wie sie besser miteinander zurechtkommen könnten.

Auch den anderen neuen Gemeinden schrieb Paulus immer wieder ausführliche Briefe, um ihren Glauben zu stärken und sie in ihrer Liebe zu Jesus Christus und zueinander zu bestärken.

Briefe an Gemeinden

Das Neue Testament enthält eine Anzahl von Briefen, die auch „Episteln" genannt werden. Darin steht, wie die Menschen als Nachfolger Jesu leben können. Viele Briefe wurden im Anschluss an Besuche bei Christen in verschiedenen Orten geschrieben, um sie zu ermutigen und ihnen auch ganz praktische Ratschläge zu geben.

Gottes unendliche Liebe

AUS RÖMER 8

Paulus schrieb an die Christen in Rom, um sie daran zu erinnern, dass Gott sie immer liebt:

„Denn da bin ich ganz sicher: Weder Tod noch Leben, weder Engel noch Dämonen, weder Gegenwärtiges noch Zukünftiges, noch irgendwelche Gewalten, weder Himmel noch Hölle oder sonst irgendetwas können uns von der Liebe Gottes trennen, die er uns in Jesus Christus bewiesen hat."

Nichts geht über die Liebe

AUS 1. KORINTHER 13

Auch an die Christen in Korinth, wo es Neid und Auseinandersetzungen unter den Gläubigen gab, schrieb Paulus Briefe. Darin geht es zum Beispiel um die „echte" Liebe, die Jesus der Welt gezeigt hat und die auch unter den Christen herrschen sollte:

„Liebe ist geduldig und freundlich. Sie kennt keinen Neid, keine Selbstsucht, sie prahlt nicht und ist nicht überheblich. Liebe ist weder verletzend noch auf sich selbst bedacht, weder reizbar noch nachtragend. Sie freut sich nicht, wenn einer Fehler macht, sondern wenn er das Rechte tut. Diese Liebe erträgt alles, sie glaubt alles, sie hofft alles und hält allem stand.

Die Liebe wird niemals vergehen."

Einander brauchen

AUS 1. KORINTHER 12

Paulus war es wichtig, dass alle, die Jesus nachfolgen wollen, sich zu Gemeinden zusammenfinden, in die jeder seine besonderen Gaben und Fähigkeiten einbringen kann. Paulus wählte dafür das Bild des „Leibes Christi":

„Man kann die Gemeinde Christi mit einem Leib vergleichen, der viele Glieder hat. Ein Fuß kann nicht behaupten: ‚Weil ich keine Hand bin, gehöre ich nicht zum Leib.' Und das Ohr kann nicht sagen: ‚Ich möchte aber lieber ein Auge sein.' Denn wenn es das Ohr nicht gäbe, könnte der Mensch nicht hören. Und wenn der Mensch nur aus Augen bestünde, wie sollte er riechen? Alle Teile des Körpers sind wichtig. Und Gott hat sie zu einem Ganzen zusammengefügt. Wenn ein Teil leidet, dann leiden alle anderen mit ihm. Und wenn ein Teil geehrt wird, freuen sich alle anderen mit.

Ihr alle seid zusammen der Leib Christi; jeder Einzelne ist ein Teil davon. Und jedem von euch hat Gott einen wichtigen Platz zugewiesen."

Freundschaft mit Gott

AUS 2. KORINTHER 5

Paulus schrieb wieder an die Korinther. Diesmal wollte er sie daran erinnern, wie sehr alle Menschen sich über die Freundschaft mit Gott freuen können:

„Wer zu Christus gehört, ist ein neuer Mensch geworden. Was vorher war, ist vergangen, etwas Neues hat begonnen. Weil Jesus für uns gestorben ist, sind wir Freunde Gottes und keine Feinde mehr. Das sollen wir auch unseren Freunden weiter sagen. Die Botschaft ist: Gott hat in Jesus mit allen Menschen Freundschaft geschlossen."

Verändernde Kraft

AUS GALATER 5

Die Galater erinnerte Paulus an Jesu Versprechen, seinen Nachfolgern den Heiligen Geist mit seiner Leben verändernden Kraft zu geben:

„Gottes Geist schenkt uns: Liebe und Freude, Frieden und Geduld, Freundlichkeit, Güte und Treue, Besonnenheit und Selbstbeherrschung."

Mit Gott reden

AUS EPHESER 6

Paulus wusste, wie wichtig das Beten für Christen ist. Deshalb riet er den Gläubigen in Ephesus:

„Hört nie auf, zu bitten und zu beten. Gottes Heiliger

Geist wird euch dabei leiten. Bleibt wach und bereit. Bittet Gott inständig für alle Christen in der Welt. Betet auch für mich, damit ich immer bereit bin, anderen Menschen die gute Nachricht von Jesus zu erzählen."

Herr der Schöpfung

Aus Kolosser 1

Paulus wollte den Gläubigen in Kolossä deutlich machen, dass Jesus der Sohn Gottes ist:

„Jesus Christus ist das Bild des unsichtbaren Gottes. Er ist der Anfang aller Schöpfung. Durch ihn ist alles erschaffen, was im Himmel und auf der Erde ist, alles Sichtbare und Unsichtbare, alle Königreiche und Mächte, alle Herrscher und Gewalten. Alles ist durch ihn geschaffen. Denn Christus war vor allem anderen. Durch seinen Tod hat euch Christus mit Gott versöhnt."

Das neue Leben

Aus Kolosser 3

Wenn jemand Christ geworden ist, dann hilft ihm der Heilige Geist, sich zum Guten zu verändern. Paulus schrieb den Kolossern, welche Eigenschaften Gottes Volk hat:

„Gott hat euch mit großer Liebe und Sorgfalt als seine Nachfolger ausgewählt. Darum lebt auch wie Gottes Nachfolger und zeigt es in eurem Leben: Seid verständnisvoll und freundlich, höflich und geduldig. Seid nicht stolz oder eingebildet. Seid nachsichtig miteinander und vergebt einander, weil Gott euch vergeben hat. Und vor allem: Liebt einander, damit ihr in Frieden miteinander bleibt."

Aneinander denken

Aus Hebräer 13

Der Brief an die Hebräer gibt einige praktische Ratschläge:

„Bleibt auch weiter in brüderlicher Liebe fest miteinander verbunden. Vergesst nicht gastfreundlich zu sein; denn ohne es zu wissen, haben manche auf diese Weise Engel bei sich aufgenommen. Kümmert euch um alle, die wegen ihres Glaubens gefangen sind. Sorgt für sie wie für euch selbst. Steht den Christen bei, die misshandelt werden.

Achtet die Ehe und haltet euch als Ehepartner die Treue. Gott wird jeden verurteilen, der unsittlich lebt und die Ehe bricht.

Seid nicht hinter dem Geld her, sondern zufrieden mit dem, was ihr habt. Denn Gott hat uns versprochen: „Niemals werde ich euch verlassen.'"

Ein Rat von Jakobus

Aus dem Buch des Jakobus

Der Brief von Jakobus ist an „das Volk Gottes, das in der ganzen Welt verstreut ist", gerichtet. Er spricht darin von reichen und von armen Leuten.

„Meine Lieben, wenn ihr wirklich an Jesus glaubt, dann dürft ihr niemanden bevorzugen. Stellt euch vor, in eure Gemeinde kommt ein vornehm gekleideter Mann. Zur selben

Zeit kommt einer, der arm und schäbig gekleidet ist. Wie würdet ihr euch verhalten? Ihr würdet euch von dem Reichen beeindrucken lassen und ihm eilfertig anbieten: ‚Hier ist ein guter Platz für dich!' Aber zu dem Armen würdet ihr sicherlich sagen: ‚Bleib stehen, oder setz dich da hinten auf den Fußboden.' Dürft ihr als Christen solche Unterschiede machen? Wenn ihr das tut, urteilt ihr nach falschen Maßstäben! Hört gut zu: Gott hat doch gerade die ausgewählt, die in den Augen dieser Welt arm sind, um sie aufgrund ihres Glaubens reich zu machen."

Seid vorsichtig!

Aus Jakobus 3

Jakobus warnt die Gläubigen davor, mit dem, was sie sagen, Schaden anzurichten:

„Ein kleiner Funke setzt einen ganzen Wald in Brand. Mit einem solchen Feuer lässt sich auch die Zunge vergleichen. Seine Zunge kann kein Mensch zähmen. Mit unserer Zunge loben wir Gott, unseren Herrn und Vater, und mit derselben Zunge verfluchen wir unsere Mitmenschen, die doch nach Gottes Ebenbild geschaffen sind. Das ist falsch!"

Aufregung in Ephesus

Apostelgeschichte 19

Paulus reiste im ganzen Römischen Reich umher. Überall verbreitete er die gute Nachricht von Jesus und erzählte von Gottes Liebe für die ganze Welt.

Auf seinen drei großen Reisen trotzte er vielen Gefahren. Immer wieder wurde er ins Gefängnis gesteckt, manchmal wurde er geschlagen, oft hatte er nichts zu essen. Er war vielfältigen Bedrohungen von Menschen und Tieren ausgesetzt.

Zweimal hatte er Schiffbruch erlitten und wäre fast ertrunken. Aber trotz all dieser Erlebnisse wusste Paulus, dass Gott ihn beschützte. Er wusste, Jesus hatte ihn als seinen Boten ausgesucht, und nichts konnte ihn zurückhalten.

Paulus war fest entschlossen, so lange zu reisen, zu arbeiten und über Jesus zu sprechen, bis er entweder zu alt dazu war oder man ihn töten würde.

Auf seiner letzten großen Reise konnte er sich nur mit Mühe in Sicherheit bringen. Er war in die große und reiche Stadt Ephesus gekommen. Das Stadtbild war vom gewaltigen Tempel der griechischen Göttin Artemis, die auch Diana genannt wurde, bestimmt. Paulus begann wie üblich in der Synagoge zu predigen. Die Leute hörten ihm zu. Aber mit der Zeit regte sich so viel Widerstand, dass Paulus die Christen aus der Synagogengemeinde herauslöste und im Lehrsaal des Tyrannus, eines Griechen, die Botschaft verkündete.

Dort predigte er zwei Jahre lang Tag für Tag. Paulus tat auch viele Wunder. Und bald erzählten sich die Menschen überall, dass Jesus mächtiger sei als Artemis, die Göttin der Epheser.

Demetrius war ein Silberschmied in der Stadt, der vom Verkauf kleiner Statuen der Artemis lebte. Als er merkte, wie viel Einfluss Paulus auf die Menschen hatte, versammelte er die Händler der Stadt um sich und sagte: „Was geschieht hier eigentlich? Unser Geschäft wird ruiniert! Dieser Paulus behauptet, dass von Menschen gemachte Götter nichts wert sind und Artemis keine Macht hat!“

Die Händler murrten. Einer sagte: „Du hast Recht! Wenn das so weitergeht, wird keiner mehr unsere Andenken, unseren Silberschmuck und unsere Götterstatuen kaufen.“

„Artemis ist groß!“, rief Demetrius und zeigte auf die gewaltige Statue der Göttin. Er nahm eine kleine glänzende Nachbildung in die Hand.

„Seht ihr sie? Bald wird sie nichts mehr wert sein. Unsere große Beschützerin Artemis ist ihres Ruhmes beraubt!“

Demetrius hatte die Männer mit seiner schlauen Rede aufgebracht und sie in rasenden Hass versetzt. Sie liefen durch die Straßen und forderten die Menschen auf: „Bekennt euch zu eurer Religion, bekennt euch zur großen Göttin von Ephesus, Artemis!“

Während die Menge in das Theater stürmte, schrie sie: „Artemis, die Göttin der Epheser, ist groß!“ Und sie forderten das Blut des Paulus und aller Nachfolger Jesu.

Paulus wollte ins Theater gehen, um vernünftig mit den Menschen zu reden. Aber die anderen Jünger ließen das nicht zu.

„Nein, das ist zu gefährlich!“, riefen sie und hielten ihn mit aller Kraft von der entfesselten Menge zurück, bis der Stadtkanzler selbst das Wort ergriff: „Bürger von Ephesus! Warum macht ihr so ein Geschrei? Diese Männer haben nichts aus dem Tempel gestohlen und nichts gegen Artemis gesagt! Wenn Demetrius eine Anklage hat, kann er sie vor Gericht bringen. Aber wenn die Römer von diesem Aufruhr erfahren, ist die ganze Stadt in Gefahr. Die Soldaten werden einmarschieren und Strafen verhängen. Wir können unser Leben verlieren oder im Gefängnis landen.“

Die Menge beruhigte sich und löste sich schließlich auf. Auch Paulus konnte die Stadt unversehrt verlassen.

Zurück nach Jerusalem

Apostelgeschichte 20

Paulus war in Ephesus gerade noch einmal mit dem Leben davongekommen. Eines Tages würde er nicht mehr fliehen können, und er würde so wie Stephanus, Jakobus und viele andere Jünger vom aufgebrachten Pöbel ermordet oder vom Gericht zum Tode verurteilt werden.

Würde er so wie Jesus in Jerusalem sterben oder vielleicht in Rom? Er wusste es nicht. Aber was auch immer geschah: Paulus hatte keine Angst. Seinen Freunden in Philippi schrieb er: „Denn Christus bedeutet für mich alles; er ist mein Leben. Deshalb kann das Sterben für mich nur ein Gewinn sein.“

Paulus machte sich auf den Weg, um nach Jerusalem zurückzukehren. Er sagte, dies sei seine letzte Reise. Seine Freunde machten sich Sorgen.

In Milet traf Paulus sich mit Freunden aus Ephesus. Es waren junge christliche Gemeindeleiter. Er verabschiedete sich von jedem Einzelnen. Sie weinten und umarmten ihn und wollten ihn nicht gehen lassen.

Doch sein Entschluss stand fest: „Ich muss nach Jerusalem zurück."

„Man wird dich töten!"

Paulus antwortete: „Ja, das ist wahr, denn der Heilige Geist sagt mir, dass mich in Jerusalem Gefangenschaft und Leiden erwarten. Aber ich muss gehen. Mein Leben ist mir nicht wichtig. Was zählt ist, dass ich den Auftrag, den Gott mir gegeben hat, bis zu Ende ausführe."

Als Paulus vom „Ende" sprach und seinen Freunden sagte, dass sie ihn nie wieder sehen würden, weinten sie.

Paulus schwieg eine Weile, denn auch er war sehr traurig. Dann erinnerte er sie an die vielen Versprechen der Liebe Gottes, und er warnte sie vor zukünftigen Gefahren. „Seid gute Hirten, sorgt für die Herde und schützt sie vor Gefahren!"

Danach bestieg er das Schiff, das ihn in den Hafen von Cäsarea bringen sollte. Von dort aus wollte er weiter nach Jerusalem reisen. Die Gemeindeleiter sahen schweren Herzens zu, wie das Schiff davonsegelte. Dann sprachen sie einander Mut zu und kehrten in ihre Gemeinden zurück.

Gefangen genommen

Apostelgeschichte 21-24

Unbemerkt erreichte Paulus Jerusalem. Zuerst besuchte er dort die Gemeindeleiter. Sie empfingen ihn herzlich, aber innerlich waren sie beunruhigt.

„Du bist in großer Gefahr!", warnten sie ihn. „Es wird überall erzählt, dass du allen Juden sagst, sie sollen ihre Religion aufgeben. Du musst etwas tun, um ihnen zu zeigen, dass du immer noch ein treuer Jude bist."

Paulus folgte dem Rat. Er ging in den Tempel, um die jüdischen Gesetze zu erfüllen und zu beweisen, dass er Gott aufrichtig anbetete. Alle Christen in Jerusalem waren sehr darauf bedacht, die Gesetze Moses zu beachten. Aber als Paulus den Tempel betrat, schrien die Leute: „Du hast die Menschen gelehrt, Mose abzulehnen!"

Dann rief jemand laut: „Jetzt hat er auch noch Griechen an diesen heiligen Ort gebracht!"

Dieser Vorwurf stimmte zwar nicht, aber das interessierte die wütende Menge nicht mehr. Wenn jemand einen Heiden in das Heiligtum der Juden brachte, dann stand darauf die Todesstrafe.

Bald war ganz Jerusalem in Aufruhr, und der römische Kommandant schickte seine Truppen, um für Ruhe zu sorgen. Dadurch entging Paulus dem sicheren Tod.

Er wurde gefangen genommen und angekettet. Trotzdem bat er: „Erlaube mir, zu meinem Volk zu sprechen."

Der Kommandant willigte ein und brachte die Menschen zum Schweigen.

Paulus wandte sich an die Menge: „Brüder, Väter, lasst mich die Wahrheit zu meiner Verteidigung sagen!"

Die große Menge hörte unruhig zu, als Paulus ihnen aus seinem Leben erzählte, wie er Christen verfolgt hatte, wie ihm auf der Straße nach Damaskus Jesus begegnet war und zu ihm gesagt hatte: „Geh und predige den Heiden."

Als sie das hörten, wollten sie ihm nicht mehr weiter zuhören. Sie hielten Paulus für einen Gotteslästerer, der den jüdischen Glauben bekämpfen wollte. Am liebsten hätten sie ihn gesteinigt.

Da befahl der römische Kommandant, Paulus in die Kaserne bringen zu lassen.

Er wollte Paulus auspeitschen lassen, um die Leute auf seine Seite zu bringen. Aber bevor die Soldaten es tun konnten, fragte Paulus: „Ist es erlaubt, einen römischen Bürger ohne Urteil auszupeitschen?"

„Ein römischer Bürger?" Plötzlich bekamen die Männer Angst. Ein römischer Bürger stand unter dem Schutz des herrschenden Kaisers. Wenn die Soldaten Paulus etwas antun würden, müssten sie das mit ihrem eigenen Leben bezahlen.

Der Kommandant sah Paulus ängstlich an. „Du bist ein römischer Bürger?"

Und Paulus antwortete: „Ja, das bin ich!"

„Ich habe ein Vermögen bezahlt, um römischer Bürger zu werden," sagte der Kommandant.

„Und ich wurde als römischer Bürger geboren."

Das änderte die Sache: Paulus wurde mit einer Sondereinheit zum Prokurator Felix in Cäsarea gebracht. Der behandelte ihn sehr respektvoll.

Paulus blieb zwei Jahre dort. Trotz seiner Haft hatte er viel Freiheit und konnte weiter von Jesus erzählen.

Schiffbruch

Apostelgeschichte 25 – 27

Als ein neuer Prokurator nach Cäsarea kam, witterten Paulus' Feinde in Jerusalem ihre Chance. Sie schickten Boten, die beantragten, dass Paulus in Jerusalem verhört und bestraft werden sollte. Sie wollten ihn wie Jesus gekreuzigt sehen.

Festus, der neue Prokurator, lud Paulus vor und fragte ihn, ob er damit einverstanden sei, wenn ihm der Prozess in Jerusalem gemacht würde.

Paulus lehnte es ab: „Wie kann ich in Jerusalem eine faire Verhandlung erwarten, wenn alle Anklagen gegen mich Lügen sind? Ich rufe das Gericht des Kaisers in Rom an!"

„Du willst zum Kaiser?"

Paulus nickte. Festus war erstaunt über seinen Mut. Aber er sagte nur: „Du hast dich auf den Kaiser berufen, und dorthin sollst du kommen!"

Paulus hatte sich entschieden, nach Rom zu gehen. Er hatte bisher Gefängnishaft, Auspeitschung, Steinigung, Schiffbruch, Kälte und Hunger überlebt. Jetzt war er bereit, seine letzte Reise anzutreten, sei es zu Land oder zu Wasser. Er wusste, Gott war bei ihm.

Lukas und andere Freunde entschieden sich, ihn zu begleiten.

Der römische Offizier Julius hatte während der Reise über das Mittelmeer die Verantwortung für die Gefangenen. Die Segel wurden gesetzt.

Das Schiff fuhr an der Küste entlang und an Zypern vorbei. Der Wind blies die ganze Zeit von vorn. In Myra bestiegen sie ein anderes Schiff, das nach Italien segelte. Schwarze Wolken türmten sich am Himmel, und ein starker Gegenwind kam auf.

Nach einiger Zeit erreichten sie einen Hafen auf der Insel Kreta. Paulus, von vielen Reisen erfahren, wusste, dass sie in großer Gefahr waren. Deshalb sagte er zu Julius und dem Kapitän:

„Freunde, diese Reise wird zu gefährlich. Wenn wir weiterfahren, werden wir nicht nur die Fracht verlieren, sondern auch manches Leben."

Julius folgte dem Rat des Paulus nicht. Er hörte auf den Kapitän und den Eigentümer des Schiffes, die unbedingt den Hafen von Phönix erreichen wollten.

Sobald sie wieder auf See waren, kam ein gewaltiger Nordoststurm auf, der das Schiff weit auf das offene Meer hinaustrieb. Es musste sich durch große Wellenberge kämpfen. Tagelang konnten sie weder Sonne noch Sterne sehen, weil der Himmel ganz dunkel geworden war. Alle bangten um ihr Leben: die Besatzung, die Soldaten und die Gefangenen – nur Paulus nicht.

Verzweifelt warf die Besatzung einen Teil der Ladung über Bord, dann sogar die Schiffsausrüstung. Doch es half nichts.

„Wir werden alle ertrinken!", schrien die Männer, als der Sturm wütete und der Regen gegen das Schiff peitschte. Endlich stand Paulus auf und rief: „Freunde, warum habt ihr nicht auf mich gehört? Dann wäre euch dieses Unheil erspart geblieben."

Alle schwiegen, denn sie wussten, dass Paulus Recht gehabt hatte. Er sprach weiter:

„Gebt nicht auf! Keiner von uns wird umkommen. Letzte

Nacht stand ein Engel neben mir, der sagte: ‚Hab keine Angst, Paulus. Du wirst vor den Kaiser gebracht werden. Mit dir werden auch alle anderen am Leben bleiben.'"

Die ganze Besatzung hörte zu, als Paulus seine Hände hob und ausrief: „Keine Angst! Gott wird tun, was er versprochen hat, aber wir werden auf einer Insel stranden."

Die schlimmen Stürme hielten noch einige Tage an. Sie schleuderten das Schiff von der einen auf die andere Seite. Doch Paulus sagte: „Bleibt ruhig. Ihr müsst etwas essen. Bald werden wir trockenes Land erreichen."

Die Leute, die tagelang gefastet hatten, begannen zu essen und schöpften neuen Mut. Endlich lichtete sich der Nebel. Er gab die Sicht frei auf eine Bucht mit einem Sandstrand.

Plötzlich lief das Schiff mit großem Krachen auf einer Sandbank auf.

Die Soldaten gerieten in Panik. Sie wollten alle Gefangenen töten, damit sie nicht ans Ufer flüchteten.

Doch Julius verhinderte es. Er wollte Paulus sicher in Rom abliefern.

Und so konnten sich alle retten. Einige schwammen an Land, andere hielten sich an Brettern und Wrackteilen fest, um ans Ufer zu gelangen. Zweihundertsechsundsiebzig Menschen erreichten schließlich sicher den Strand.

Endlich in Rom!

APOSTELGESCHICHTE 28

Zerschunden, erschöpft und noch voller Angst stolperten die Passagiere ans Ufer. Dort trafen sie auf freundliche und hilfsbereite Einwohner. Von ihnen erfuhren die Gestrandeten, dass sie auf der Insel Malta waren.

Während seines Aufenthalts auf Malta konnte Paulus über die Liebe und Macht Jesu sprechen, und er heilte viele Menschen.

Nach drei Monaten wurden Paulus, Lukas und die anderen Gefangenen auf ein Schiff gebracht, das nach Puteoli, einem Hafen in Italien, fuhr. Von dort aus reiste Paulus auf dem Landweg unter Bewachung nach Rom. Er hatte keine Angst, denn er wusste, dass Gott mit ihm auf dem Weg war und bis zu seinem Ende bei ihm bleiben würde.

Während er in Rom auf seine Gerichtsverhandlung wartete, lebte Paulus wie ein freier Mann. Und wieder erzählte er allen Menschen, die er traf, von Jesus.

Niemand weiß genau, was dann mit Paulus geschah. Bekannt ist aber, dass Kaiser Nero die Christen in Rom hasste. Er beschuldigte sie, ein Feuer gelegt zu haben, das einen großen Teil der Stadt zerstört hatte. Viele Christen wurden den Löwen vorgeworfen, auf dem Scheiterhaufen verbrannt oder mit dem Schwert getötet.

Paulus wusste, dass auch er bald sterben würde. In seinem letzten Brief aus einem Gefängnis in Rom schrieb er:

„Mein Abschied ist nahe. Ich habe mit vollem Einsatz gekämpft; jetzt ist das Ziel erreicht, und ich bin Christus im Glauben treu geblieben.

Nun hält Gott für mich auch den Siegespreis bereit: seine Gerechtigkeit. Er, der gerechte Richter, wird ihn mir am Tag des Gerichts geben; aber nicht mir allein, sondern allen, die wie ich voller Sehnsucht auf sein Kommen warten."

Ein neuer Himmel und eine neue Erde

OFFENBARUNG 1.21.22

Im Laufe der Jahre waren viele der Freunde Jesu wie Paulus und Petrus und Johannes' Bruder Jakobus wegen ihres Glaubens getötet worden. Tausende von Christen waren gestorben, und die christlichen Gemeinden lebten in ständiger Gefahr. Die Menschen sehnten sich danach, dass Jesus auf diese Erde zurückkommen würde, um sie von ihren schrecklichen Leiden zu befreien. Zu ihnen gehörte auch Johannes, einer der engsten Freunde Jesu. Als er schon ein alter Mann war, wurde er auf die Insel Patmos verbannt, weil er nicht aufhörte, über Jesus zu sprechen.

Johannes erinnerte sich daran, dass Jesus gesagt hatte: „Ich bin immer und überall bei euch, bis an das Ende dieser Welt!" Und er wusste, dass Jesus ihn nie verlassen hatte – auch nicht, als er in einer strahlenden Wolke in den Himmel zurückgekehrt war.

Johannes wusste, dass der Heilige Geist bei ihm war. Er betete jeden Tag, Jesus möge bald wiederkommen, wie er es versprochen hatte. Dann würde eine neue Zeit anbrechen. Liebe und Frieden würden herrschen, und alle Sorgen und alles Leid hätten ein Ende.

Eines Tages hörte Johannes plötzlich eine laute Stimme sagen: „Schreibe auf, was ich dir sage, und schicke es an alle Gemeinden."

Johannes schaute sich um. Er sah in einer geheimnisvoll strahlenden Lichtwolke die Gestalt eines Menschen. Dessen Augen glühten wie Feuer, die Füße waren wie glänzende Bronze, und seine Stimme donnerte wie ein tosender Wasserfall. In seiner Hand hielt er sieben Sterne, aus seinem Mund kam ein zweischneidiges Schwert, und sein Gesicht leuchtete so strahlend hell wie die Sonne.

Diese Erscheinung war so gewaltig, dass Johannes ohnmächtig wurde. Aber die Gestalt berührte Johannes und sagte: „Fürchte dich nicht! Ich bin der Erste und der Letzte, und ich bin der Lebendige. Ich war tot, doch nun lebe ich für immer und ewig, und ich habe Macht über den Tod und das Reich des Todes. Schreib auf, was du siehst."

Johannes schrieb alles auf, was ihm auf der Insel Patmos offenbart wurde. So entstand das Buch der Offenbarung. Johannes durfte einen Blick in die Zukunft tun, eine herrliche und aufregende Zukunft, die der ganzen Schöpfung bevorsteht:

„Dann sah ich einen neuen Himmel und eine neue Erde. Der erste Himmel und die erste Erde waren verschwunden, und auch das Meer war nicht mehr da. Ich sah, wie die Stadt Gottes, das neue Jerusalem, von Gott aus dem Himmel herabkam; festlich geschmückt wie eine Braut an ihrem Hochzeitstag.

Eine gewaltige Stimme hörte ich vom Thron her rufen: ‚Hier wird Gott mitten unter den Menschen sein! Er wird bei ihnen wohnen, und sie werden sein Volk sein. Ja, von nun an wird Gott selbst als ihr Herr in ihrer Mitte leben. Er wird alle ihre Tränen trocknen, und der Tod wird keine Macht mehr haben. Leid, Angst und Schmerzen wird es nie wieder geben; denn was einmal war, ist für immer vorbei.'"

Dann rief die Stimme Johannes zu: „Siehe, alles werde ich neu schaffen!"

Johannes schrieb auch die letzten Worte seiner Zukunftsschau für Gottes Volk, also für alle Christen, auf:

„Jesus sagt: ‚Ich komme bald!'

Ja, komm, Herr Jesus!"

David Gregory

Die Einladung

Dinner with a Perfect Stranger

144 Seiten, Gebunden,
ISBN 978-3-7655-1929-1

Der geheimnisvolle Umschlag landet auf dem Schreibtisch von Nick Cominsky. Eine Einladung zum Dinner. Doch wer ist der Absender? Als er am bewussten Abend das noble Restaurant betritt, wird er bereits erwartet. Ein vielleicht dreißigjähriger Mann im Anzug erhebt sich: „Nick Cominsky? Hallo, ich bin Jesus."

Damit beginnt für den abgeklärten Nick ein Erlebnis, das er sich in seinen kühnsten Träumen nicht hätte ausmalen können ...

David Gregory

Die Reise

A Day with a Perfect Stranger

128 Seiten, Gebunden,
ISBN 978-3-7655-1954-3

Was wäre, wenn ein faszinierender Fremder Sie besser zu kennen scheint, als Sie sich selber?

Endlich unterwegs und weg von zu Hause! Auf dem Flug zu einem geschäftlichen Auftrag begegnet die Grafikerin Mattie Cominsky einem faszinierenden Fremden. Er ist feinfühlig, aufmerksam … und schon bald sind die beiden in intensivste Gespräche vertieft: über Religion, Beziehungen und über die große Sehnsucht im Leben. Mattie ist angezogen, aber zugleich auch verwirrt: Wer ist dieser Mann, der ihr direkt ins Herz zu schauen scheint?

BRUNNEN VERLAG GIESSEN
www.brunnen-verlag.de